鱒 鮃

DIRECTLY UNDER
ディアン

Type メタルジグ
Weight 25/30/40/50g
低比重合金モデル 25LSG / 40LSG

DIRECTLY UNDER WIDE
ディアンワイド

Type メタルジグ
Weight 30/40/50g

DIRECTLY UNDER SUPER WIDE
ディアンスーパーワイド

Type メタルジグ
Weight 40g

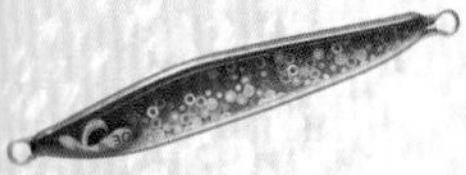

CRESCENT
クレセント

Type メタルジグ
Weight 30/40g

SWORD
ソード

Type メタルジグ
Weight 40g

SWORD BFM
ソード ベリーフックモデル

Type メタルジグ
Weight 45g

RESULT BFM
リザルト ベリーフックモデル

Type ジグミノー
Weight 35g

鮃特化

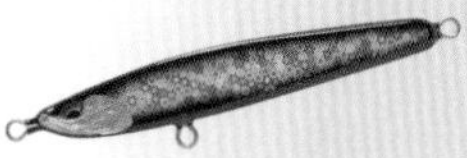

DIRECTLY UNDER WIDE FLAT MODEL
ディアンワイド
フラットモデル

Type メタルジグ
Weight 45g

DIRECTLY UNDER SP WIDE FLAT MODEL
ディアンスーパーワイド
フラットモデル

Type メタルジグ
Weight 45g

CRESCENT FLAT MODEL
クレセント
フラットモデル

Type メタルジグ
Weight 35/45g

ABACUS SHAD 4.3inch LC ORIGINAL FLAT COLOR
アバカスシャッド 4.3inch
LCオリジナルフラットカラー

Type ワーム
カラー 全7色

※アバカスシャッドは、FLASH UNION(フラッシュユニオン社)の製品です。

鮭

SALMON SPOON
サーモンスプーン

Type スプーン(高比重合金)
Weight 45/55/65g

SALMON SPOON LARGE LSG
サーモンスプーン ラージ

Type スプーン(低比重合金)
Weight 55g

TEAR SALMON
ティアサーモン

Type スプーン(高比重合金)
Weight 45/55g

JIAKIA NORTH STYLE LSG
ジアキア ノーススタイル

Type スプーン(低比重合金)
Weight 35/45/55g

樺太鱒

TROUT SPOON LSG
トラウトスプーン

Type スプーン(高比重合金)
Weight 5/7/12g

SALMON SPOON LSG
サーモンスプーン

Type スプーン(低比重合金)
Weight 10/15g

櫻鱒 鰤

OFF SHORE

SWORD
ソード

Type メタルジグ
Weight 120/150g

PIERCE
ピアス

Type メタルジグ
Weight 150/170/200g

ハンドメイドルアーの製造 / 販売

LURES Chemist

〒078-8341 北海道旭川市東光1条5丁目4番11号

ルアーズケミスト 公式LINEアカウント
トーク画面よりお問合せが可能です。

■ルアーズケミスト製品 お取扱店

● 吉田自動車
〒003-0827 北海道札幌市白石区菊水元町7条3丁目1-20

● ルアーズケミスト 旭川直販店
〒071-8101 北海道旭川市東鷹栖1条4丁目638-63

●公式オンラインショップ
URL http://www.lureschemist.jp/

鱒 鮃

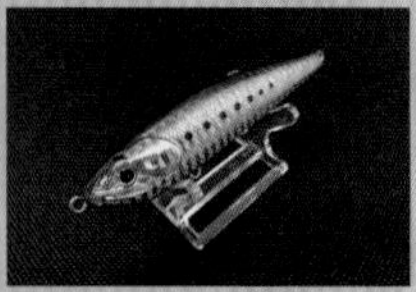

RESULT 35SC
リザルト 35SC

Type ジグミノー
Weight 35g

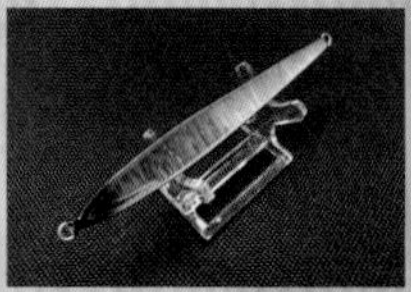

2023年12月 リリース予定

SHORE SHOOTER
ショアシューター

Type メタルジグ
Weight 30/40g

※販売時、デザインの変更がございます。

鮭

2023年 7月 リリース予定

JIAKIA 45SC
ジアキア 45SC

Type スプーン(低比重合金)
Weight 45g

※ルアーズケミストSCモデルは、ルアーズケミスト社 提携工場で製造した製品です。

■ブレイクスルアーズ製品 お取扱店

● 株式会社 ゑびすや商店
〒049-4816 北海道久遠郡せたな町瀬棚区本町117番地

● 株式会社 銀鱗 高槻商店
〒059-2561 北海道日高郡新ひだか町東静内38-2

● COrSO札幌
〒006-0013 北海道札幌市手稲区富丘3条4丁目11-1

●有限会社 佐々木銃砲釣具店
〒086-1041 北海道標津郡中標津町東1条北2丁目10番地

● つり具 天狗屋 函館石川新道店 / 函館金堀店 / 北斗七重浜店 / 札幌新琴似店
〒041-0802 函館市石川町173-5

● つり具の釣人 釧路店
〒084-0906 北海道釧路市鳥取大通8丁目5-3

● フィッシングショップ・マルヨシ
〒068-0026 北海道岩見沢市6条西5丁目2-15

● 国枝商店
〒099-6404 北海道紋別郡湧別町栄町37-17

● Fishing Tackle BLUE MARLIN
〒092-0068 北海道網走郡美幌町三橋2丁目10-6

● ルアー屋さん
〒051-0035 北海道室蘭市絵鞆町1-12-25

ルアーの製造 / 販売
ルアーズケミスト社 正規販売代理店

Breaks Lures

〒071-8101 北海道旭川市東鷹栖1条4丁目638-30

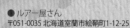

Contents

フラットフィッシュの王様をルアーで攻略

ヒラメ釣り 北海道

North Angler's COLLECTION

STAFF

Editor in Chief
真野秋綱

Editor
池田　仁

Advertisement Editor
岡村政宏
平澤裕樹

Contributing Writer
中川貴宣
小林　亮

Assistant
伊藤まき

Art Director
小澤篤司

Designer
小根山孝一
唐木　潤
松山千穂

Cover Photo by Takanori Nakagawa
Cover Design by Tokuji Ozawa

ターゲットと向き合う前に

ヒラメの素顔を知る

彼を知り己を知れば百戦殆からず

この一節は「相手と自分、どちらのこともきちんと知っていれば、何度戦っても負けることはない」という意味を表わす古代中国の名言だ。釣りは魚との駆け引き、いわば“戦い”である。まずはターゲットであるヒラメについて知り、本書を読んで自分なりの戦略を練れば、その先の釣果にきっとつながるはず。

ヒラメ

分類：カレイ目ヒラメ科ヒラメ属
英名：japanese flounder
北海道地方名：アオッパ、テックイ、テツクイ、ウマ
アイヌ語名：ニナ、ウッタ、ヒベヲ、オヤトゥヨ、シタンタカ

【分布】

宗谷地方オホーツク海側から日本海全域、津軽海峡から胆振、日高地方の道南太平洋海域に分布

【大きさ】

最大で1mを超える

【釣期】

岸釣りと沖釣りを合わせれば、ほぼ周年ねらえる

【棲んでいる場所】

水深10〜200mの砂底に棲む

【生活史】

北海道における産卵期は6〜8月。主に水深50mよりも浅い所に卵を産む。ふ化仔魚は浮遊生活を送り眼は両側にあるが、全長8㎜で右眼が移動し、14㎜前後で頭頂部に達する。眼の移動が完了する直前に着底し、底生生活に移る。雌は雄より成長がよく、1歳で34㎝、2歳で46㎝、3歳で56㎝、4歳で63㎝、5歳で68㎝になる。一方の雄は1歳で33㎝、2歳で42㎝、3歳で47㎝、4歳で50㎝、5歳で52㎝になる。雌は約40㎝、雄は約35㎝から成熟し、50㎝以上では雌が多くなり、70㎝になるとほとんどが雌となる。寿命は12歳前後。


【特徴】

カレイに似た魚体だが、両眼が左側にあり、口が大きく歯が鋭い。小型はアオッパやソゲなどと呼ばれる。日中は海底の砂に潜って顔だけを出していたり、身体を海底と同じ色に変化させて

じっとしていたりする。海底に棲むが、エサを捕る際には全身を使って中層まで泳ぎ上がったり、小魚を追って長距離を移動することもある。成長するにつれ魚食性が高くなり、大型のルアーにも好反応を示す。通常は沖合に生息しているが、春～初夏と秋に接岸し、この頃がショアからねらえるチャンス。春～初夏は産卵のため、秋はベイトを追って岸寄りするようだ。それ以外の時季でも沖釣りでねらうことができる。

沖釣りではかねてより人気の高いヒラメだが、近年はルアーフィッシングのターゲットとして注目を集めている。以前は、たとえば秋にサケ釣りのエサを食うことはあってもハプニングとしてとらえられ、ねらって釣れるほど魚影は多くないと考えられていた。しかし、種苗放流が盛んに行なわれ、サクラマスやロックフィッシュがブームになってルアーフィッシング人口が急増すると、しだいに釣果情報は多くなっていった。シロザケやサクラマスに比べると放流量は少なく、簡単に釣れる魚ではなくても、魚影の多いポイントや効果的なタクティクスが明らかになりつつあり、年々ヒラメを追うアングラーは増えている。80㎝を超える「座布団」と呼ばれるサイズが期待できるのも魅力だ。

なお、北海道では漁業者の資源管理協定により全長35㎝未満の水揚げが制限されており、遊漁者にもこれを呼びかけている。釣り人も協力し、楽しい釣りを将来にわたって永く続けられるように努めたい。

◎参考文献 『漁業生物図鑑 新北のさかなたち』(北海道新聞社)、『さかな・釣り検索』(つり人社)

桜前線北上中！

サクラマス釣り北海道

つり人社の本
好評発売中！

北海道でも屈指の人気ターゲット、サクラマス。いわゆる「海サクラ」の釣りは十数年前にブレイクした後、年を追うごとに愛好者が増えています。ここ数年は船からジギングでねらうサクラマス釣りもブームになり、ライセンス制度が実施されている胆振や後志を中心に盛り上がっています。

これまで3冊刊行したNorth Angler's COLLECTIONの人気シリーズ『鮭鱒鮃』では、サケ、カラフトマス、サクラマス、アメマス、ヒラメの5魚種を取り上げましたが、近年の注目度の高さから今回はサクラマスに絞って1冊にまとめることにしました。

本書では、全道の海サクラの名所を紹介しながら、エキスパートの釣り方や装備を解説。また、研究機関の協力を得てサクラマスの生態や資源状況をレポートします。さらにサクラマス釣りに適したタックルやギア、美味しい食べ方なども掲載。海サクラの聖地から発信する本書は道内だけでなく、北の大地に憧れる道外のアングラーにも手に取ってほしい一冊です。

定価：1,980円（税込）
A4変型判／132ページ

お求めはお近くの書店、または釣具店で。つり人社ホームページ（https://tsuribito.co.jp）からもご購入いただけます。

｜問合先｜ つり人社営業部 ｜ TEL03・3294・0781｜

サーフ

磯

港

ショアの三大ポイントを釣る！

岸のポイントをサーフ、磯、港の3つに大別し、
それぞれにおいて有効なタクティクスを紹介。
エキスパートたちによる基本の解説や実釣から、
ショアヒラメの戦略を練っていきたい。

ショアヒラメに対して
難しい印象を抱いている人は少なくないはず。
とにかく広い砂浜なら、なおさらだろう……。
ポイント選びからタックル、
ルアーの使い方にいたるまで、
サーフの基本をイチから解説！

「なんとなく」から脱却！ 釣果アップのコツをおさえる

写真・文＝佐藤博之（北広島市）
Photo & Text by Hiroyuki Sato

広大なサーフでヒラメに出会うためにはどうすればよいのか？　基本をおさえて貴重な1尾に近付こう

ヒラメはどこにいる？

釣りを始める前に気を付けなければならないことがある。それは、むやみに立ち込まないことだ。私がショアのヒラメ釣りを始めた頃、遠浅のサーフを膝くらいまで入って進むと、足もとをヒラメが逃げるように泳いでいったことがあった。しかも2尾も！　それからは不用意なウエーディングを避けるようになった。

さて、広大なサーフでヒラメに出会うためにまず大切なのはポイント選びだ。闇雲にキャストを続けても疲労が溜まるだけ。では、ヒラメはどんな所にいることが多

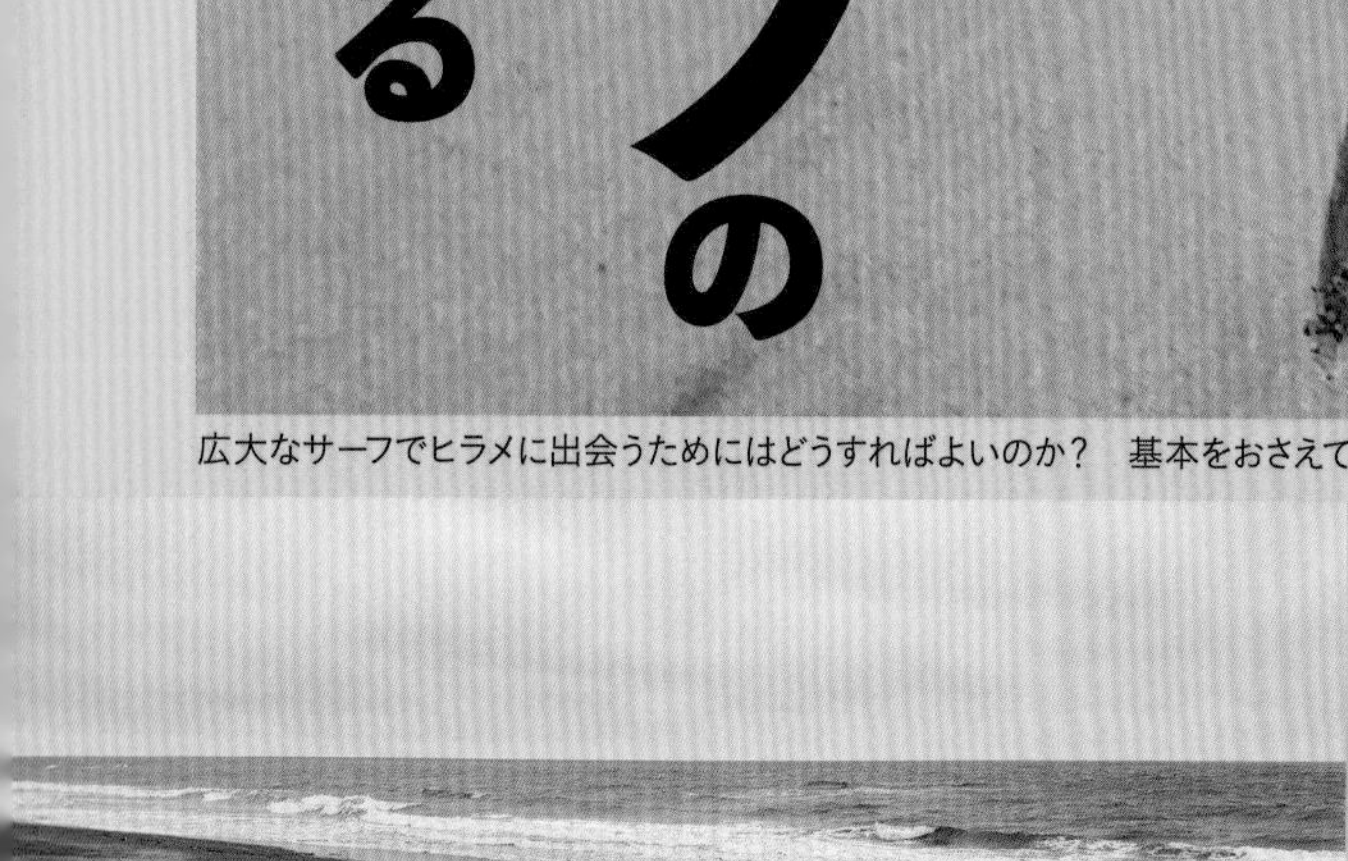

河口

規模にかかわらず河口付近は見逃せないポイント。たとえ川幅が1mに満たなくても、汽水がベイトを寄せる。雨の後はボトムを探ってみたい

いのだろう？　ポイント選びの要点を以下にまとめるので、参考にしてほしい。

【河口】

河口は川の規模にかかわらず一級ポイントになる。たとえ1mに満たない川幅の流れ込みであっても、汽水がベイトを寄せてくれる。また、河口が砂地の場合はサンドバー（詳しくは後述する）が形成されやすい。

雨の後は河川からの濁りが入り、釣りを諦めてしまうアングラーもいるだろう。しかし、淡水と比較すると海水は重く、下層に沈むため、実はボトムは釣りになることが多い。メタルジグやワームを使って、底を意識したリトリーブを心掛けたい。

【離岸流】

打ち寄せた波が沖へと払い出す流れが離岸流。どのサーフでも発生しているが、最も分かりやすいのは遠浅のエリア。北海道だと噴火湾が顕著だ。離岸流は地形が大きく変わらない限り、ほぼ同じ場所で発生する。中心部が深くえぐれて、両端にはブレイクが形成され、ヒラメが付いていることも多い。したがって、流心ではなく、その脇をきっちり探ることが大切だ。

【潮目】

潮流どうしがぶつかり合う所が潮目で、プランクトンが集まる。それをねらうのがベイトフィッシュで、必然的にヒラメも寄ってくる。浮遊物が溜まり、筋のようになるので分かりやすい。また、地形変化によって発生する潮目もある。その場合はだいたいいつも同じような所にできる。

【サンドバー】

潮や河口からの流れ込みで砂が堆積してできた浅瀬。海を見渡して、ほかよりも波が高い所がサンドバーであることが多い。このカケアガリにヒラメが付く。しかし、沖のサンドバーは見極めるのが難しい。そんなときは、波の立ち方や崩れ方が周りと少しでも違っている部分を探したい。そこは海底に何らかの変化があると思ってもよいだろう。

【地形変化】

サーフ全体を見渡すと、ワンドになっていたり岬になっていたりするのが分かる。こういった場所は、海のなかにも何かしらの変化があることが考えられる。たとえば張り出した岬の横は深くなっていることが多く、ヒラメが潜んでいる可能性が高い。岬の先端から正面に向かってキャストしがちだが、ねらうべきは深みだ。

また、小砂利が打ち上がって溜まっている（周りと底質が違う）箇所も、沖に変化があるので要チェック。消波ブロックが入っているポイントは、なおさら注目。両脇が深く掘れていて、ヒラメにとって格好の付き場となる。

いずれにせよ、ヒラメはブレイク付近で獲物を待ち伏せする習性があり、そこをいかにねらうかが釣果を左右する。時間はマヅメ時が外せない。とくに夜明けと日の入り前後が最大のチャンス。ただし、ベイトが岸寄りしているときは日中でも可能性大だ。

離岸流

白波の間に、沖へと払い出す流れが発生している。流心ではなく、その脇を重点的に探るのがキモ

潮目

潮目にはベイトフィッシュが集まり、ヒラメも寄ってくる。ショア、オフショア問わず、あらゆる釣りで定番のポイント

サンドバー

写真奥の白波が立っている辺りに砂が堆積し、サンドバーになっている。ヒラメが溜まることが多く、佐藤さんはこの内側のカケアガリで80cmアップを筆頭に連発した実績があるという

地形変化

ワンドや岬は、海中にもなにかしらの変化があることが考えられる。たとえば岬の横は深くなっていることが多く、ヒラメが潜んでいる可能性が高い

ロッド操作がキモ

　基本的にヒラメは、海底に張り付くようにしている魚。したがって、ボトム付近を正確に攻めることが重要になってくる。とはいえ底にこだわってばかりではよくない。ヒラメは眼の位置からすると上を見上げている。ゆえに、ルアーをズル引きするだけではなく、ボトムを切った状態で巻いてくることも大切だ。底から50㎝〜1ｍまでのレンジを意識してルアーを操作したい。

　私の場合、ヒラメをねらうときはストップ&ゴーを多用し、「5回巻いて、止める」を繰り返している。その際、ロッドティップの感度を最大限に活かすためサオは立て気味にする。こうすると引き抵抗でティップに負荷がかかり、ラインを通してボトムや地形変化などの細かな情報を感知しやすい。また、アタリが取りやすく、フッキング率も上がるというメリットがある。

　一方、強風時にロッドを立て気味でリトリーブすると、ラインは煽られティップも安定せず、着底やアタリが不明確になる。そんなときに有効なのが、シルエットが小さくてウエイトを稼げるタングステン製のジグだ。これを使い、風の影響を少しでも抑えられるようにロッドを低く構え、ストップ&ゴーのテンポを速める。とはいえラインとロッドを一直線にするのはNG。ストップ&ゴーのようにバイトや違和感があったらアワセを入れる釣りだと、少しでもティップに負荷をかけていたほうがアタリは出やすくフッキングも決まるからだ。

打ち上げられたマイワシ。時合はマヅメ時に多いものの、ベイトが岸寄りしているなら日中でも期待大

サーフのルアー考

　ヒラメは活性が低くて食いが渋いほど、スローに誘うほうがよいとされている。北海道のサーフではメタルジグが主流だが、ほかのルアーを使ってみるのも手だ。たとえばシンキングペンシル。最近は〝ヒラメ用〟とうたわれるルアーが多くなってきていて、なかにはジグ並みの飛距離を叩きだすシンキングペンシルもある。ジグでしかねらえなかった沖のポイントを、スローな誘い方で攻略できるようになったのだ。

　使い方は、「着底させてからリールのハンドルを5〜7回ゆっくりと巻き、フォールさせる」の繰り返し。ジグと同じ要領だが、決定的な違いは、全てがスローな動きになること。ジグの場合はストンとすぐにボトムに着くが、シンキングペンシルはプラスチック製なので、ボディーを揺らしながらゆっくりとフォールする。これがヒラメには効果抜群なのだ。

　朝イチの活性が高いときはメタルジグを使い続けてもよいが、釣れなくなったタイミングでシンキングペンシルに替えてみるとアタリが出ることも多い。海サクラが好きな人にとってもこの釣りはなじみやすく、きっとハマるはずだ。

　そして、スローといえば忘れてはならないのがワームの存在。サーフではよく「飛距離が出ないからワームは使いづらい」という声を聞く。それならタングステン製のジグヘッドを使うとよい。時合などのチャンスタイムを逃したくない場合は、ワンタッチで交換可能なジグヘッドとワームがセットになったものがおすすめ。

　ワームに関しても使い方はほかのルアーと同様。ただ、さらに有効な方法がある。それは、一連の誘いのなかにステイを織り交ぜること。いわゆる〝ほっとけ〟だが、数秒間動かさないのがキモだ。わずかな潮の流れでもテールが反応し、アクションさせずして自然に誘うことができるのはワームならでは。ステイ中にゴゴンとくるアタリは癖になるし、非常に面白い。

コントロールも重要

　タックル選択についてだが、ヒラメは沖のブレイクラインに付いていることが多いため、遠投に適

上／ルアーの射程圏内にトリヤマができたときは大チャンス！　ベイトが寄っている証拠だ　下／遠浅のサーフは干潮時に立つ位置を前にすれば、満潮時に届かなかった沖のブレイクラインを探ることができる

した10～11フィートのロッドを選びたい。海サクラ用を流用して問題ないが、とくにサーフでは15～40gと幅広いルアーを使うことから、MAX50g程度のものが無難。

タックルの進化により、最近では100m以上の遠投も難しくはない。遠くの小さなアタリを拾うために、ロッドの感度にも気を遣いたい。

リールは4000番が標準で、ロッドとのバランスがよいものが前提。ラインはPE1～1・5号がおすすめ。底を探ることが多いため、リーダーは根ズレに強い20ポンド程度のフロロカーボンを選ぶ。

なんといっても、サーフの醍醐味はキャストで飛距離をだす爽快感！　一方で、ヒラメに関してはコントロールも重要だと私は考えている。離岸流や沈み根の際など、自分が「ここに魚がいる」と思う所にルアーを通せるか否かで、釣果は断然変わってくるからだ。そのためにも、ヒラメ以外の釣りでも普段から意識したい。

私の場合、どんなときもゲーム感覚でキャストを楽しむようにしている。水平線上に浮かぶ雲の切れ間や、浮遊物などを目印にして、半径1m以内に着水すると「よし！」といった具合だ。ただ漠然とキャストを繰り返すより充実した時間を過ごせるし、なにより技術向上にもなる。

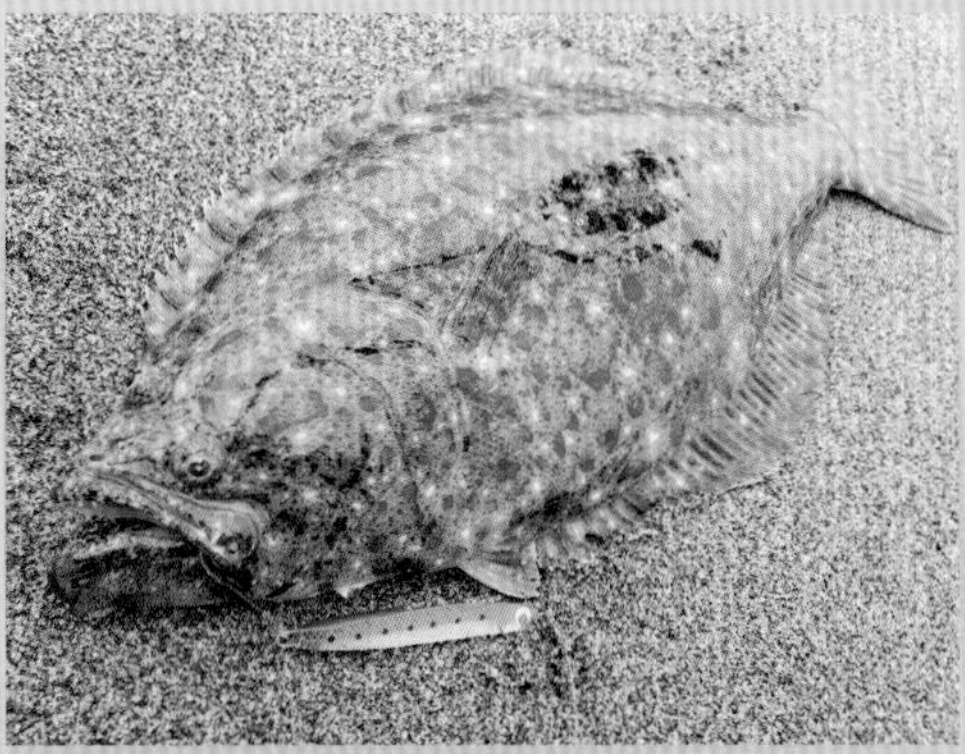

メタルジグ

定番のジグは、ストップ&ゴーを織り交ぜつつ、底から50cm～1mの層を意識して巻いてくる。写真のヒットルアーはダイワ『アイヴ セミロング』40gの生イワシ

シンキングペンシル

ボディーを揺らしながらゆっくりとフォールするシンキングペンシルは、食い渋ったヒラメに効果抜群。ダイワ『オーバードライブ95S』の飛距離はMAX107m（同社テスト）を誇り、ジグでしか届かなかったポイントをプラグで誘うことができる

ジグヘッドワーム

ワームは一連の誘いのなかにステイを織り交ぜると効果的。ダイワ『鮃狂（フラットジャンキー）ロデム3TG』は、タングステン製のジグヘッドにより飛距離が伸びる。さらに、水鳥の足ヒレ形状からヒントを得た「ダックフィンテール」がわずかな潮流に反応し、意図せずとも自然にアピール。ワンタッチでボディー交換が可能で、貴重な時合を逃さない

タックル例 すべて、ダイワ

ロッド：オーバーゼア AGS 109ML/M

ルアーをナチュラルに泳がせられる柔軟なMLパワーのティップと、遠投力を秘めたMパワーのバットを組み合わせたショア用ロッド。ルアーウエイト設定はプラグ7～45g、ジグ7～50g。4ピースのブランクは携行性にすぐれているだけでなく、トップは感度、2番節は操作性をサポート。3番節はキャスト時にパワーを溜め込み、バットはファイト時に最後の砦になるという役割を担う

リール：セルテートLT4000-CXH

ヒラメには4000番クラスがマッチ。LIGHT & TOUGH、つまり軽さと強さを両立させた「LT」コンセプトのリールが安心だ。ラインは『UVF モアザンデュラセンサー ×Si2』1号に、ショックリーダーは『モアザンリーダー EX II TYPE-F』20lb

ユーチューバーRyoHが解説！

サーフ

自己記録の84㎝。ショアでこのクラスがねらえるのが北海道のポテンシャル

カギとなる ルアーローテーション &「静と動」のアクション

写真・文＝林 亮
Photo & Text by Ryo Hayashi

広大なサーフでポイントを絞るには、まず変化に注目するのが大切。そのうえで、人気ユーチューバー・RyoHさんはルアーローテーションと「静と動」のアクションがカギと語る。ルアーを見ていても反応しない魚を、あの手この手を駆使して攻略！

サーフで釣った記憶に残る1尾

私はこれまで数百尾のヒラメを釣ってきたが、そのメインフィールドは漁港。比較的手軽に釣りができる漁港で経験を積み、そこから少しずつ磯場やサーフにも足を運ぶようになっていった。

そんななか、サーフのヒラメ釣りで思い出に残っている釣行がある。

2021年6月のこと。私のユーチューブチャンネルでは初めて、サーフのヒラメ釣りを撮影しにいった。前日から雨が降るなかの撮影だったので胸元のカメラが壊れてしまい、手もとのアングルはなく引きの映像になっているのが悔やまれるが……。

この日は向かい風のなか、ジャクソン『アスリート12S

ジャクソン・プロスタッフのRyoHこと林亮さん。『グッドハンドフィッシングTV』（GHF TV）では釣行のようすだけでなく、ルアーのアクションについてなど、さまざまなテクニックも紹介。分かりやすい解説は初心者にも好評

YouTubeの『グッドハンドフィッシングTV』で、記念すべき最初のサーフヒラメ釣行でヒットした62㎝。当日のようすは動画（https://www.youtube.com/watch?v=3pQU_H-38AY）で見ることが可能

SP』のシンキングペンシルを使用。飛距離を出して広範囲をサーチし、数時間ねらったが反応は皆無。カメラが壊れたショックが大きすぎて帰ろうかと思ったが、ここで諦めたらすべてが無駄になると自分を奮い立たせ、そこから大移動を決断。過去に入ったことがないサーフに向かった。そこで離岸流と、その手前側の反転する流れで掘れている地形を見つけた私は、「ここに付いているはず！」と信じてキャストをスタート。

まずはシンキングペンシルで、広範囲に探りを入れたが反応なし。そこで手前の掘れているエリアに照準を絞り、アピール力の高いジャクソン『アスリート17FSV』にチェンジ。シルエットの大きいフローティングミノーで、ジャークを入れつつ流れと風を利用してルアーを流し込んでいった。このドリフト釣法で、掘れている場所を細かく探った。すると10mほどの近距離で「大木に引っ掛かったかな？」と思うようなゴンッ！ という衝撃が伝わった。ロッドが大きく曲がり、瞬時にドラグがジジジジジジッ！ と音を立ててラインが出ていった。そのパワーに「これはビッグサイズ！」と確信。手前で掛かったこともあり、ファイト時間は短かったが、上がってきたヒラメを目の前にすると興奮は最高潮に達したのだった。

17cmのロングミノーをくわえて上がってきたのは……62cmのヒラメ！ カメラが壊れ、雨のなかでロッドを振り続けても反応がなかったが、諦めずに大移動した結果出会えた最高の1尾だった。撮影中に初めてサーフヒラメをキャッチできたうえに、その1尾目が60cmオーバーだったこともうれしかった。

日本海側のシーズン&パターン

私は現在釣りのユーチューバーとして活動しており、基本的には人がいない所を見つけて撮影している。そのため決まった場所で釣りをするということが少なく、ホームフィールドというほど通い込んでいるわけではないが、主に釣りをしているのは日本海側だ。

このヒラメはジャクソン『アスリート12SSP』GHFオリジナルカラーに食ってきた

同エリアにおけるシーズンは5～11月がメイン。5～6月はスポーニング（産卵）のためにヒラメが岸に寄り、比較的安定して釣れやすい。これからヒラメをショアでねらってみたいという方にはおすすめの時期である。また、この頃のヒラメはベイト（エサになる小魚など）に左右されるというよりは、スポーニングのために岸寄りするため、「このパターンじゃないと釣れない」ということが少ない。パターンを気にせず気軽にねらえるので、ジグヘッドを使用したワームの釣りから、シンキングペンシル、メタルジグ、ミノーと幅広いルアーが使える。まさにゴールデンシーズンといえるだろう。

その後7～8月は一般的に「夏枯れ」と呼ばれ、暑さのため釣りにくくなる。が、この夏枯れといわれる時期に、私は過去に座布団ヒラメを何尾もキャッチしている。暑くて釣りに行くのが億劫になりがちだが、頑張ってフィールドに立てばいいヒラメとの出会いがあるかもしれない。

GHF RyoH流ルアーローテーション

ヒラメをサーフでねらう際、朝マヅメのいい時間帯は、私はなるべく手前側から撃つようにしている。人が入っていない場所を探してエントリーすることが多いため、とくに朝は魚がスレていない状況だと思う。したがって、魚の目の前にルアーを通せば食ってくれるのではないかと考えているからだ。

最初に結ぶルアーは、アピール力が強くて近場をしつかりねらえるフローティングミノー。派手め＋グローカラーを選ぶ。ミノーはアクションや波動によるアピール力が強く、ヒラメに見つけてもらうには最適なルアーだと思う。また、まだ薄暗い時間帯にエントリーして探っていく場合、足もと付近まで魚が寄っていることがよくある。そのため、まずは手前に付いているであろうヒラメを、飛距離を出しすぎずに手返しよくねらっていくのが重要だ。ヒラメの時合は短いことが多く、手返しよく探るためにも、フローティングミノーは大きな武器になってくれるはずだ。

ラン&ガンしつつ流れに変化がある所をねらって反応がない場合、私は早い段階でカラーをチェンジしていく。ここは付いてそうだと強く感じる地形もしくは流れを見つけたら、1キャストでカラーを変えることもある。ヒラメにルアーを見られていて、それでも食ってこないと想定してねらうように心がけている。

派手め＋グローカラーで反応がなければ、次にチャート系、ピンク系、ゴールド系、ナチュラル系と、大まかなくくりで違う系統のカラーを使って反応を探る。

自身でこだわったGHFオリジナルカラーで釣れた1尾に喜びもひとしお

カラーをローテーションしても反応がない場合は、アクションを変えていく。私のなかでは「静と動」を大切にしている。タダ巻きで、ゆっくりと潮の流れになじませる「静の釣り」。自分からアクションをしっかりと加え、ルアーに動きを出すことでアピールしていく「動の釣り」。この2つを使い分けながら、見せ方に変化をつけてねらう。ゆっくりした動きでは反応しないヒラメが、強い動きに反応してくれることもある。「静と動」の緩急をつけることで、その日、その場所にいるヒラメの好みに合わせたアプローチが可能になる。

なお私がGHジャークと提唱している、ゴンゴンジャークでリアクションバイトを誘うような釣り方だと、ルアーで誘って釣っている醍醐味が強く感じられ、個人的にはよく使う釣法だ。

タックル紹介
ラインは頻繁に交換

ロッドは大型ヒラメでもしっかりと寄せることができるミディアムクラスを使用。バランスを考えてリールは4000番にしている。ギア比は速巻きができ感度もよいXGだ。

PEラインは1・2号をオールシーズン使用。リーダーは20ポンドをメインに、ポイントによっては30ポンドまで太くする場合もある。PEとリーダーはFGノットで結束している。

私のこだわりとして、リーダーは釣行ごとに交換している。PEラインは3～5回使用したら替える。ヨレによ

この74㎝ヒラメは、裏側も茶色の珍しい個体だった

るライントラブルを減らし、気づかないうちに入った傷により切れてしまうことを防ぐためだ。そしてなにより、自信を持って鬼フッキングができる安心感を得るためでもある。ヒラメは口周りが硬いので、外側にハリ掛かりした場合、しっかりとフッキングできていないとバレてしまう。自信を持って強くフッキングができるように、ラインは非常に重要だと感じている。

釣果アップのためのアドバイス

かつては、なかなかヒラメが釣れない時期があった。今では同じポイントでも比較的よく釣れるようになったが、その差はどこにあるのだろうか？

同じポイントでも、常に同じ流れがあるわけではない。以前の私は、そのことを知らなかった。振り返ってみると、それが釣れなかった大きな原因だと感じている。

地形の変化、流れの変化にベイトが付き、それを捕食するためにヒラメが付く。つまりなんらかの変化がある場所にはヒラメが付きやすく、そこをねらえば必然的にヒラメが釣れる確率は上がる。

しかし、地形も潮の流れも日によって変わる。仮に好ポイントを見つけたとして、闇雲にその1ヵ所だけねらい続けても、その日いい流れが生まれているとは限らない。ベテランの同行者がいるのならともかく、1人だったら自分で状況を判断するしかない。

「なんだかあそこだけ水面がザワザワしているな」

そんな小さな変化でも、見つけたらその方向にキャストしてみる。潮の流れに変化がある場合、その境目を同じスピードで巻いてみると、ハンドルを巻く手に伝わる重みに違いが感じられる。そのような変化を意識して釣りをすると、少しずつ変化が大きい場所、小さい場所が分かるようになっていく。大きな変化を見つけてねらうだけで、ヒラメと出会える確率は確実にアップするはずだ。

北海道の長大なサーフでポイントを絞るのは難しいが、カギになるのは変化のある場所。写真のヒラメはジャクソン『アスリート12SSP』にヒット

朝マヅメなど、魚が岸寄りしているタイミングではフローティングミノーも有効。アピール力の強いミノーで手返しよく探ることができる

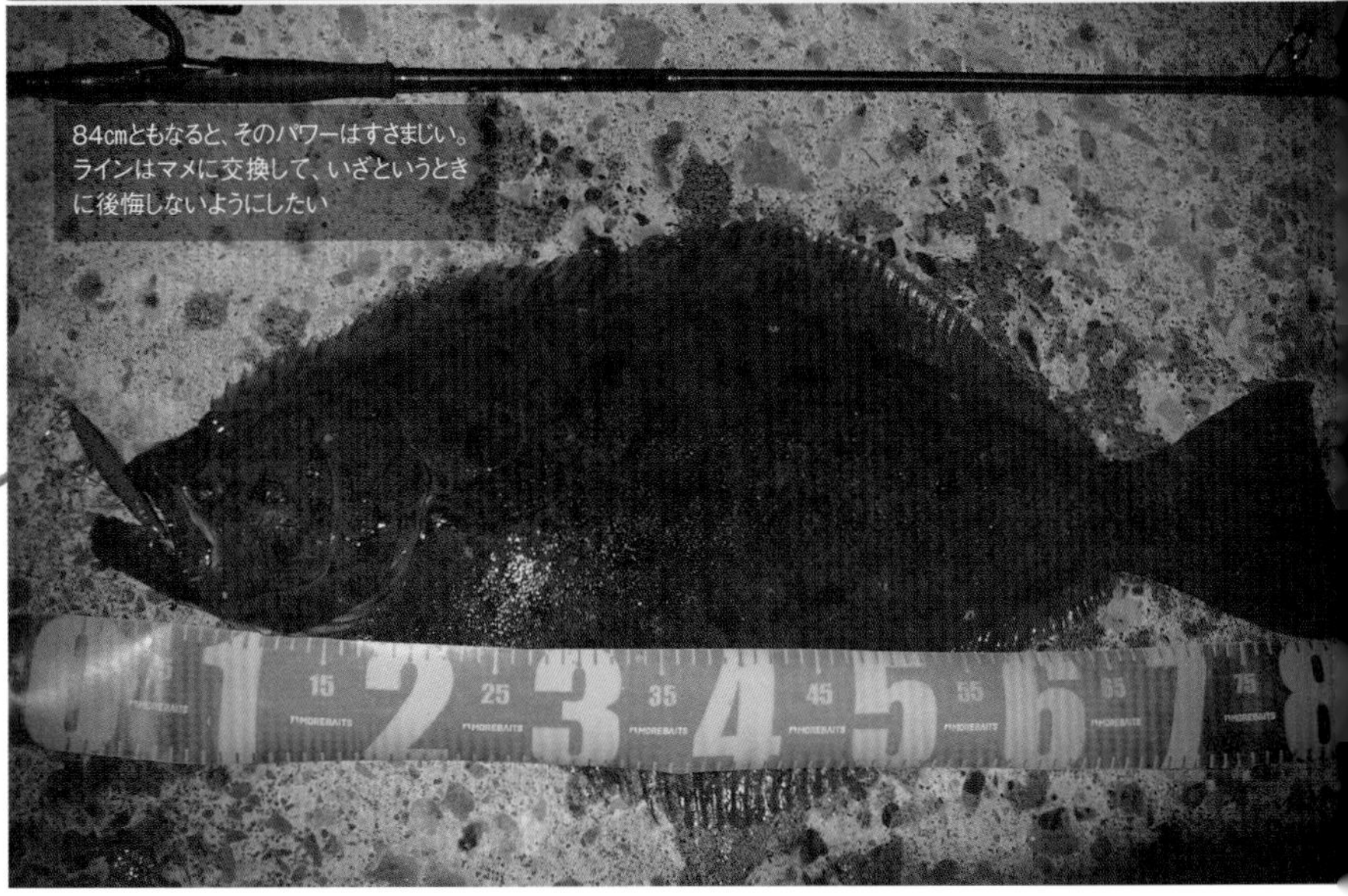
84cmともなると、そのパワーはすさまじい。ラインはマメに交換して、いざというときに後悔しないようにしたい

RyoH愛用タックル

ロッド……ジャクソン『サーフトライブ1062M』
リール……シマノ『ツインパワーXD4000XG』
ライン……バリバス『マックスパワーPE X8』1.2号
リーダー……バリバス『VEPショックリーダー［ナイロン］』20ポンド

サーフ ジグで探る! 道南エリア

文＝笹谷正平（函館市）
Text by Syohei Sasaya

ジグを使った釣りが得意という笹谷正平さんは、2016フラットフィッシュトーナメントの優勝者。底付近をリフト＆フォールで探るだけではなく、アクションやカラーを変えてその日のパターンを見つけるという。そんな笹谷さんが、地元道南エリアのサーフを案内。

ハマったきっかけ

私がヒラメ釣りにハマったのは、東日本大震災の次の年だった。それまで趣味といえばサーフィンオンリーだったが、あのときニュースで見た津波の映像がショックで、少しサーフィンから離れていた時期だった。家の近くの浜辺を息子と散歩していたら、1人のアングラーがルアーでヒラメを釣っているのを目撃。「え〜! こんな高級魚が家の近くで釣れるの!」と感動して、自分もヒラメを釣ってみたくなった。しかし、釣りは初心者も同然。知り合いの経営するルアーショップに駆け込み、2万円ほどでロッドとリール、ルアー等を購入。基本的なレクチャーを受け、それからは毎日のようにサーフに通った。

最初の頃はキャストも上手くいかず、ルアーをロストしてばかり……。ヒラメは思うように釣れなかった。しかしどうにか最初の1尾を釣りあげてから、その引きの強さや刺身の美味しさにハマってしまったのだった。

その後、何尾か釣っているうちに、ヒラメのヒットパターンが少しずつ分かるようになってきた。今回は私が通う道南サーフのヒラメ釣りについて、自分なりの考えを紹介したい。

豊津海岸で切磋琢磨

豊津海岸で、「少佐」こと佐々木元史さんとサーフをラン&ガンしていたときのことだ。彼とはなぜかいつもねらうポイントが重なるのだが、この日も初めは離れていたのに、気づくとお互い同じ離岸流の前でロッドを振っていた。だが、佐々木さんは何尾もヒラメをキャッチしているのに対し、私にはアタリさえない。横目でルアーやリトリーブスピード、誘い方など見て真似たのだが、一向にヒットしない。見るに見かねた佐々木さんがヒットルアーを貸してくれて、自分の釣っていた立ち位置まで譲ってくれた。それなのに、その日は結局ノーバイト。本当に悔しい思いをした。

よく「ヒラメ釣りは簡単。魚さえいればすぐに釣れるよ」と言う人がいるが、その日の経験からヒラメ釣りの難しさや奥深さを知った。

そしてもうひとつ、忘れられない思い出がある。北斗市『フィッシングショップ・インパクト』が主催した、道内初となる大規模なフラットフィッシュトーナメントだ。この大会で、私は幸運にも優勝できたのだが、その優勝魚を引き出したのもこの豊津海岸だった（『North Angler's』2016年8月号掲載）。

大会当日は朝から波があり、厳しい状況だった。波が立つ辺りより沖をねらうべく、ギリギリまでウエーディングしていたのだが、価値あるヒラメをゲットすることができた。

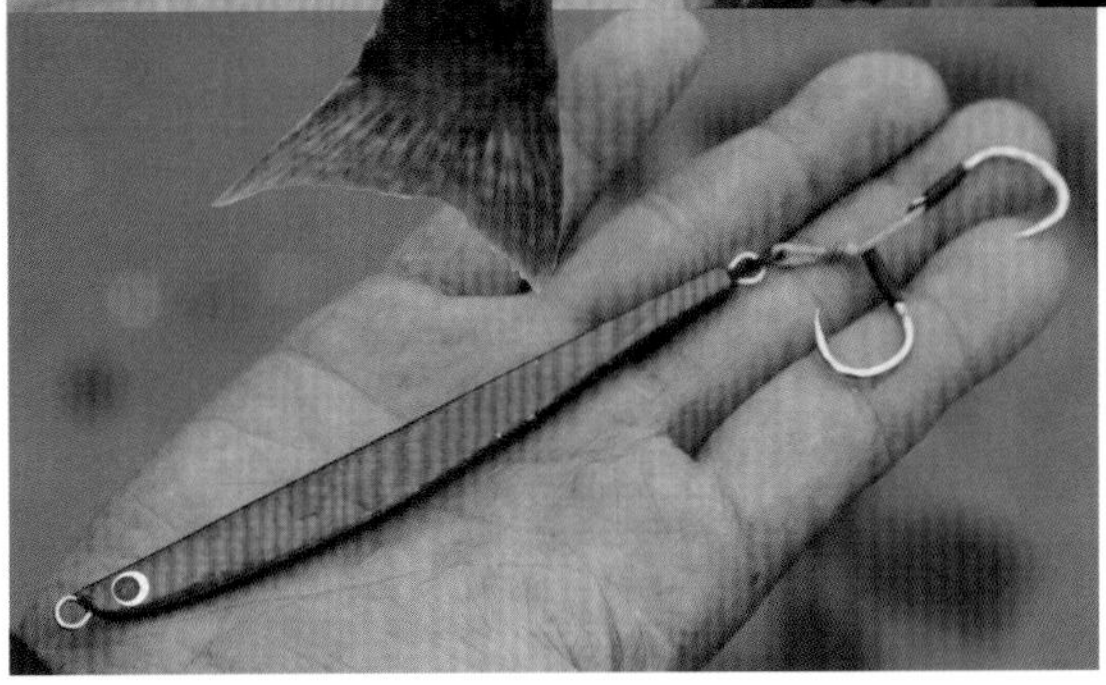

道内初の大規模なフラットフィッシュトーナメントで優勝できたことは、忘れられない思い出。写真はそのときの検量後のもの（写真上）
ヒットルアーはフジワラ『リアルオベーション リリック』42gSSYレッド。SSYはササヤの意味（写真下）

余談だが、このサーフで小エビがフックに刺さってきたら、仲間内では「エビチャーンス！」と言っている。なぜかその後ヒラメが釣れる、激アツタイム到来のサインなのである。

道南エリアガイド

私はヒラメが釣れていると聞けば岩内や島牧、室蘭方面まで足を運ぶが、やはり道南への釣行が多い。地元である函館の大森浜から、恵山、椴法華までの下海岸サーフ。鹿部から砂原、森、八雲、長万部、礼文華、大岸までの噴火湾サーフ。七重浜から木古内、知内までの海峡サーフ。松前から上ノ国、江差、乙部、熊石、大成までの日本海サーフ。どのサーフもそれぞれ魅力的だ。

ヒラメは稀に冬でも釣れるが、同エリアでは4月から12月くらいまでがシーズン。5〜7月は産卵前後の荒食いの時期で、どのサーフでも釣果が期待できる。海水温が上がる夏は、ベイトの岸寄りしだいだが、磯場や水深のある漁港に比べるとサーフでの釣果は下がるようだ。気温が下がり始める9月から12月までは、再びサーフでの釣果が聞かれるようになる。

私はサクラマスとヒラメが同時にねらえる4月後半から、噴火湾豊津海岸に通っている。ここは8㎞にも及ぶ広大なサーフで、いくつか流れ込みがある。離岸流や深場をラン&ガンしながら探る。潮の動きしだいで、マヅ

噴火湾はカケアガリが遠いため、遠投が有利。波がないときはできるだけウエーディングして沖をねらいたい
Photo by Syohei Sasaya

メの時間帯以外でも釣果は期待できる。朝マヅメが終わってアングラーがいなくなった時間帯に、大ものを釣ったことが何度かある。

カケアガリが遠いため、遠投が有利。波がないときはできるだけウエーディングして沖をねらいたい。

悪天候で噴火湾での釣りが厳しいときは、反対側の日本海へ足を運ぶ。松前から大成方面のサーフならどこでも釣れる可能性がある。とくに八雲町熊石の鮎川海岸は、沈み根の周りをねらうのが面白い。

日本海側のサーフでは、マヅメ時もしくは夜に釣果が集中する。ただし、熊には要注意。夜の釣行はおすすめしない。足もとから深い場所が多いので、ミノーやワームでねらうのが面白い。もちろんジグでもOK。サーフに隣接する漁港にもヒラメが入ることが多い。

七重浜から知内サーフは、流れ込みを中心に探りたい。ベイトフィッシュを意識した釣りが有効だ。

大森浜から椴法華サーフは、離岸流や沈み根を中心にねらうとよい。市街地から近いため、釣果は期待できないと考えるアングラーが多いようだが、以前95cm、12・8kgのモンスターがあがっていて侮れない。街の明かりに寄せられたベイトを目当てにヒラメが岸寄りすることも考えられる。仕事前の朝ちょこ、仕事帰りの夕ちょこで通うのも面白い。

どのサーフも同じだが、ベイトの有無が釣れる釣れないを左右する重要な要因になる。そのため釣り雑誌や新聞等で、近くの漁港で釣れているベイトフィッシュの情報を参考にするとよい。

また風と波について補足しておくと、出し風はルアーがよく飛ぶのだが、いい思いをしたことがない。たぶんベイトが沖に流されるからだと思う。波はベタナギよりも、軽くウネリがあるほうがいい。離岸流を見つけやすく、魚の警戒心も緩むと考えている。

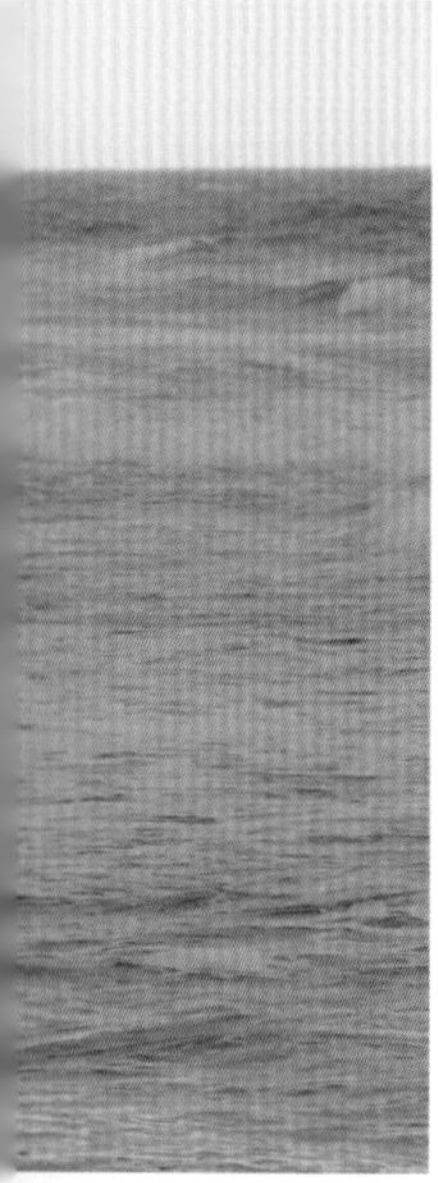

ジグのカラー&アクション

私の場合、サーフのヒラメ釣りで最も使用頻度が高いのはジグ。噴火湾などの遠浅エリアでは飛距離の出せる35～45gを使うが、凪いでいるときはフォールスピードに気を遣いたい。ルアーをキャストして、着水から着底の間のフォール中にいかにヒラメにアピールできるかで釣果に差が出る。

サーフでは根掛かりの心配があまりないので、必ずキャスト後は底を取るようにしている。着底直後にドーン！と当たったり、落ちパクなども結構な確率である。

カラーローテーションは、朝夕の暗い時間帯はピンク系やグロー系。太陽が上ってからは赤金やグリンーゴールド、ナチュラル系を使っている。赤一色のジグも私は好きだ。「ジグのカラーは関係ない」と言う人もいるが、私は5、6投でアタリがなければカラーを変える。

ねらい方は、基本的には離岸流に立つ。ジグやミノー、ワーム、シンキングペンシル等、いずれも弱っているベイトに見えるように意識してリトリーブしたい。潮の流れを感じながらストップ&ゴーやリフト&フォールで誘う。意外とタダ巻きでも反

フロントにシングルアシスト、リアにもシングルのフックセッティング。段差ダブルフックはリフト時にジグに絡むことがあるので、笹谷さんはあまり使わないという
Photo by Syohei Sasaya

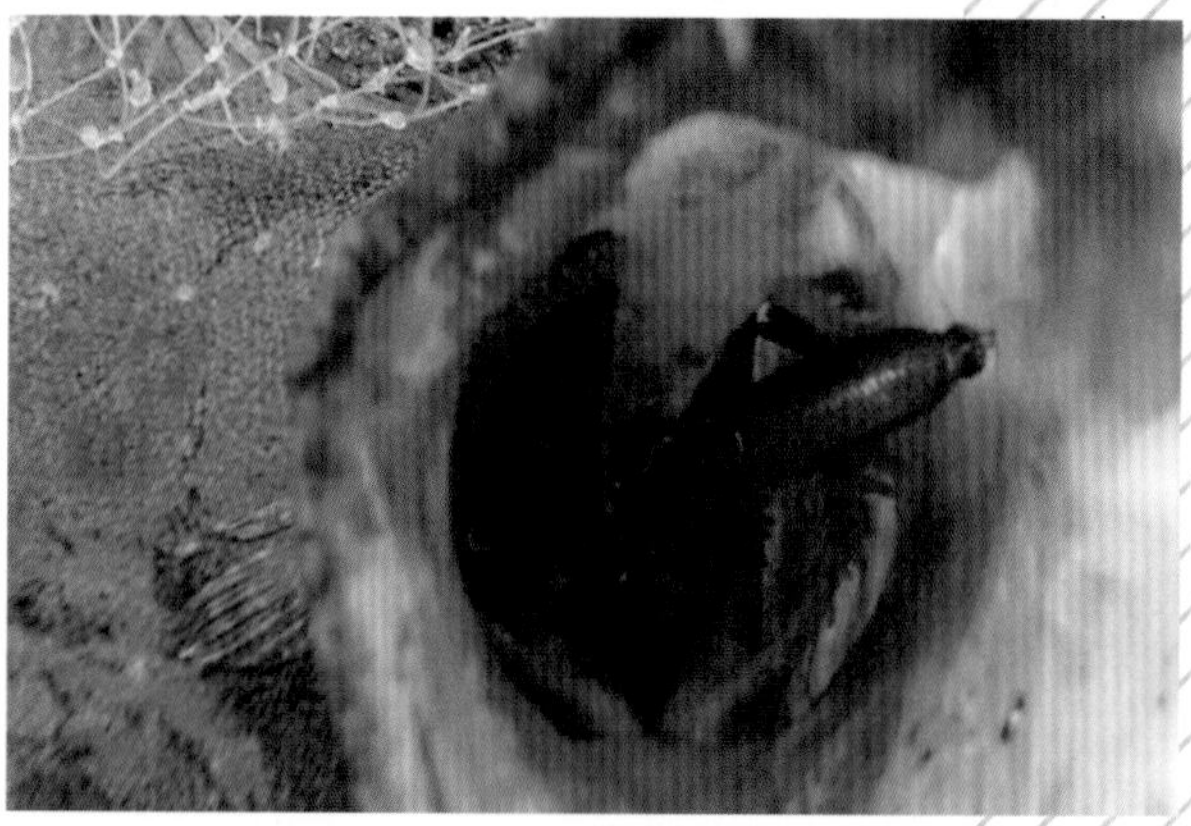

ルアーを丸飲みされることがあるため、ショックリーダーとスナップの結束にも気を遣いたい
Photo by Syohei Sasaya

応がある。

リフト&フォールでは、フリーフォールとテンションフォールを使い分け、その日のヒットパターンを探る。ヒラメ=ベタ底と思っている人が多いかもしれないが、カタクチイワシの群れなどベイトが入ると、中層や上層を活発に泳いでいることもある。ヒラメがライズするシーンも、私は何度となく見た。そんなときは中層~上層をタダ巻きで探りたい。

フックはフロントにシングルアシストフック、リアにもシングルフックを装着している。段差ダブルフックはリフト時にジグに絡むことがあるので、私はあまり使わない。

なお、私はアタリがあったら即アワセがよいと考えている。

タックル&ラインシステム

ロッドは遠投重視なので11フィートから13フィート。リールはシマノなら3000~4000番。風の影響でもラインスラックを素早く回収できるハイギアを愛用している。

メインのラインはPE1・2号。これにスペーサーとしてPE2号10mをノーネームノットで結束。メインラインとスペーサーのPE同士の結束時にはリップクリーム等を塗り、ラインが摩擦によって傷つくのを防いでいる。

ショックリーダーとスナップの結束は、イモムシノットで結んでいる。これは以前ルアーを丸飲みされ、あと少しでショックリーダーが切れそうだったことがあり、その対応策だ。

波はベタナギよりも軽くウネリがあるほうが離岸流を見つけやすく、魚の警戒心も緩む

離岸流に注目

たまに「サーフでどのようにヒラメを釣るの?」と質問されることがある。だがいかんせん昭和生まれのオッサンなので、リフト&フォールだのストップ&ゴーだの横文字が得意ではない。そのため「バーン!って投げて、ピョンピョンやって、ガーン!って釣るんだよ」と、ついついそんな説明に……。

簡単にいえば、よさそうな場所で、沖のポイントをひたすらリフト&フォールでねらっていれば、ヒラメが釣れるということになる。

その「よさそうな場所」がどこなのかといえば、重要なのは離岸流。離岸流があったら、まずはそこで粘ってみる。仮に先行者がいても、その人が諦めた後に入って釣果を出したことがある。とりあえず離岸流さえ早く見つけられるようになれば、釣果アップの近道だと思う。

良型をねらう場合、ソゲの多い場所はソゲしかいないと判断して場所移動するのが笹谷さん流
Photo by Syohei Sasaya

◎潮流の名称

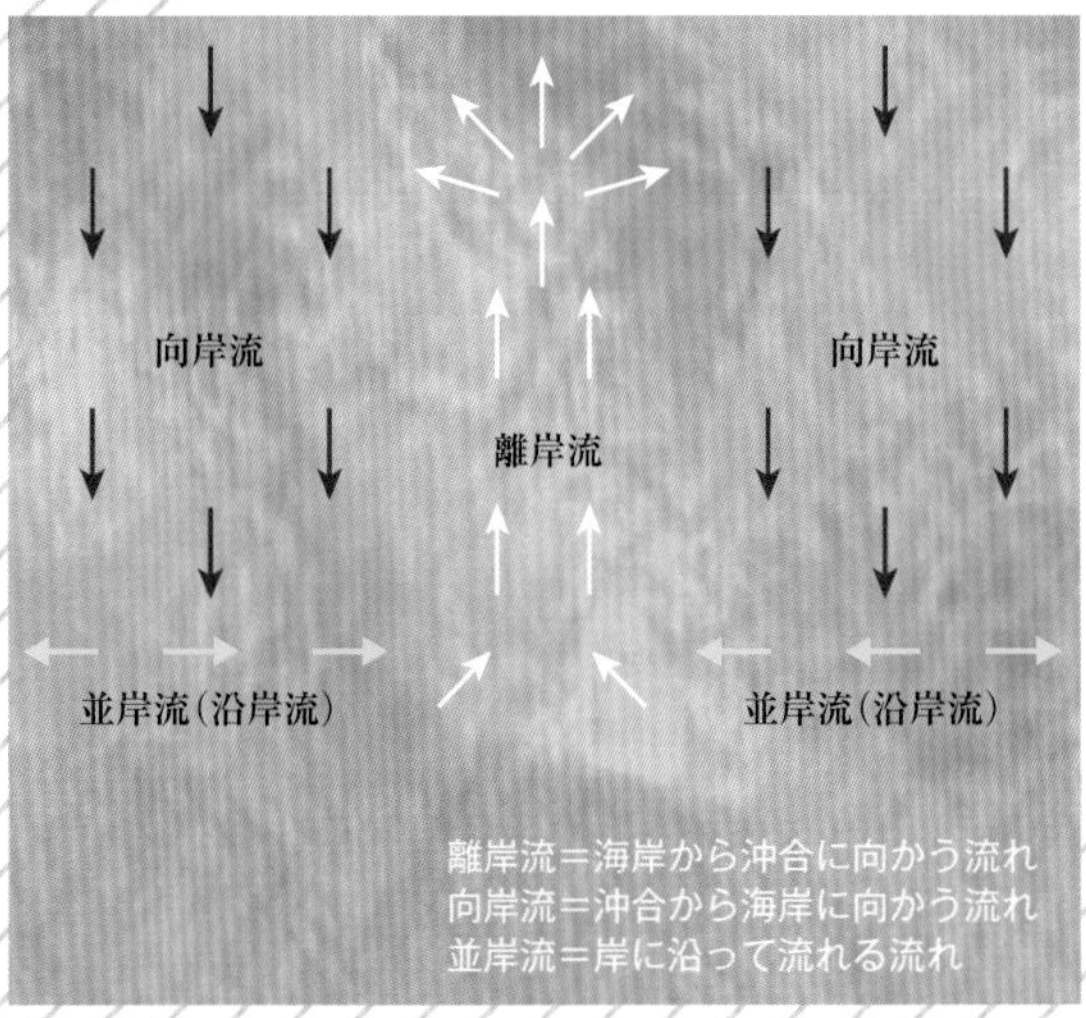

離岸流はサーフの岬付近や、砂浜の中に延びる一本堤防などに沿って発生しやすい。したがって、そのような地形も一級ポイントになる。

なお良型をねらう場合、ソゲの多い場所はソゲしかいないと判断して場所移動する。

何はともあれ、まずはできる限りフィールドに通うことだ。いろいろな場面を経験して、引き出しを増やし、悩みながら楽しむことが大事だと思う。

サーフ

〝ヒラメの町〟をどう釣った？

人気エリアで快釣

道の駅『てっくいランド大成』が示すように（てっくい＝ヒラメ）、ヒラメの町として知られるせたな。快釣の1日を、佐藤さんに振り返ってもらった

写真・文＝佐藤博之（北広島市）
Photo & Text by Hiroyuki Sato

ヒラメ好釣に沸く人気のサーフで、良型をバンバン釣っている佐藤博之さん。どこで、どんなメソッドでヒットしたのか？釣った日の状況を詳しく解説していただいた。

何もできなかった魚

道南の海サクラがシーズン終盤を迎える5月下旬、ショアヒラメ好きのアングラーはそわそわする頃だろう。私もそのひとり。ショアヒラメには夢があると感じるからだ。

およそ10年前、道南の磯を訪れたときのこと。沖で掛けたヒラメを近くまで寄せてきたのはよかったが、浮き上げることができず、磯に擦れてラインブレイクした悔しい出来事が忘れられない。熊石の友人に聞くと、毎年メーターオーバーのヒラメが水揚げされているという。もしかしたら、あのときのヒラメは……。ショアから魚を掛けて何もできなかったことは後にも先にも一度だけ。それからというもの自宅から離れた道南に通うようになった。

立て続けに2尾！

6月のある日、せたな町のサーフに向かった。昼過ぎに後志利別川河口の逆側にある太櫓川からアプローチし、河口規制を示す標柱付近からスタート（太櫓川は4月1日～8月31日、左右海岸500mに河口規制が入る）。利別側に少しでも変化のある場所を捜して1kmほど撃つ。そして午後2時20分、ワンドになっている場所で、スロー気味のストップ＆ゴーの着底から巻き始めたところで50cmのヒラメがヒット。ジグは32g。

さらにサーフを歩いていると、沖に淀みが見えた。タングステンジグ40gにチェンジし遠投していると午後4時過ぎ、フォール中に43cmが釣れた。まだやりたかったが、翌日にロケがあるので終了。無事に終わった翌日、疲れが残っていたが、ヒラメが気になり積丹からせたなに再び走る。

まさかの魚体に唖然

到着した頃には日没で時間がないので、近場を丹念に探ってみた。場所は前出の標柱付近。沖のカケアガリの淀みが見える辺りにねらいを定め、ロッドを立ててスローなストップ＆ゴーを続けていると、午後6時前にガツンと強いアタリ。ランディングすると56cmの良型だった。ジグは32g。

翌日は午前5時頃サーフに立つと、ヒラメねらいのアングラーが並んでいた。ロッドを振っていた数人は大きなビニール袋を持っている。ヒラメが入っているようだ。

出遅れた感があったが、人のいないところまで1kmほど歩いてからキャストを開始。ふと海を見ると、波の中に黒い物体が。ゴミだと思った

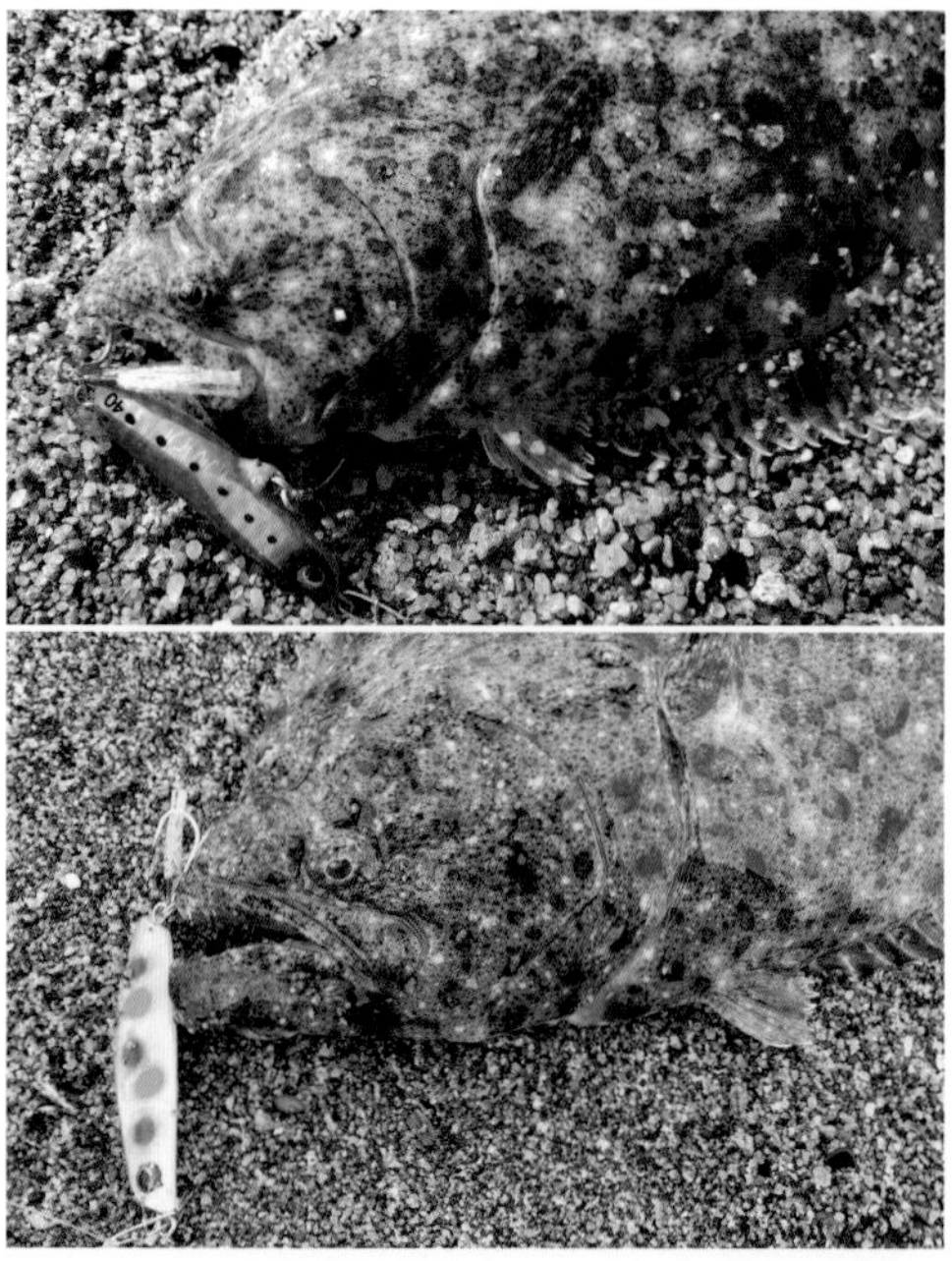

ダイワ『ヒラメタルZ TG40』ヒラメイワシでヒットした43cm。タングステンジグは向かい風が強かったり、底がとりにくい場面で重宝する。必ず持ち歩きたいタイプだ（写真上）　ダイワ『ヒラメタルZ32』もヒット率の高かったジグのひとつ。写真の56cmも射止めた。特に朝夕の光量が少ない時間帯に威力を発揮するアピールカラーを使った（写真下）

が、動いているではないか。近づいてみるとナイロンラインが体中に絡まった鳥だった。砂浜にあげてラインを解いてやる。完全に解いても逃げようとしない。脚が痛いのだろうか。しばらく一緒にいると、元気に飛んでいって一安心。ラインを捨てると、こういうことが起きる。絶対やってはいけない行為だ。

その後、離岸流を発見。沖では白波が立ち、風が吹いてくるなと思っていると、9時くらいから向かい風が強くなり雨もパラついてきた。風でウネリが出始めた頃、ジグを40gにチェンジ。100mほど沖の白波が立っている内側にキャストし、5回巻いてストップした瞬間、ガツンと来た。残念ながらフッキングしなかったが、再度同じところを通すとまたバイト。慎重にあげたのは52cmのヒラメ。

このとき、ヒラメの口から10cmほどのイカナゴが数尾吐き出された。そこで、セミロングジグ40gに替える。飛距離を出すため、フロントのアシストフックは外す。イカナゴが泳いでいるのを意識しつつ、タダ巻き中にストップさせた瞬間、ひったくるように食ってきたのはまさかのシーバス！　稀に釣れることは知っていたが、まさかせたなのサーフで、しかも自分に来るとは……。このとき、波打ち際から20mほど離れたところで、ボイルが頻発していた。もしかすると、シーバスの群れだったかもしれない。

シーバスをリリースして再開した1投目、底を少し切ったくらいのレンジをミディアムスローでタダ巻きしていると50cmのヒラメがヒット。この頃から向かい風がさらに強くなり、飛距離を稼ぐためタングステンジグ40gにチェンジ。底が取りにくく、離岸流の右サイドにキャストし、速めの巻き↓止めを繰り返していた11時過ぎ、着底からの巻き始めに45cmが来た。正午前には48cmもキャッチ。ヒラメ4尾にシーバスも釣れたので、満足して一旦上がった。

ラストを飾った70アップ

ジグでヒラメをねらうときは、基本的にロッドを立て気味にして、ストップ＆ゴーを繰り返している。これはルアーの引き抵抗などでティップに重さが掛かり、ラインをとおして底の状況などの情報を感じ取れるため。こうすることで、ロッドティップの感度を最大限に活かせる。ある程度ティップに負荷を掛けたほうが、アタリは取りやすくフッキングもしやすい。

その日は大潮で干潮が9時20分。遠浅のサーフは干潮前後に離岸流が大きく出やすい。さらに向かい風で波が立ち、沖の瀬の内側にベイトが溜まって魚の活性が上がったと考えられる。向かい風だとあきらめたくなるが、最高の状況が生まれることもある。

午後からはいろいろなポイントを車で見て歩く。午前中によい思いをしたポイントに夕方入ってみると、昼よりも強い向かい風が吹いていた。タングステンジグ40gを結んでフルキャスト。ラインがあおられるほど風が強い。日が暮れた頃から雨も降りだし、ラスト数投でやめようと思っていたときだった。

沖で巻きをストップさせた瞬間、ロッドティップをひったくるようにガツン！　ドラグ音が鳴って大ものと確信。無事キャッチしたのは72cmのヒラメだった。鶴ならぬ鳥の恩返しかな……そう思いながら帰路についた。

ラインが体中に絡まって身動きできない鳥……（写真上）　ラインを解く私に身を任せ、元気を取り戻した（写真下）

釣ったヒラメが吐き出したイカナゴは10cmほど。これを見て、細長いタイプのジグに変更すると……

何と、50cm近いシーバスがヒット！　これには本当に驚いた。ルアーは、ダイワ『Aiveセミロング40』マイワシ

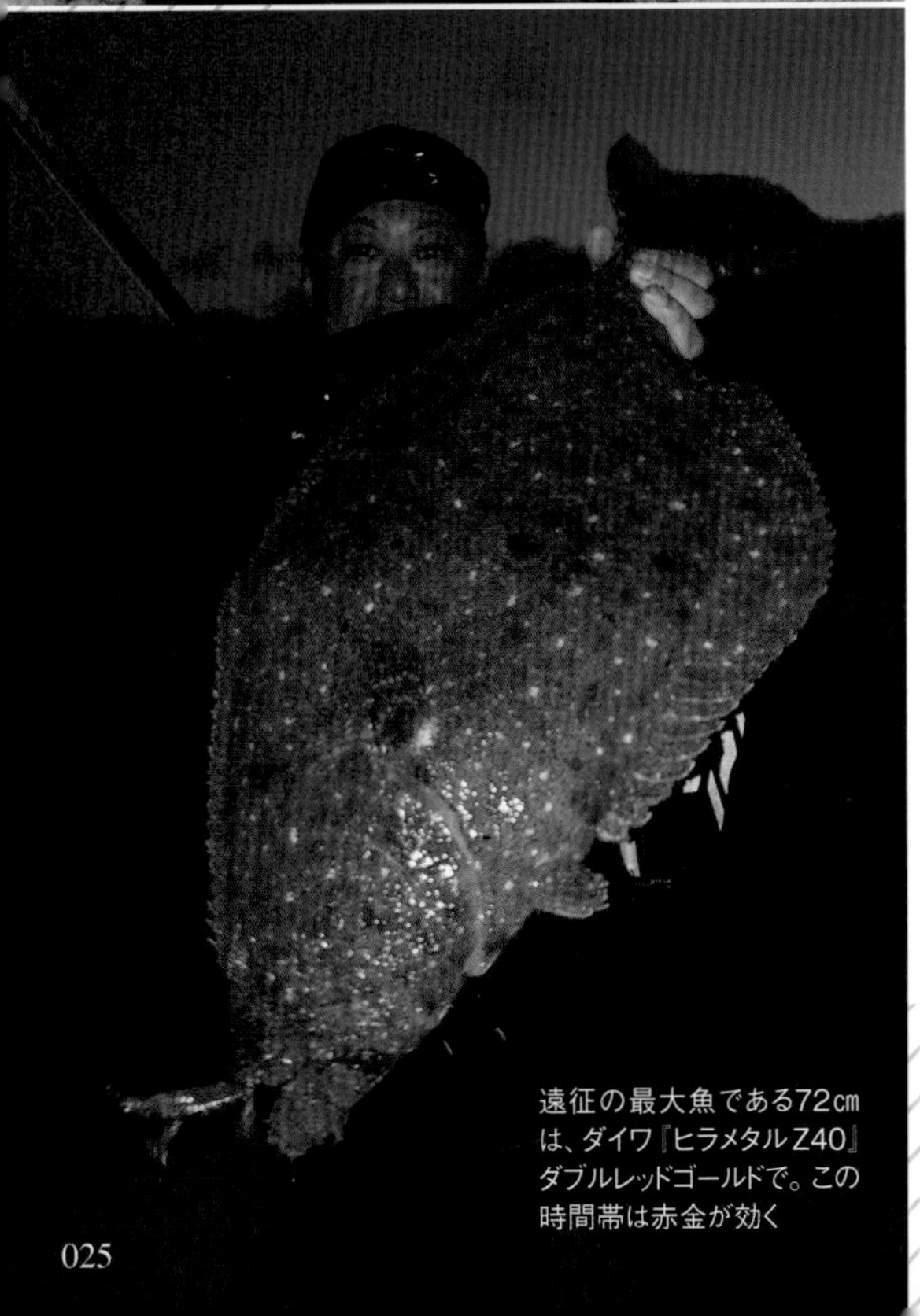

遠征の最大魚である72cmは、ダイワ『ヒラメタルZ40』ダブルレッドゴールドで。この時間帯は赤金が効く

サーフ

聖地で基本を見直す

あきらめずにキャストを続ければ、きっと報われる！ それを証明した1尾。ダイワ『フラットジャンキー ヒラメタルZ32』ダブルレッドゴールドで。赤金系カラーはヒラメの定番色

Photo by Ryo Kobayashi
Text by Hiroki Hirasawa

“サーフヒラメ”のねらい方

釣り場のコンディションがよくなくとも、ヒラメは必ずいる。「基本に忠実」。これがいかに大事かを体現した取材を振り返る。ビギナーでも貴重な一尾に出会うコツとは？

座布団で収まらない

一般的に大型のヒラメは「座布団」クラスと称される。ＪＩＳ規格が定めているＬサイズ座布団のサイズは59×63㎝だが、道内ではそのサイズに収まらない超大型がねらえ、毎年のように90㎝アップの釣果が聞かれる。ヒラメフリークの夢はメーター。そんな超大型が海中から浮いてくると、さながら「ベニヤ板」があがってきたかのような錯覚を覚えるだろう。

磯場が少なく、砂浜がメインポイントになる噴火湾は、海が時化ると濁りやすく条件が難しいのがネック。とはいえ、ショアヒラメの聖地・豊津海岸を擁する長万部町の海岸は釣果が安定していて、よほど荒れていない限りアングラーの姿が見られる。

朝マヅメに入ったのは遠浅のサーフ。専用ジグを遠投して沖めをねらった

ジグで遠投が定石

7月上旬、長万部町を訪れたのは、全国でヒラメを釣っているエキスパートの高橋慶朗さん、北広島市の佐藤博之さん、そして伊藤麻衣さん。3日前まで時化と雨が続き、この日は釣りができる「ぎりぎり」の状況。濁りは薄くなってきたが、波は高めだ。

長万部は遠浅の海岸が多く、釣果を上げるキーに「遠投」がある。ただでさえ海が時化で荒れると、「ヒラメ

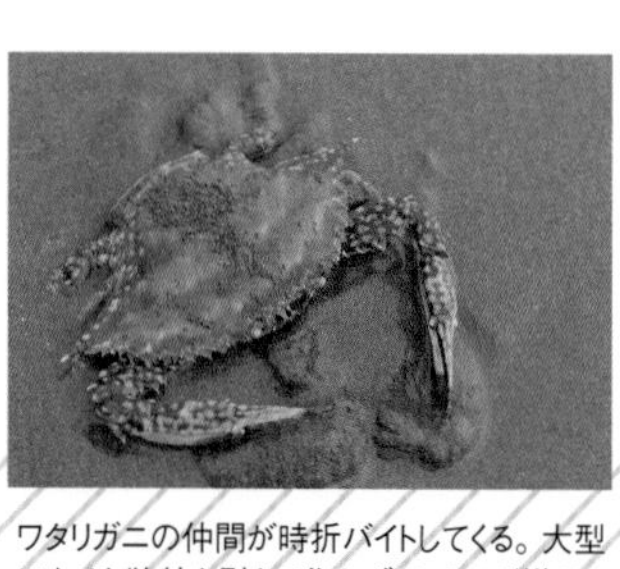

ワタリガニの仲間が時折バイトしてくる。大型になると独特な引きで侮れず、ヒラメが掛かったのかとドキドキさせられる

高橋さんのアドバイスに忠実に従っていた伊藤さんがマツカワをゲット。なお、全長35cm未満のマツカワはリリースが義務付けられている

は沖めに離れてしまう」と高橋さん。そんな状況下、全員がセットしているのは30〜40gのヒラメ専用ジグ。より飛距離を伸ばし、波にもまれず沈下スピードを上げるには、シルエットがコンパクトなタングステンタイプも頼りになる。

この日がショアヒラメ初挑戦だった伊藤さんに「ヒラメは底にいる。キャストして底をとった後は、リールのハンドルを5回巻いたら止めて再び底まで沈める。つまりストップ＆ゴー。最初はこの動作を繰り返すといい」と高橋さん。伊藤さんはそのアドバイスに従いながら、雨が降る中、黙々とキャストを続ける。

離岸流とカケアガリ

一見変化の少ないサーフでは、離岸流にねらいを定めるのが基本。底が掘れて地形変化があり、エサが多くヒラメも集まる。この日はたまにエビがルアーに引っ掛かってくる。「ベイトはいる！」と高橋さん。ところで、離岸流は流心より、その脇をねらうとヒット率が高くなる。さまざまな角度からアプローチするとよいだろう。

また、遠浅サーフで釣果が上がる条件は干潮時。潮が引くと立つ位置が前になり、満潮時に届かなかった沖めのカケアガリを探れる。離岸流とカケアガリ、サーフはこの2つに着目すべき。

最初に本命をキャッチしたのは佐藤さん。いきなり55cmの良型で、道産子エキスパートの面目躍如といったところ。それに続いたのが伊藤さん。しかもヒラメより釣るのが難しいマツカワ！　この後、潮が満ちてくるため、岸近くから深いサーフに移動した。

岸から深いサーフは手前でも釣れるため、それほど潮位にシビアにならなくてよい。海アメをキャッチした高橋さんに続いたのは伊藤さん。今度は本命、マツカワも導いた32gのジグで40アップをゲット。満面の笑みを浮かべた。

ショアヒラメのシーズンは春〜初夏だけではない。秋は台風などで荒れた日が多くなるが、ジグをメインに変化を捜し、あきらめずにサーフをラン＆ガンしよう。

午前5時頃、佐藤さんが釣った55cm。ルアーはダイワ『フラットジャンキー　ヒラメタルZ TG40』。58mmながら40gあるタングステンタイプ

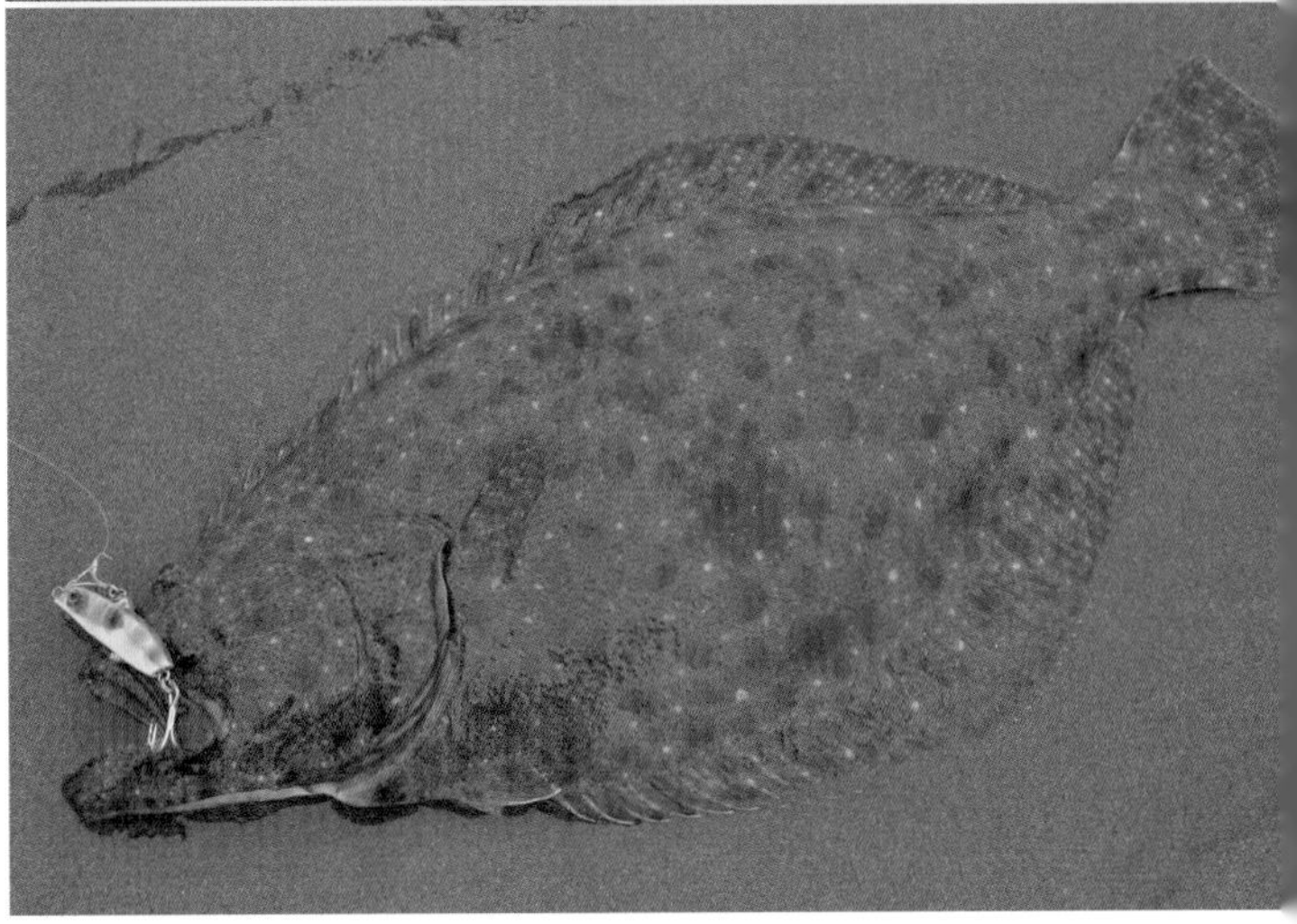

厳しい条件のなかで釣れた貴重な1尾。濁りにはやはりアピール系カラーが効く

マツカワのヒットルアーは、ダイワ『フラットジャンキー　ヒラメタルZ32』（62mm32g）ピンクゴールドイワシ。リアフックに付くティンセルがバイトマーカーの役割を果たしフッキング率が高い

SABULL

基本性能プラスα
真のサーフ専用とは

海水、淡水問わず道内でもおなじみのジャッカルに、新たなブランド『SABULL（サブル）』が誕生した。各ラインナップには、高い基本性能はもちろんのことサーフだからこそ必要な要素がふんだんに盛り込まれている。専用たるゆえんと、その特徴を紹介したい。

◎協力＝株式会社ジャッカル

CONCEPT OF SABULL

サーフは基本的にシャローエリア。浅さゆえに適度な浮き上がりとレンジコントロール性能が重要。底をとった後、ねらったレンジを適切なスピードで通す必要があり、とくにヒラメはそこで釣果に差が出るとされる。とはいえ、どのサーフも同じというわけではない。水深、底質、地形や潮流、ベイトにいたるまで、エリアごとに多種多様。さまざまな要素に対応できてこそ、真の“サーフ専用”といえよう

波打ち際はバレやすい。タイミングを見ながら波に乗せ、ヒラメと一緒に自分も後ずさりするイメージでランディングする

サーフヒラメのおさらい

広大な砂浜でやみくもにルアーを投げていても、ヒラメに遭遇する確率はかなり低い。釣り場に到着したら、まずはヒラメが付きやすいポイントを目視で探すことが大切だ。

最もポピュラーなのは「離岸流」や「カケアガリ」。これらの流れや地形の変化にはエサとなるイワシが溜まりやすく、捕食者であるヒラメもその場で待ち伏せしている可能性が高い。地形は波の立ち方を見て判断するが、難しい方は河口などの分かりやすい変化を探ってみるとよいだろう。

朝、夕のゴールデンタイムを逃さないことも重要。流れが利いている状況であれば昼間でも充分にチャンスはあるが、潮が止まっていても魚が活発に口を使ってくれるほどの〝魔力〟を秘めているのがマヅメ時だ。また、ようやく水平線が白んできたくらいの時間帯でもチャンスはあるため、日の出時刻の1時間前には釣り場に立っておくことをおすすめする。

キャストを開始したら、まずはしっかりと着底を確認し、ボトムから2～3mの層でルアーを泳がせる。このときに浮かせすぎてし

LINEUP OF SABULL

モデル	S109MMH	S107MLM	S108ULML
特徴	未踏の沖を撃つ 超遠投モデル	操作性と汎用性に優れる サーフのスタンダード	ハイプレッシャーサーフを攻略する ロング×フィネス
	ブランク全体的に張りを持たせ、ロッドの反発力を活かした大遠投が可能。35〜40gの、少し重めのルアーを最も得意とし、即アワセで積極的に掛けていくスタイルに最適。遠投した先のフッキングでもパワーロスが少なく、魚のアゴをとらえる。MHパワーのバットは不意の青ものにも対応	20〜30gを中心に、ミノーやシンキングペンシル、ワームなどのあらゆるルアーで使いやすい汎用性と、MLティップによるテクニカル要素を併せ持ったモデル。繊細かつ入りやすいティップ設計で、ルアーの挙動や潮流、わずかなアタリを敏感に感じ取ることができる	5〜12gのジグヘッドや20g前後のメタルジグをテクニカルに操作し、スレた魚に口を使わせるロングフィネスモデル。レングスの割に軽量かつ繊細で、軽いヘッドやルアーを使用していても着底や潮流、地形の変化、小さなアタリなどの微細な情報を確実に伝達する
全長	10'9"	10'7"	10'8"
継数	2	2	2
適合ルアー	12~50g	8~40g	5~30g
適合ライン	PE0.8〜2号	PE0.8〜1.5号	PE0.6〜1.2号
価格	未定	未定	未定

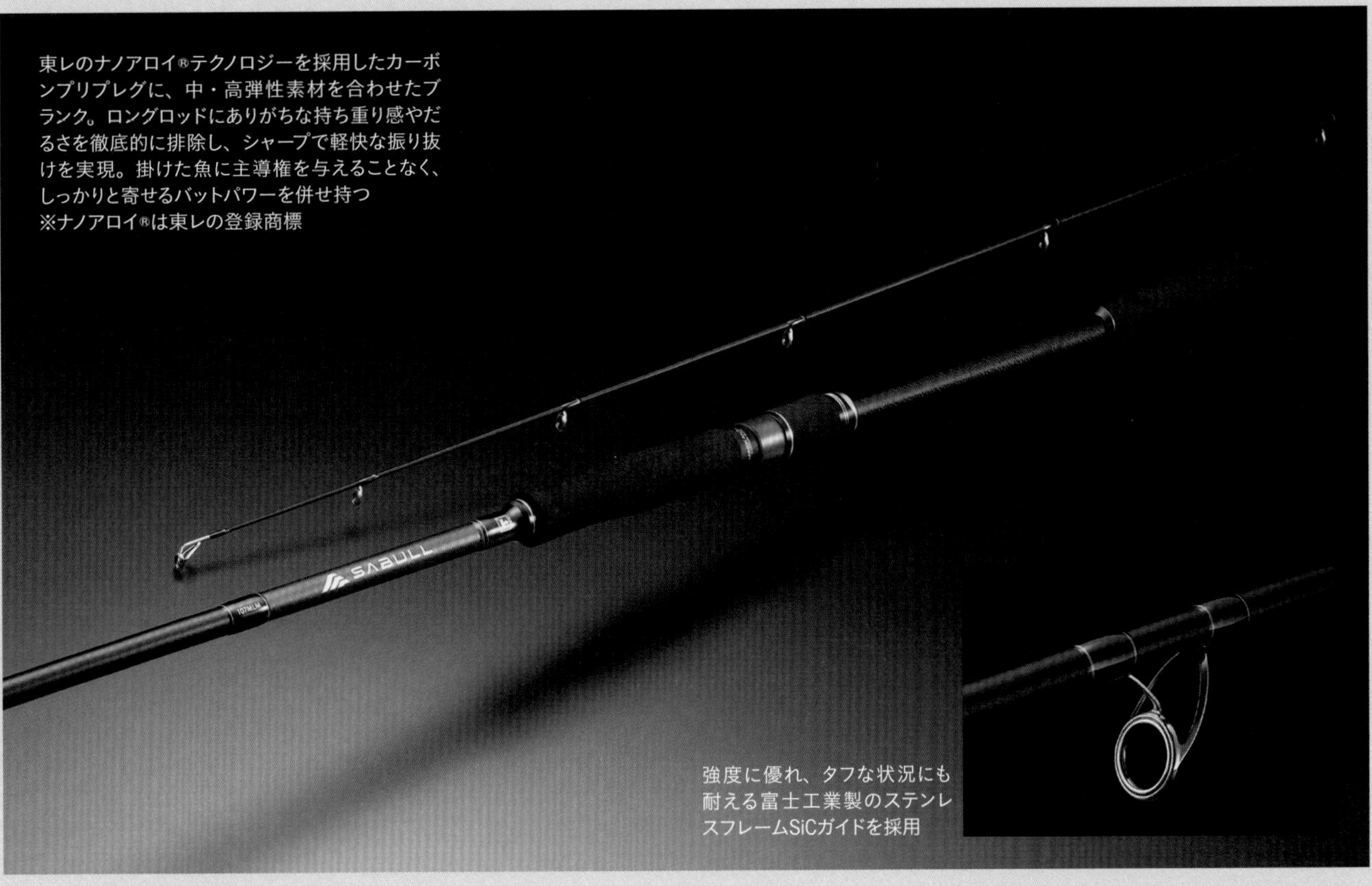

東レのナノアロイ®テクノロジーを採用したカーボンプリプレグに、中・高弾性素材を合わせたブランク。ロングロッドにありがちな持ち重り感やだるさを徹底的に排除し、シャープで軽快な振り抜けを実現。掛けた魚に主導権を与えることなく、しっかりと寄せるバットパワーを併せ持つ
※ナノアロイ®は東レの登録商標

強度に優れ、タフな状況にも耐える富士工業製のステンレスフレームSiCガイドを採用

まうと、ヒラメが捕食可能な範囲から外れる可能性があるので注意が必要。

レンジの感覚がつかめない場合は、リールのハンドル5〜7回転ごとに底をとることで、確実にボトム付近を探ることができる。ただし、底を引きずるのは、基本的にはNG。ヒラメは砂底に隠れながら上を見上げてベイトを待つため、視界にルアーが入りにくくなってしまう。

リトリーブスピードは、1秒あたりハンドル1〜3回転がベスト。青もののように泳ぎが速い魚ではないことから、遅めの動きでルアーをじっくり見せることで捕食させやすくする。

「ガツガツ」、「ゴツゴツ」というアタリがあったら、すぐさまアワセを入れる。サーフは基本的にストラクチャーがないので、慌てずにしっかりとロッドを曲げた状態で寄せてくること。そして、一番バレやすいのが波打ち際。ヒラメが寄ってきたら、今度はサオを横に寝かせ、タイミングを見ながら波に乗せて一気に陸へ引き上げる。ヒラメと一緒に自分も後ずさりするイメージでランディングすることが、バラシの軽減やロッドの破損を防ぐ。

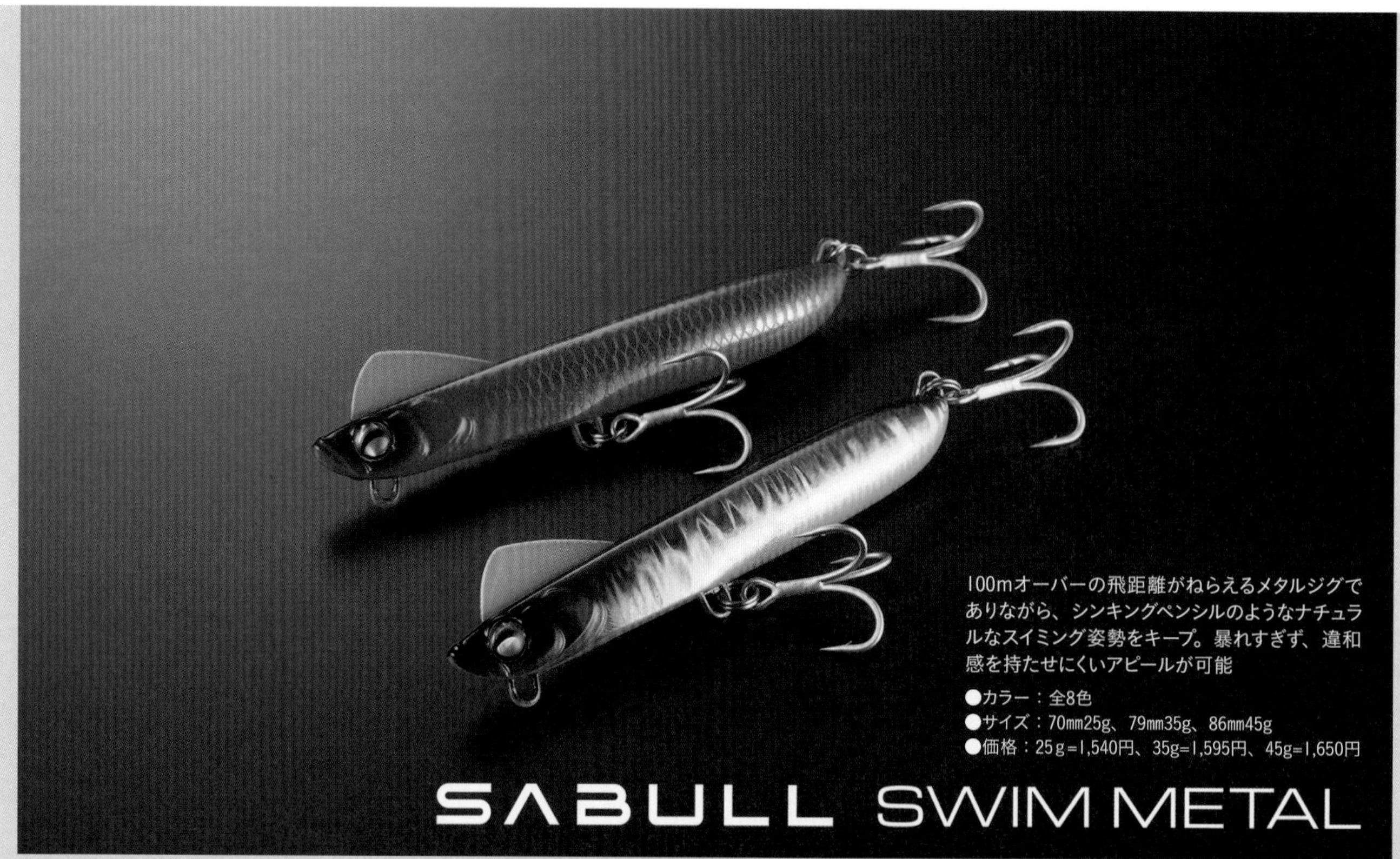

100mオーバーの飛距離がねらえるメタルジグでありながら、シンキングペンシルのようなナチュラルなスイミング姿勢をキープ。暴れすぎず、違和感を持たせにくいアピールが可能

●カラー：全8色
●サイズ：70mm25g、79mm35g、86mm45g
●価格：25g=1,540円、35g=1,595円、45g=1,650円

SABULL SWIM METAL

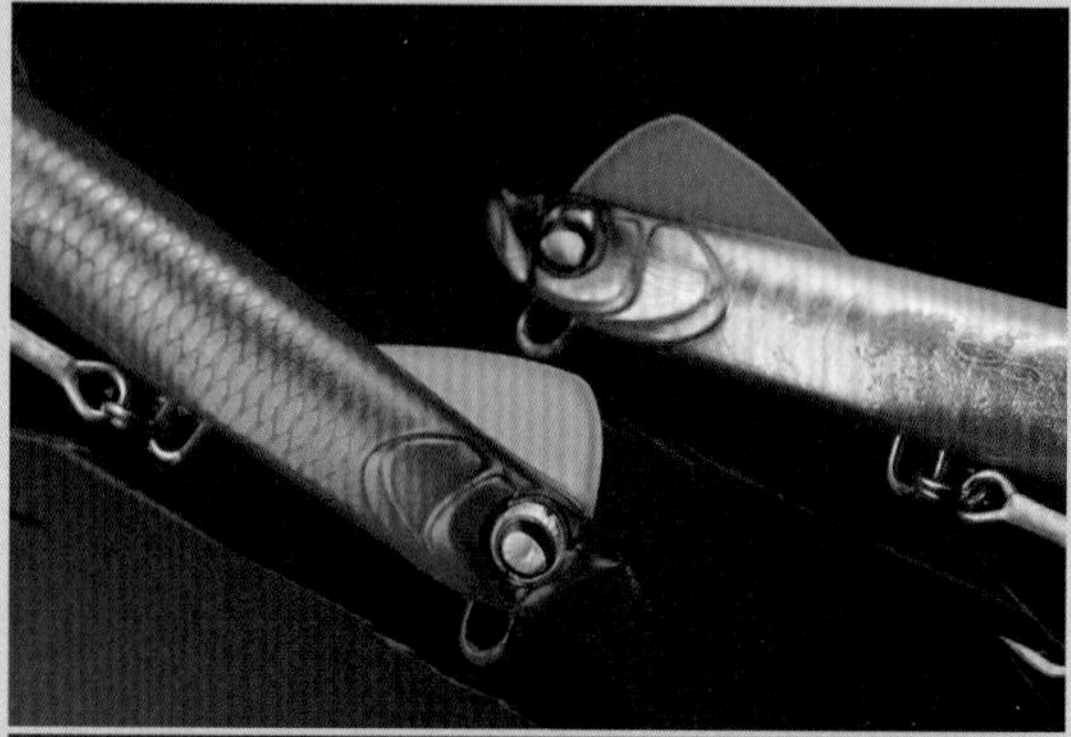

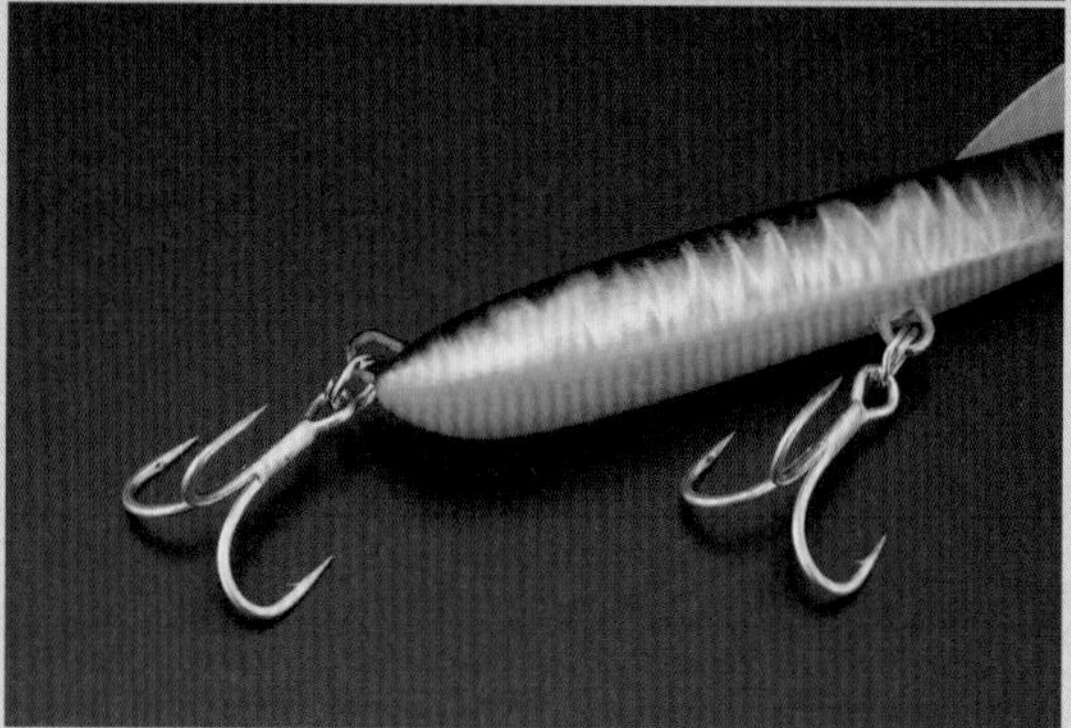

上／強度と軽さを両立する基板性のスタビライザーを頭部に装着。シンキングペンシルのようなナチュラルアクションの要になっている
下／沖のフレッシュなポイント、魚をねらうための後方重心設計。下から食い上げるヒラメのフッキング率を高める2フック仕様

〝サーフ専用〟たるゆえん

サーフは基本的にシャローエリア。飛距離はもちろん、浅いがゆえに適度な浮き上がりとレンジコントロール性能がキモになってくる。底をとり、ねらったレンジを適切な動きとスピードで通す必要があり、とくにヒラメに関してはそこで釣果の差が出ることが多い。

しかし、どのサーフも浅い砂地かといえば否。水深や底質はエリアごとに違い、地形、潮流、ベイトなどの要素が日によって変化するサーフも少なくない。『SABULL』がめざすのは、単なるシャローエリア攻略ではなく「サーフが持つさまざまな顔に対応し攻略できる」こと。それでこそ〝サーフ専用〟といえよう。

あらゆるスタイルに対応

アングラー各々のスタイル、あるいはエリアごとの特性によって選択できるよう『SABULL』ではこだわり抜いたロッド3機種をラインナップしている。

3つともブランクに適度な張りを持たせ、高い感度と遠投性能、また軽量化による操作性の向上を実現した。それぞれの使い分けについて解説したい。

『SABULL 109MMH』：沖の魚をねらい撃つロングキャストモデル。ブランク全体的に張りを持たせ、ロッドの反発力を活かした大遠投が可能。35～40gの、少し重めのルアーを最も得意とし、即アワセで積極的に掛けていくスタイルに最適。遠投した先のフッキングでもパワーロスが少なく、魚のアゴをとらえる。バットはMHパワーで、不意の青ものにも安心して対応可能。

『SABULL 107MLM』：20～30gを中心に、ミノーやシンキングペンシル、ワームなどのあらゆるルアーで使いやすい汎用性と、MLティップによるテクニカル要素を併せ持ったモデル。繊細かつ入りやすいティップ設計で、ルアーの挙動や潮流、わずかなアタリを敏感に感じ取ることが可能。また、ルアーの動きに対してティッ

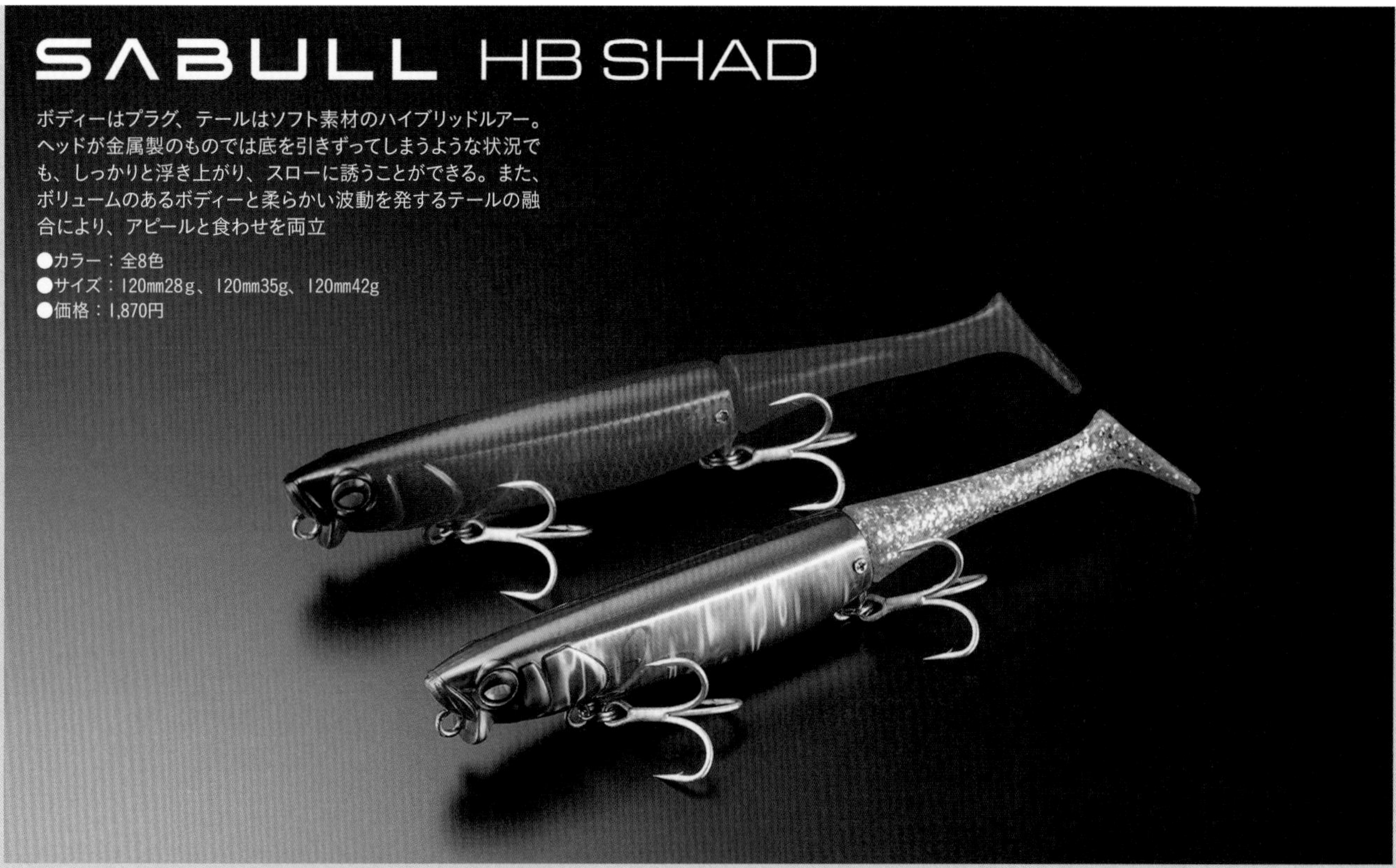

SABULL HB SHAD
ボディーはプラグ、テールはソフト素材のハイブリッドルアー。ヘッドが金属製のものでは底を引きずってしまうような状況でも、しっかりと浮き上がり、スローに誘うことができる。また、ボリュームのあるボディーと柔らかい波動を発するテールの融合により、アピールと食わせを両立
●カラー：全8色
●サイズ：120mm28g、120mm35g、120mm42g
●価格：1,870円

プが歯向かわないため、ルアーのアクションを最大限に活かすことができる。

『SABULL 108ULML』：ファストテーパーで、5～12gのジグヘッドや、20g前後のメタルジグをテクニカルに操作し、スレた魚に口を使わせるロングフィネスモデル。手前のブレイク、波をかわすことを考慮した少し長めの設定は、飛距離にも貢献。それでいて軽量かつ繊細で、軽いヘッドやルアーを使用していても着底や潮流、地形の変化、小さなアタリなどの微細な情報を確実に伝達する。

“だけじゃない”を追求

ルアーに関してもサーフ専用として開発した。高い基本性能はもちろんのこと、汎用ルアーにはない特徴を擁している。

『SABULL SWIM METAL』：サーフにおいて重要視される遠投性能が最大の武器。リアバランス設計で100m超がねらえる遠投性能を持ちつつ、後方重心のジグにありがちな不自然な動きを排除。頭部のトサカによりボディーの暴れや横倒れを抑え、ナチュラルなスイミング姿勢で誘うことが可能。また、亜鉛製ならではの浮き上がりのよさとシルエットによるアピール力を持ち合わせている。広範囲を手早く探ることが得意で、パイロットルアーとしてはもちろん、飛距離を活かして沖のサオ抜けポイントをねらうこともできる。

『SABULL HB SHAD』：ワームにはないプラグのフラッシングやボリュームによるアピール力、プラグにはないワームの柔らかさによる食わせ能力を融合したハイブリットルアー。金属製のヘッドでは底を引きずってしまう状況でも、プラグボディーの浮力によりしっかり浮き上がり、スローに誘うことができる。地形や潮流の変化がはっきりしていたり、魚の居場所が分かっている状況で有効。また、ボリューム感のあるボディーが濁りやローライト時でもしっかりアピールする。

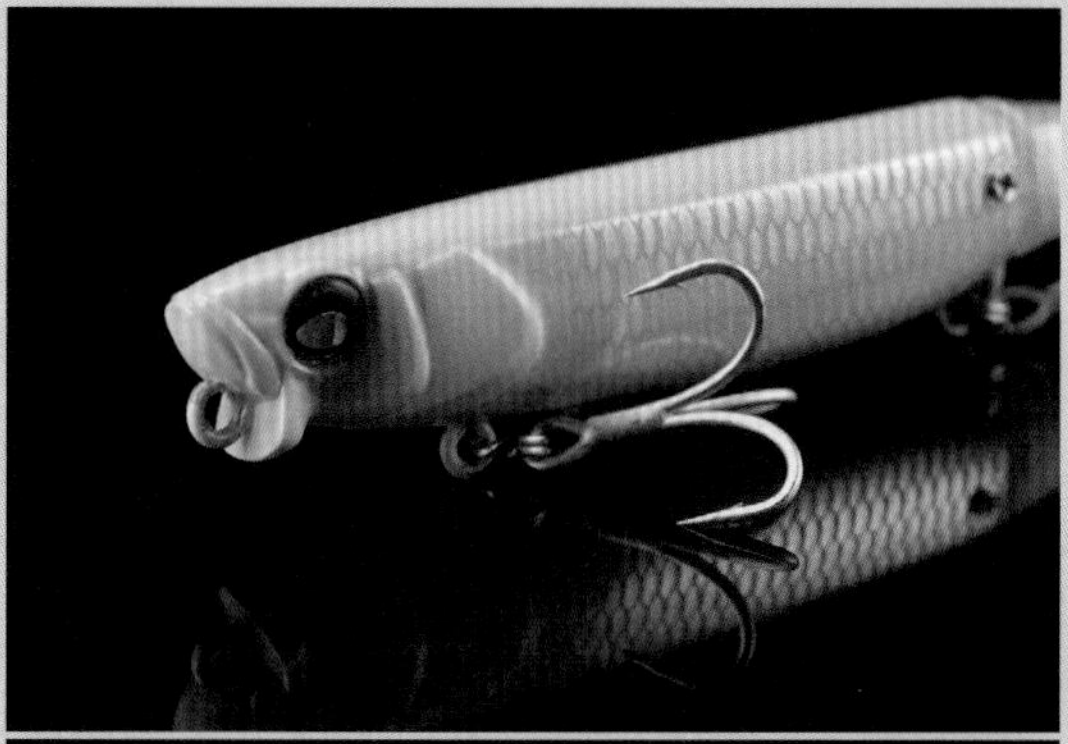
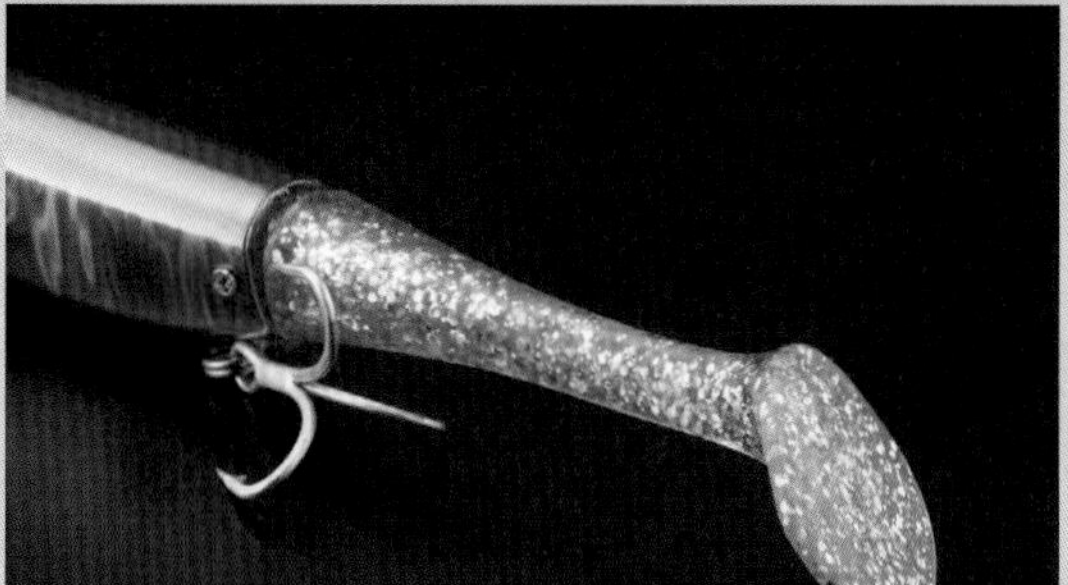
上／ほどよい引き抵抗と、過度な浮き上がりを抑制するマイクロリップを搭載　下／波動によるアピールだけでなく、ロールアクションをボディーにも伝え、激しいフラッシングを起こす

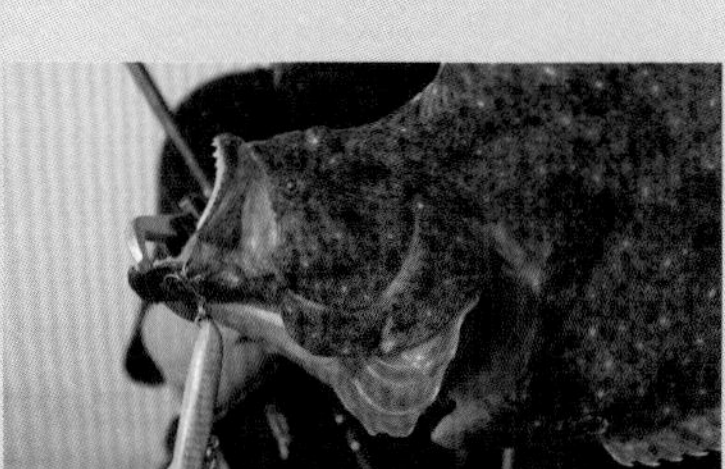
ヒラメは青もののように泳ぎが速い魚ではない。遅めの動きでルアーをじっくり見せることで捕食させやすくする

サーフ

ねらうは北限のヒラメ

道北の海岸で計4日間にわたってロッドを振った。貴重な1尾までの道のりを振り返る

ベイトタックルで挑む道北サーフ

広い道北の砂浜で
ベイトロッドを振る小野智恵美さん。
サーフ＝スピニングタックルという
イメージを覆すように爽快なキャストを繰り返し、
ねらうは“北限”のヒラメだ。
予想どおりの厳しい状況のなか、
諦めない心が最高の結果をもたらした!?

ヒラメは道北もアツい

ショアヒラメと聞いて真っ先に思い浮かべるのは、道央から道南にかけての日本海、あるいは津軽海峡や噴火湾（内浦湾）だろう。毎年多くの釣果情報が聞かれ、愛好者も増え、定番エリアとして浸透している。一方で、これらの地域から遠く離れた道北日本海にも注目したい。

対馬海流が育む豊かな漁場に恵まれた遠別町では、古くからヒラメ漁が盛んだ。底建網（そこだてあみ）により、ヒラメの漁獲量を競うユニークなイベント『ひらめ底建網オーナーinえんべつ』も開催されている（2023年は中止）。これは、漁船のオーナーに登録すれば、その日その船で水揚げされたヒラメを山分けする権利が得られるというもの。人口3000人に満たない小さな町のイベントながら、本州からの観光客も来訪するようだ。そ

ヒラメは遠別町の特産品。写真は宿泊先にあった定食のメニュー

長いロッドをしっかりと曲げてキャスト。飛距離はスピニングタックルと遜色ない

んな事情を知ると、「ヒラメは道北もアツい」ということが自ずと分かるだろう。しかし、海岸にはヒラメをメインターゲットにする釣り人の姿は多くない。

地形変化を探して

6月上旬、『道の駅えんべつ富士見』で待ち合わせたのは、道内はもとより全国のさまざまな釣りをベイトタックルで楽しむ小野智恵美さん。まだ薄暗い早朝3時40分、釣り場に降り立った。

最初に入ったのは河口左岸の砂浜。まずはとにかくキャストを繰り返し、地形変化を探っていく。ただ、全体的に遠浅で波も低く、ポイントが絞りにくい。そうと分かれば、今度は一気に歩みを進める小野さん。たどり着いた先は、一帯に消波ブロックが積み上げられた区画。

「地形が分かりにくいので、目に見える変化をヒントにします」という小野さんの目の前で、アメマスらしき魚がライズした。どうやらベイトっ気はあるようだ。すぐさま28gのジグをキャストし、ゆっくりと巻いて来るとヒット。正体はホッケだったが、「生命反応があるとうれしいですね！ いい引きで、楽しかったです」と小野さん。その後もホッケが連発し、反応が一段落した午前7時頃に移動した。

車を南に10分ほど走らせて向かったのは、遠別町と初山別村の境界を流れる河川の右岸。サクラマスねらいの釣り人が数名いた。そのなかの一人に話をうかがうと、「ヒラメは先週釣りましたよ」とのこと。俄然やる気が湧いてきた。

ここは比較的ポイントが絞りやすく、離岸流を探しながら釣り歩く。キャストして、ボトムを取って、5回巻いて止める。ひたすらこれを繰り返す。しかし、魚からの反応はない。無情にも時間だけが過ぎていった。

最初の生命反応はホッケ。よい引きで楽しませてくれた

小野さんはショックリーダーを4ヒロ(約6m)とっている。砂で擦れることによるPEラインの摩耗防止と、キャスト切れ(高切れ)対策にもなる

初日はタマヅメにアメマスを釣ったところでストップフィッシング。翌日の潮回り(中潮)に期待を込めた

うれしいゲストが登場

ところで、小野さんは10・1フィートのベイトロッドを片腕にしている。サーフのルアーフィッシングはスピニングタックルが一般的なので、見るからに斬新だ。それでもスピニングと比較して、飛距離が劣っているようには思えない。キャストのたびに「気持ちいい〜」とつぶやく小野さんは、釣れない時間をも楽しんでいた。長いベイトロッドをしっかりと曲げて、ルアーを飛ばす姿は爽快そのもの。

昼休憩を挟んでタマヅメまでねばってみたが、午後4時50分にアメマスが釣れただけで、本命からのコンタクトはなし。もともと厳しい展開になることは想定していたうえに、この日は若潮。中潮になる翌日に期待しつつ納竿した。

翌日も、釣り場に関しては前日と同じ足取りをたどった。1ヵ所目は少し波立っており、釣れそうな雰囲気が漂っていたがノーバイト。状況が一変したのは、移動して1時間ほど経った午前6時18分。沖に向かって流れが利いているポイントを見つけ、斜め右方向に18gのジグをキャストした。

「底を切って、5回巻いて止め、再び5回巻いて止める」の基本動作は変わらない。すぐにショートバイトがあったが乗らず……。気にせずハンドルを回す。そして、手前のブレイクに差し掛かった辺りでティップが引き込まれた。後ろで見ていた記者にも「ガツン」という〝音〟が伝わるような、明確なアタリだった。

「バレないで……バレないで！」

緊張のやり取りの末にランディングしたのは銀鱗をまとった魚体、良型のサクラマス。本命はあくまでヒラメだが、うれしいゲストだ。充足感に満たされたところでストップフィッシング。ヒラメへの再挑戦は10日後に続く。

ベイトは楽しい！

6月下旬、小野さんは遠別町に再訪した。時季的に道北のヒラメも上向いてくる頃だろう。ところが、前日に降った雨の影響で海は濁っている。自然は、はるばる遠征してきた釣り人の事情を汲んではくれない。

前回サクラマスをキャッチした砂浜に降りたのは午前4時。濁りの影響を少しでも避けるべく、手始めに45g・チャート系カラーのジグを結んだ。ポイントに立ったら左右と正面に、それぞれ1回ずつキャスト。広いサーフでは同じ所に何度も投げるよりも効率がよく、多くの魚にアプローチしやすくなる。

ヒラメ釣りではボトムを意識することが大切。その際にベイトタックルの長所が活きるのだと小野さんは言う。

「ルアーが底に着いたら、曲がっていた穂先が戻ります。これが着底の合図です。また、ベイトリールは構造上サオやイトからの情報がダイレクトに伝わるので分かりやすいです」

ベイトタックルに馴染みのない人は、なにかと難しいイメージを抱くと思うが、「コツさえつかんでしまえば、誰でも快適に釣りができますし、なによりキャストが楽しいです」と小野さん。普段スピニングタックルを使っている人も、慣れればその魅力を存分に感じるはず。

この日もアタリが一向にない状況が続いたが、小野さんは元気いっぱい。ベイトキャスティングならではの面白

今回の本命ではないが、サクラマスはうれしいゲスト。充足感に満たされた

手前のカケアガリ付近でサクラマスがヒット！
緊張のやり取りの末、無事にランディング

終始ポジティブな小野さん。釣れない時間も楽しむ姿が印象的だった（写真上）
打ち上げられたカタクチイワシ。これを追ってヒラメも入ってきているはず（写真下）

キャストして、底を取って、5回巻いて止める。これを繰り返す。ヒラメ釣りではボトムを意識することが大切だが、その際にベイトタックルの長所が活きる

最終日を見事に締めくくったヒラメ。
諦めない心が最高の結果をもたらした

さも重要だが、ポジティブな姿勢が釣りには一番必要なのかもしれない。

諦めないでよかった！

ここまで3日間ねばっているが、本命は姿を見せてくれない。それでも小野さんは決して折れなかった。

取材最終日の午前4時、釣り場に選んだのは初日に入った河口左岸。濁りはすっかり収まっていて、海面にはベイトフィッシュの波紋が見えた。さらに海岸を歩いていると、50mほど先で海鳥が何かをついばんでいる。

「カタクチイワシです！」

小野さんがそう叫んだ。打ち上げられてまだ時間は経っていなさそうだ。イワシを模したカラーのジグヘッドワーム14gを結んで、すぐにキャストを開始した。

「いち、にー、さん、よん、ご」と、一定のリズムを刻みながら誘い続ける。しかし反応はない。

「カタクチイワシが打ち上がっていたので、ヒラメも入ってきているはずです」と、自らを鼓舞する小野さん。待望のときが訪れたのは、午前6時25分。

魚のアタリと同時にアワセを入れると、「グイ、グイ」とロッドを絞るように抵抗。

「なんだろう……？　あっ！　ヒラメだ！」の声と同時に、水面に浮き上がる茶色い魚体が見えた。バレないように慎重に寄せて、押し付ける波で一気にずり上げる。キャッチを確信した瞬間、小野さんは両腕を上げ、喜びを全身で表現した。

サイズは43cm。道北サーフでの出会いに感動

道内はもとより全国各地で釣りをしている小野さんも、この1尾のうれしさは格別だったようだ

◎タックル

ロッド:ブリストベンダバール 10.1M(フィッシュマン)
リール:エクスセンスDC XG LEFT(シマノ)
ライン:PE 2号
リーダー:フロロカーボン 20lb

◎ヒットルアー

ヒラメ(上)
ビーチウォーカー ハウルシャッド セット 14g(デュオ)ブルーバック/クリアーブルーS
サクラマス(下)
P-Boy Jigスタンダード PSJ18(タックルハウス)グリーンG

「念願のヒラメ〜！　諦めないでほんとうによかった……」

そんな彼女の目には、わずかに涙がにじんでいた。厳しい状況のなかで手にしたヒラメは43㎝。全国各地で釣りの経験がある小野さんだが、この1尾のうれしさは格別だったようだ。

諦めない人は最後に報われる。改めてそう感じさせられたのであった。

安堵と満足感を同時に噛み締める小野さん。記憶に残る釣行となった

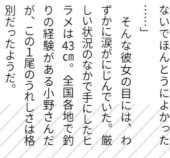

ソフトルアー、カラー、シンカー、ポイント……

選択の理由。

写真・文＝武部幸太（札幌市）
Photo & Text by Kota Takebe

なぜそのポイントを選ぶのか？
どうしてそのルアーカラーにしたのか？
タングステンシンカーをセットする理由は……？
釣り人は常に選択を強いられるが、
ベテランほどその解答に至る理由は明確。
武部幸太さんが、磯でヒラメに近づくための方程式を徹底解説。

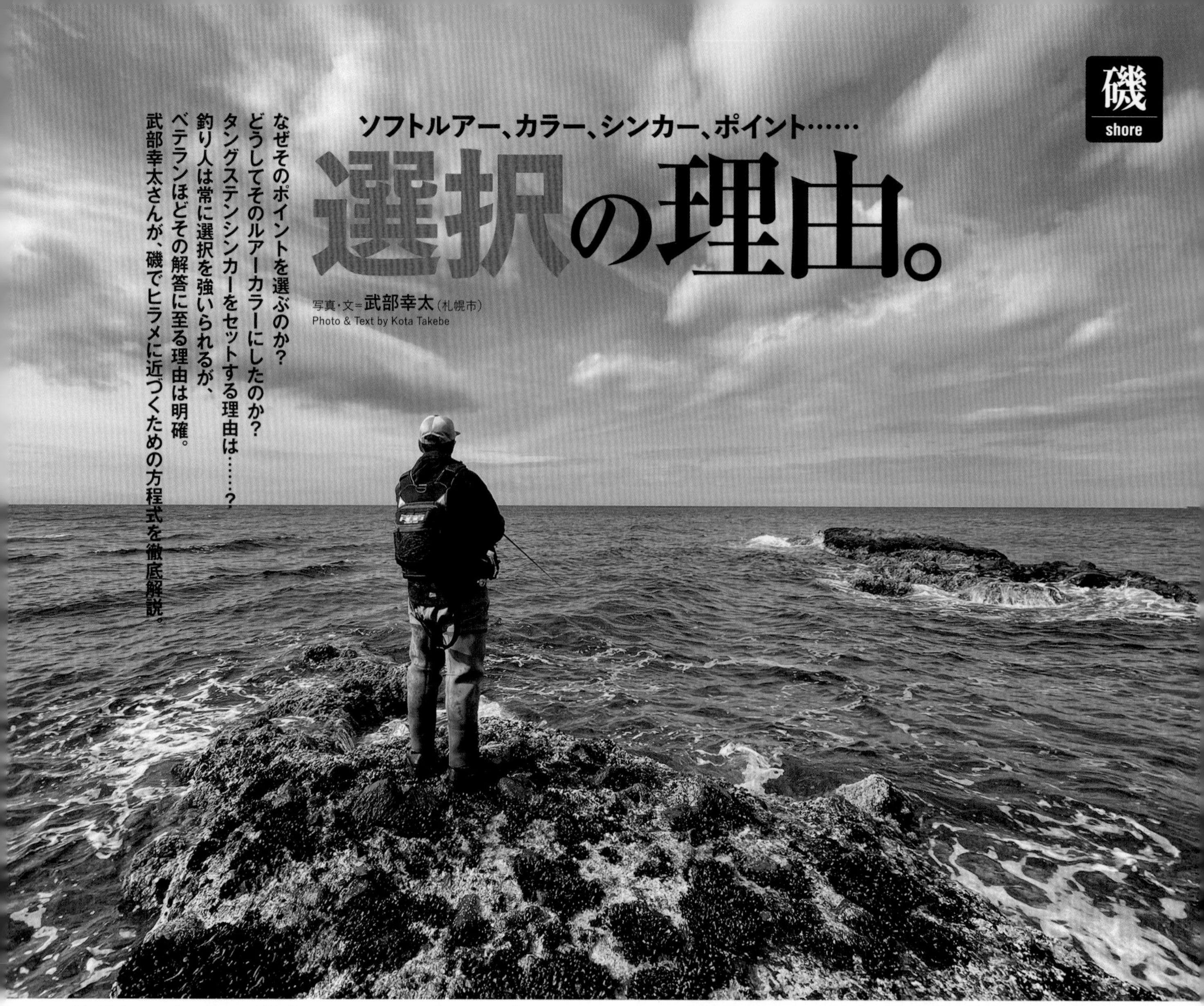

磯ヒラメのシーズンは長い。季節ごとのパターンをつかんで釣果につなげたい

最盛期は5月中旬から磯のシーズナルパターン

私にとってのホームフィールドは、札幌近郊の日本海側にある磯場。GW明け頃から12月上旬までがヒラメのシーズンになる。

ここ数年、温暖化の影響なのかシーズンインが早くなっている。最盛期は5月中旬から7月初旬である。夏場の8月前後は産卵シーズン真っただ中で少し釣果は落ちるが、9月中旬頃からまた釣れるようになる。雪がチラつく12月初旬くらいまではねらえる。

シーズンインは道南に近づくほど早いようだが、ヒラメが岸近くに寄りはじめる頃は水温が低く、魚の泳ぐスピードが遅い。味や匂いのあるワームや、赤系のワームに実績がある。リーリングスピード（リールを巻くスピード）は、少しだけスロー気味にする。

レンジ（ねらう水深）は、基本ボトムから1mくらい上。シーズンを通じて変えることはない。

水温が少しずつ上がると、ヒラメは速く泳ぐことができるようになる。ルアーを追うスピード、そして距離が長くなる。当然バイト数も釣果も伸びてくる。ルアーカラーはラメ入りのグリーンやブルー、ピンクなど。メーカーがヒラメカラーと推奨するものの釣果がよい。

しかし、天候や場所、年によって釣果の出るワームの種類は変わるのも事実。２０２１年はより大きな波動を出すワーム、パルス系でよく釣れた。だが2022年は、シャッド系のほうが釣果がよかった

5月下旬に釣った一尾。最盛期のヒラメはベイトを積極的に追い、ルアーフィッシングならではの魅力を存分に味わうことができる

ように思う。2023年も同様の傾向があるが、春にヒラメのエサになるイワシが影響しているのではないかと考えている。

　そして5月中旬、最盛期を迎える頃はルアーを水面まで追ってきたり、超高速巻きでヒットしたりと、ルアーフィッシングならではの魅力を充分に味わうことができる。

タックル&ルアーのチョイス

　ワームは基本的に波動の出るパルス系かシャッド系がベスト。ショアから釣る場合は遠投が必要なため、空気抵抗が少ない3〜4インチのワームが中心になる。

　主に使用するリグはテキサスリグで、シンカーストッパーは使わない。重さは1〜1・5オンスで、フックサイズ1／0〜3／0のオカッパリ用フックがメインだ。

　シンカーの種類は意外と大切で、これが釣果を分ける。私は巻きの釣りではタングステンを多用する。遠投性能が高く、根掛かりを回避しやすくフッキング率も向上するからだ。ただし、デメリットは費用。磯ロックで岩礁エリアで釣りをすると、根掛かりしない日はない。実際に鉛やブラスはサイズが大きく、岩盤や大岩、ボトムの起伏、貝、ウニなどにスタックしシンカーが引っ掛かりやすい。タングステンは高比重のため、同じ重量ならサイズは小さくなる。そのため、障害物をすり抜けやすくなる。また、しっかりフッキングする効果もあるようだ。というのも、ヒラメのバイトは口でつかむようなイメージで、シンカーごとくわえていることが多い。このときシンカーが大きいと、フッキングの妨げになったり、魚に違和感を与えたりする。感度などを考慮しても、タングステンに匹敵する素材はない。

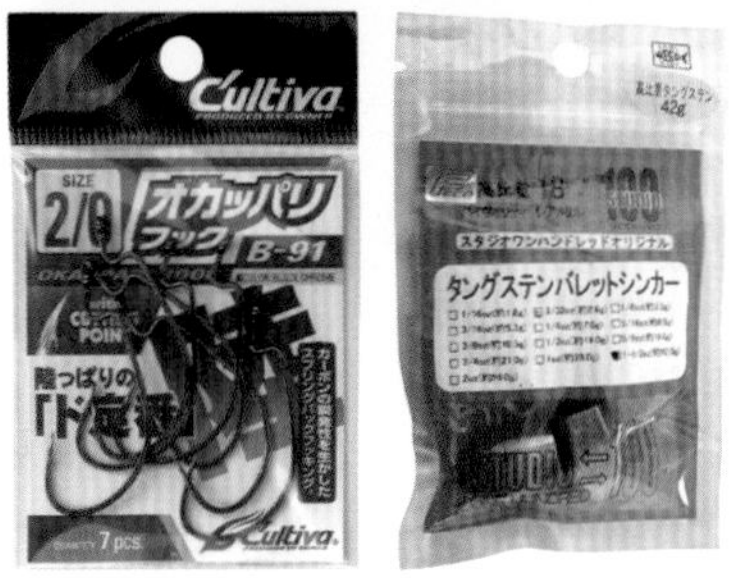

岩礁エリアで釣りをするうえで、根掛かりは避けて通れない（写真上）。必然的にリグはテキサスリグとなる。使用フックはオーナーばり『カルティバ オカッパリフック』の#1/0〜3/0。シンカーはエンジン『スタジオワンハンドレッド タングステンバレットシンカー』の1〜1-1/2oz（写真左）。タングステンシンカーを多用するのは、同じ重量ならサイズが小さくなり、遠投性能と根掛かり回避率、さらにフッキング率も向上するから

　磯以外で巻きの釣りをしていると、感度を気にしない人もいるが、磯では感度がとても大切だ。リトリーブしていて根にコンタクトしたのか、あるいは魚がくわえたのか、はっきりさせることが重要になる。この判断ができれば、根掛かりしてリグをロストしにくくなる。

　使用するロッドは、磯ロック専用のスピニングモデル。ロッド自体に張りがあり、根掛かりを外しやすい。また、根からヒラメを引きはがすパワーを得ることができる。

　朝マヅメや潮回りのいい時間帯など、よく釣れるタイミングでルアーをロストし、リーダーを結び直していては、焦りやフラストレーションで釣果を伸ばせないことが多い。そのようにならないためにも、シンカーはタングステンをおすすめしたい。

　ただし、巻きの釣りでバイトがなかったり、潮の動きがよくないときなど、ヒラメの活性が低い場合はブラスシンカーの出番もある。ねらうレンジがボトムすれすれで、ゆっくりした動きで誘うのが中心。シンカーを大きくすることにより、水の抵抗が大きくなり、ゆっくりした動きを演出することができるからだ。その場合、フッキング率を向上するため、私はバレットタイプを使っている。根掛かりは多少増えるが、ブラスシンカーも常備しておくとよい。

磯ならではのヒラメ行動パターン

　昔からよく耳にするのが「根に付くヒラメはデカい」。定説であるが、これは本当だ。春のヒラメシーズンが開幕すると、磯エリアで釣れるヒラメは大型が多い。

　ヒラメは一般的に、冬は水深1

使用するロッドは磯ロック専用のスピニングモデル。ロッド自体に張りがあり、根掛かりを外しやすい。また、根からヒラメを引きはがすパワーも得られる

00~200mで越冬して、春になると産卵のため水深50mより浅い沿岸に移動してくる。北海道では7月初旬から8月が産卵期で、それに合わせてメスの大型ヒラメが単独で岩礁帯エリアの一等地に居座る。産卵真っただ中の時期はエサを食べようとしないのか、あまり釣れた試しがない。

逆に磯でも砂地が多いエリアでは、オスのヒラメや産卵に絡まない小さな個体が群れるようにいる。

メスは成長が早く、2~3年で約50cm、6~7年で約70cmになる。最大では1mほどに成長する。一方オスはメスに比べて少し成長が遅く、2~3年で40cmくらい、6~7年で55cmくらい。最大で65cmほどになる。なお寿命は15~16年といわれるが、魚なのでもっと長生きしている個体もいるはずだ。

秋以降は、産卵を終えたメスやオスの群れはベイトを求めて動き回る。カタクチイワシなどベイトになる魚を見つけることが重要。使うワームもシャッド中心になり、春とは少し違うパターンになる。

なお春に調子のよかった場所が、秋にはまったく釣れないこともあるくらい、秋のポイント選びは難しい。私の場合はベイトフィッシュであるカタクチイワシなどが近くで釣れていたり、目視で泳いでいるのを捜したりして、現地に着いてからポイントを確認することが多い。

9月下旬の釣果。秋のヒラメはベイトに付いて動き回る

40cmカレイまで!? ベイトフィッシュについて

ヒラメはフィッシュイーターなので、主な捕食対象は小魚やエビである。小魚といっても大小さまざまで、大型の個体になれば30cmクラスのカレイも丸呑みにしてしまう。以前、90cmを超えるヒラメの内臓から40cmのカレイが出てきたこともある。

基本的に春のベイトとしてはコウナゴやイワシなどが挙げられるが、カニやエビも捕食しているのは事実である。6月上旬に5cmくらいのコウナゴが湧いているときは、水面までヒラメが追ってきてジャンプする光景を見ることもできる。

そして、秋はとくにベイトフィッシュにヒラメが付いて動き回る。カタクチイワシや小サバ、マイワシの動きもよく見るといいだろう。岸際にカタクチイワシが打ち上げられているときは、とくにチャンスである。

水深に注目 ポイントの見極め方

私が普段ロックフィッシュをねらって釣りをするエリアは、ある程度地形を把握しているので、ここにヒラメが付いていそうだと思った場所では釣れることが多い。空撮写真などで海中のようすを確認すると、岸から100~150mが水深20m以上ある所で、岸側が砂地混じりの岩盤が入っていたり、またはすべて岩礁帯のエリアではヒラメが釣れる可能性が高い。

陸の地形を見て、磯場でワンドになっている所はチャンスがある。また釣り場の水深によって入釣するタイミングを考えると、朝は水深10m前後のエリア、昼間は20m前後、夕方から夜は10mより浅いエリアを釣り歩くことが多い。

ヒラメの実績ポイントでも、時合以外無反応の時間もあるので、決めたポイントで粘ることが重要だ。磯場で大型をねらう場合、「ここだ」と思ったポイントをねらい続ける。これは大型の個体が居座っている可能性が高いためだ。私が目星をつけたポイントで、過去に釣れた実績のないエリアでも、しつこく探っていると70cm以上の魚が釣れたというケースは結構多い。個体数自体が少ないので、1つのポイントで粘ることも重要なのである。

背景を意識した カラーローテーション

ルアーのカラーについては、アングラーによってさまざまな考え方やこだわりがあるだろう。私はベイトフィッシュに色を合わせるパターンを、ヒラメではそこまで多用しない。これは障害物や背景の景色にどう溶け込むかを重視して

右／雪代が入って濁るシーズン初期は、赤やオレンジが有効　中／海藻や海苔が繁茂する盛期は、グリーンゴールドやブラックゴールドなど
左／海藻が抜ける時期は岩礁帯の色が白になるので、暗めのカラーが目立つ

いるからである。

　ナイトフィッシングを除いて、4月後半から5月前半は海水色に雪代が入る。そのため、水色が少し緑っぽくなる。5月中旬以降になると、雪代が抜けて濁りが少なくなっていく。そうなると背景に溶け込む海藻や海苔の色が茶色または黒っぽくなる。7月以降は海藻が枯れて抜けるため、岩礁がむき出しの状態になる。そのため背景は白っぽくなる。大まかにこの3パターンを、シーズンを通じて意識している。

　このことを踏まえて、ワームの種類について考察しよう。

　シーズン直後で、まだ魚の情報がないときは、味や匂いのあるパルス系ワームの赤やオレンジなどを使う。これは雪代が少し入ったグリーンの濁った海水に対して、この色が目立つと考えているからだ。

　ワームに匂いや味があると、水温が低いときや、魚が活発でない状況でも、魚にアピールできると思う。

　天候にも左右されるが、晴れた日中であれば赤。曇っていたり、朝夕の光量が少ないときはオレンジを使う。

　ヒラメは低水温に対してわりと強い魚だが、春は若干動きがよくないので、少しスローに誘う。ねらうレンジはボトムから1mくらい上だ。

　本格的にシーズンインすると、いわゆるヒラメカラーであるグリーンゴールド、ブラックゴールドなどラメが多く入ったパルス系ワームかシャッド系ワームを使う。

　天候や使うタイミングについては、朝夕はレッドゴールド。明るくなってきたらグリーンゴールドを中心に、ブラックゴールドを使う。曇りや雨の場合は、オレンジゴールドなども使うが、基本的なローテーションはゴールドラメが入ったカラーを中心に組み立てる。

　この時期も、ねらうレンジはボトムから1m上。だが活性が高いと、魚は表層まで追いかけてくる。ときにはルアー回収時にトップでヒットすることもある。周りの海藻などで茶色や黒色っぽい背景で、上からの太陽光が当たることにより、ラメ入りカラーがより目立つのである。

　夏以降は海藻が抜けるので、岩礁帯の色が春とは異なる。背景が白になると、黒や青などが目立つようになる。そしてフグにも対処しなければならないとこから、青や黒のラメが少なめの色、もしくはまったく入ってないワームを使う。

　また、とくにベイトフィッシュに付いている時期なので、シャッド系の出番がとても多くなる。ヒラメがベイトの小魚に夢中になっているときは、ブレードチューンしたりもする。

季節ごとのカラー選択

シーズン初期（4月後半～5月前半）

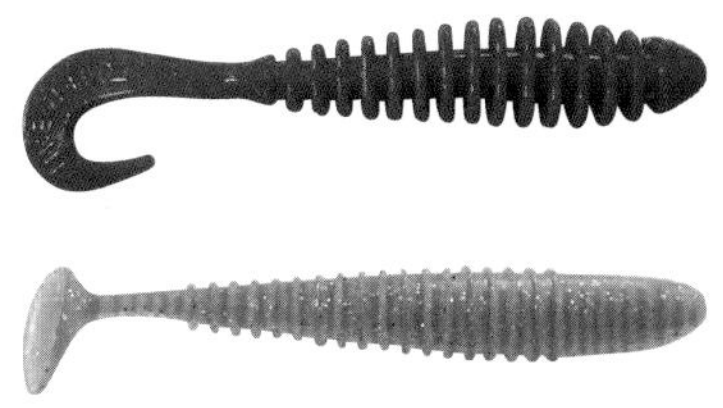

雪代が入って濁りが入る時期は、赤やオレンジなどが目立つ

盛期（5月中旬～6月）

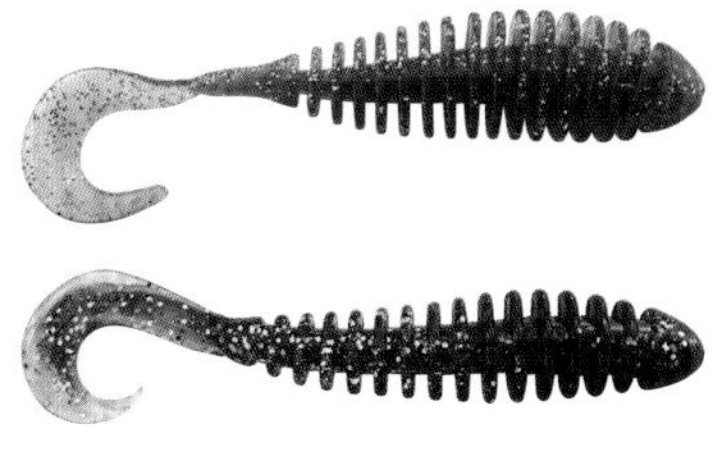

海藻が黒っぽくなってきたらグリーンゴールドやブラックゴールドなどでラメが入ったカラーを選ぶ

夏～秋（7月以降）

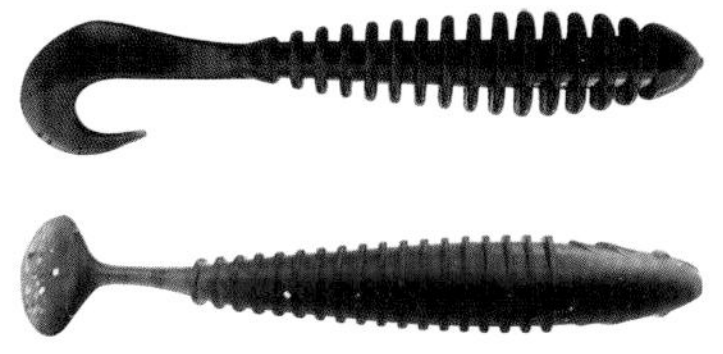

海藻が減ってきて岩盤がむき出しになると背景が白っぽくなるので、黒や青でラメの少ないカラーにする。フグを避けるためにもラメが少ないほうがよい

季節ごとのルアー・カラーローテーションやポイント選びに意味を持たせることが、釣果への近道となる

磯

朝寝坊しても結果を出す！ 重視するのは潮回り

写真・文＝佐々木元史（函館市）
Photo & Text by Motohito Sasaki

「朝が苦手」と言うと、釣り人の風上にも置けないと思われるかも。
だが、必ずしも朝イチだけがチャンスタイムというわけではない。
潮回りをチェックして安定した釣果を出す佐々木元史さんは、
昼頃にヒラメを連発したことが何度もあるとか。
太陽が高く上り、他のアングラーが帰った後も、
潮さえよければ充分にチャンスはある。

マヅメにはこだわらない

釣り人の間では、よく「○○は潮を待て」と言われる。○に当てはまる魚はたくさんいるだろうが、私はヒラメもそのうちのひとつだと思っている。

早起きが得意でない私は、友人から「マヅメ知らず」とか「不マヅメ」と呼ばれている。釣り場に前日入りしたとしても、必ずタイドグラフとにらめっこして、どうにかして早起きしなくてもいい理由を探してから寝るので、このあだ名もあながち間違ってはいないかも……。ただし朝マヅメと、下げ潮から上げ潮に変わるタイミングが重なり、間違いなく激アツというときは、頑張って起きている。だがそうでない場合は、太陽が上って人がいなくなる頃に入釣することが多い。

釣りを諦めて車に戻る人たちとすれ違いで入釣し、1投目でロッドが曲がる……実にカッコよくない？　いい日は1投目とはいかなくても、3投以内でアタリがあることが多い。

では、なぜそのようにタイミングで入釣して釣果を上げることができるのか？　ここでは私なりの考えを解説したい。

潮回りによって釣り場を選ぶ

最初に書いてしまうと、一番大切な要因は潮だ。

干満の差が最も大きい大潮は、潮が動くのでいいように思いがち。たしかに潮の流れが穏やかな場所だと魚の

「ヒラメは潮を待て」。佐々木さんによると、磯のヒラメはとくに潮回りに左右されやすいようだ

活性は上がるが、もともと潮通しのよい場所になるとそうはいかない。たとえば磯の岬先端部は潮の流れが速くなりすぎる。そのため先端部よりは、岬の基部寄りの潮が淀みそうなエリアがよくなる。ただし、時合としてはほんの一瞬で終わってしまうことが多い。

　サーフでも、大潮では時合が短いことが多い。干潮時には潮がかなり引くため前に出たくなるが、不思議なことに干潮時には波が立ち、引き波も強いため、逆に前に出ると危険だったりする。

　一方で小潮や長潮等、潮の流れが大潮よりも穏やかな潮回りになると、潮通しのよい磯の岬先端部付近がよくなる。この潮流が穏やかなときは、ヒラメが立て続けに釣れたりして、長く時合が続く傾向がある。

　なお、普段から並岸流が弱いサーフは、状況がよくならないまま終了ということもあるので注意したい。

　その中間の中潮は、個人的には最もヒラメを釣りやすいと思っている。

　中潮では潮の流れが適度で、干満の差がそれなりにある。とくにサーフでは干潮時前後は波打ち際ラインが下がるので、それまで立てなかった位置まで立ち込める。今まで届かなかった深みまでルアーを届けられ、時合もそれなりに続くので数もねらえる。

　ところが、これが磯の釣りとなると話は別だ。水位が下がったとしても、海の中に入るわけにはいかない。根掛かりの少ない磯に限ってのねらい方になるが、満潮時には足もとまでしっかりジャーク&フォールなどで探っていたのに対し、干潮時は巻きを意識したストップ&ゴーを多用して探る。水深が浅くなる干潮時前後1時間ほどは、表層近くを泳ぐ小魚とヒラメとの距離がわずかながらも狭まる。そのため食う気満々のヒラメは、どんどん浅場に寄ってくる。

　常に上を意識しているヒラメには、中層付近でヘロヘロと弱った小魚が泳いでいるように見えるメタルジグは魅力的なはずだ。魚はおそらくジグの下で、チャンスをうかがいながら付いてくるのだと思う。そこで美味しそうなジグが、ヒラヒラと海底近くのヒラメの近くまで沈んでいったら……おっと!と急接近するヒラメ。その途端、また泳ぎだすジグ。逃がすか!とヒラメは思わず飛びついて……というのが私のメージだ。

　ストップ&ゴー、ジャーク&フォールは、そんなヒラメ心をくすぐるアクションだと思う。

　干潮時、魚は深場に落ちてしまうというイメージを持っている人が多そうだが、ヒラメに関してはそんなことはない。

　話が少し逸れたが、ポイント選びに関しては、大潮では流れが淀みそうなポイント。小潮は潮通しがよさそうなポイント。中潮はオールマイティーにどんな所でも探る。そういった考え方でよいと思う。

日没後にもチャンスはある。アングラーが真っ黒な海を見下ろしている時間帯も、ヒラメはほんのり白んだ空を見上げ、泳ぐベイトを探している

日没後のチャンス

　次に、時合について。

　簡単にいってしまうと、タイドグラフで見る潮止まり前後1時間ほど、合計2時間から2時間半は、日の出、日没に限らずロッドを振り倒すというのが私のヒラメ釣りだ。日中でも同様である。過去には正午頃に5尾連続キャッチということも何度か経験している。

　つまり、いかに潮が大事かということだが、不思議とタマヅメに関しては潮に関係なく爆発することがある。

　サクラマスねらいにおけるタマヅメといえば、遅くとも手もとが見えなくなる頃に終了といった感じなのだが、ヒラメのタマヅメはそうではない。日没後、いわゆる夕方を過ぎて、真っ暗な空一面になるまで、空全体がわずかに白んでいるような状態。

　我々アングラーは、ほぼ真っ黒な海を見下ろしている時間帯だが、ヒラメはほんのり白んだ空を見上げ、泳ぐベイトを探している。そう、この時間帯では、魚はまだベイトが見えているのだ。

　そんなタイミングで、70cmクラスのヒラメが立て続けに釣れたことがある。水深10m近いドン深な磯だったのに、食ってきたのは磯際のほぼ表層。食う気満々のヒラメたちだったのは驚きだった。「ルアーをピックアップするまで気を抜けないな」と実感したことを記憶している。

遠投だけが正解ではない

私がよく行くのは、噴火湾と呼ばれる太平洋側の内浦湾。日本海のヒラメが開幕してから半月から1ヵ月ほど経った、5月末もしくは6月初旬から太平洋側でもねらって釣れるようになる。

ベイトはウグイやアメマス、ボラといった小魚と、砂エビ等の甲殻類。釣りあげた70㎝超のヒラメが、30㎝くらいの消化された魚を吐き出したことがある。当然、ヒラメのサイズがさらに大きくなると、より大型のベイトも捕食される。ちなみに。この30㎝の魚を吐き出したヒラメのヒットルアーは、20g程度の小型メタルジグだった。

活性が高いときには、ヒラメは動くものは手当りしだい捕食するようで、マッチング・ザ・ベイトはさほど気にしなくてよい。水深や潮の速さによって、いかに攻略しやすいかを念頭にルアーセレクトするほうが重要だ。

たとえばナギの日に遠浅のサーフで50gのメタルジグで大遠投しても、探れるのは水深のある着水地点付近だけだ。手前に巻いてくると、ほぼ海底を引きずってしまうので、釣りにならない。30g、場合によっては20g程度のメタルジグなら、底を引きずらないできっちりアクションさせながら探れる。逆にシケで手前が探れないとき、着水地点付近だけ探るときには50gが有効になる。

小型のメタルジグではアピール力が足りないと感じるときは、ジグよりシルエットが大きいシンキングペンシルやミノーを投じる。このように状況によってルアーを使い分ける必要がある。

ルアーローテーションは、私の場合はバイト等の反応があったルアーはもう一度同

写真のように、手前に根が入っている磯は遠投必須。とはいえ時合のヒラメは表層でも食ってくる。ルアーのピックアップ寸前まで気が抜けない

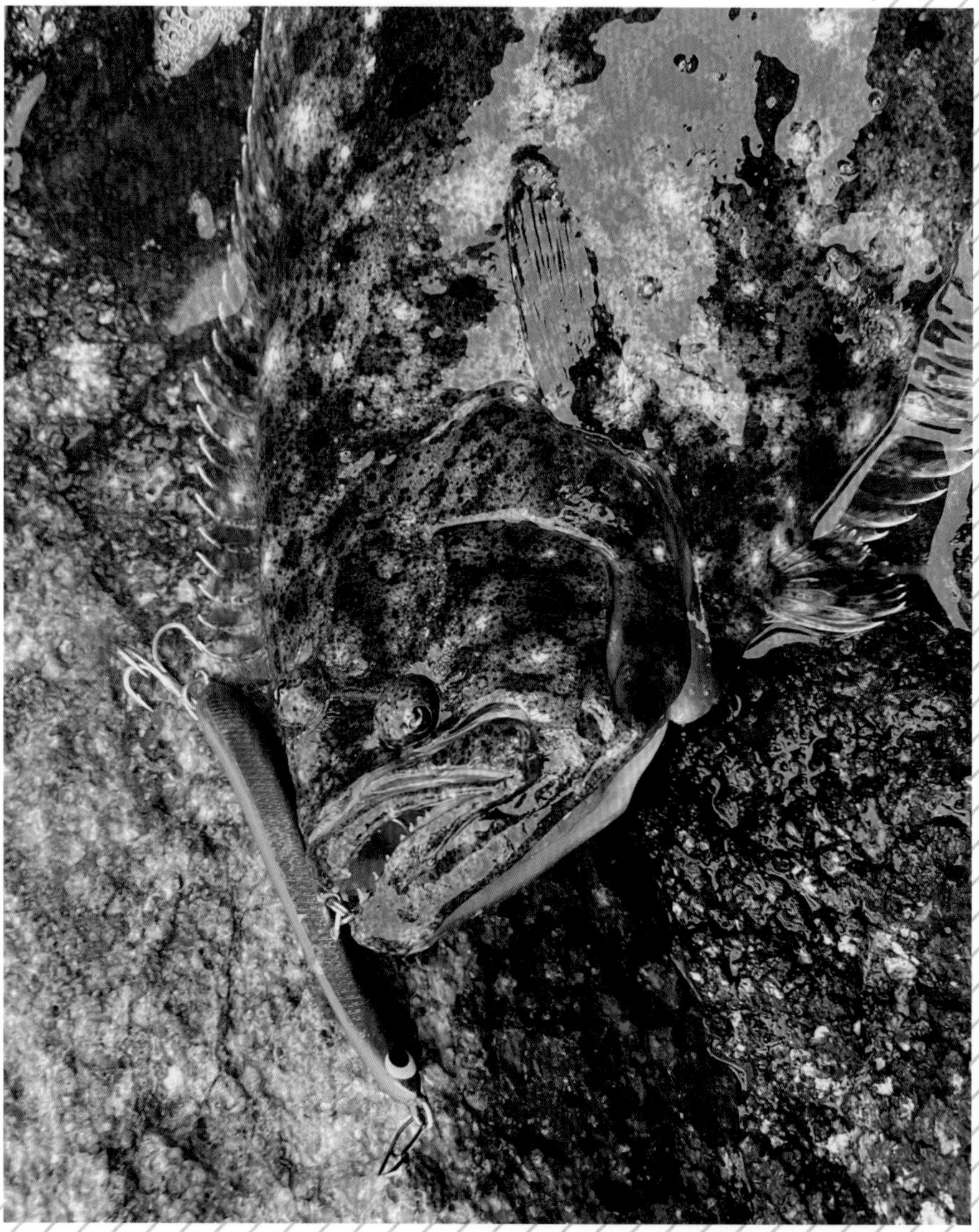

常に上を意識しているヒラメにとって、中層付近でヘロヘロと弱った小魚が泳いでいるように見えるメタルジグは魅力的なはず

じラインを通し、それで反応がなければ、ルアー形状が違うものでカラーは同じものにする。またはカラーは同じで、ルアーの波動が変わるようなルアーチェンジをしている。

魚によって個性あり

ヒラメを1尾釣った後の次のキャストで、私は同じねらい方はしない。釣れたヒラメが「巻き」でバイトしてきたとしたら、次はジャーク&フォールを多用したねらい方で探るようにしている。これは「巻き」に対して反応する個体と、「跳ね上げ」に反応がよい個体が、それぞれいるからだ。

使用するルアーは、私の場合はスリムジグ、平たいジグ、スプーンジグの使用率が高い。さらにカラーを数種類用意すると、これだけで10個以上のメタルジグとなる。サクラマスのときには使っても4～5個ということがほとんどだが、ヒラメになると一気に数が増える。サクラマスの場合、比較的ナチュラルカラーの使用率が高い。ヒラメは「この色さえあれば釣れる」といった定番カラーがないので、色の種類が増えるのは仕方ない。

使用率が高いカラーとしてはアカキン、グリーンゴールド、ゴールチャート、オレンジ、ピンクパールなど。目がチカチカするようなアピールカラーが多い。今のところ状況によって効果的なカラーは把握できていないが、これらのカラーをローテーションして反応のよいヒラメを拾っていくイメージだ。

タックル&装備

タックルは、私はだいたい11フィートのロッドを使う。ただし波が高いときは12フィート。リールはシマノの4000番クラスでC5000XGモデル。ラインは8本編のPE1・2号で、ショックリーダーはフロロカーボンの5～6号。スナップは伸びによるバラシとルアーロストを防ぐために、開閉が楽にできないようなタイプを選んでいる。

そして磯場で必要になるのがタモ。ライフジャケットと、滑りにくい靴としてピンフェルト底のものを着用する。ほかに紫外線対策のキャップ、偏光グラス、夏は虫除けといったところだ。場所によっては、ぶら下げるタイプの蚊取り線香を携行することもある。

磯場は水深があるので、ストップ&ゴーのストップが長い。このときに蚊が手に止まって釣りにならず、嫌な思いをしたことがあったので、虫除けは大切だ。

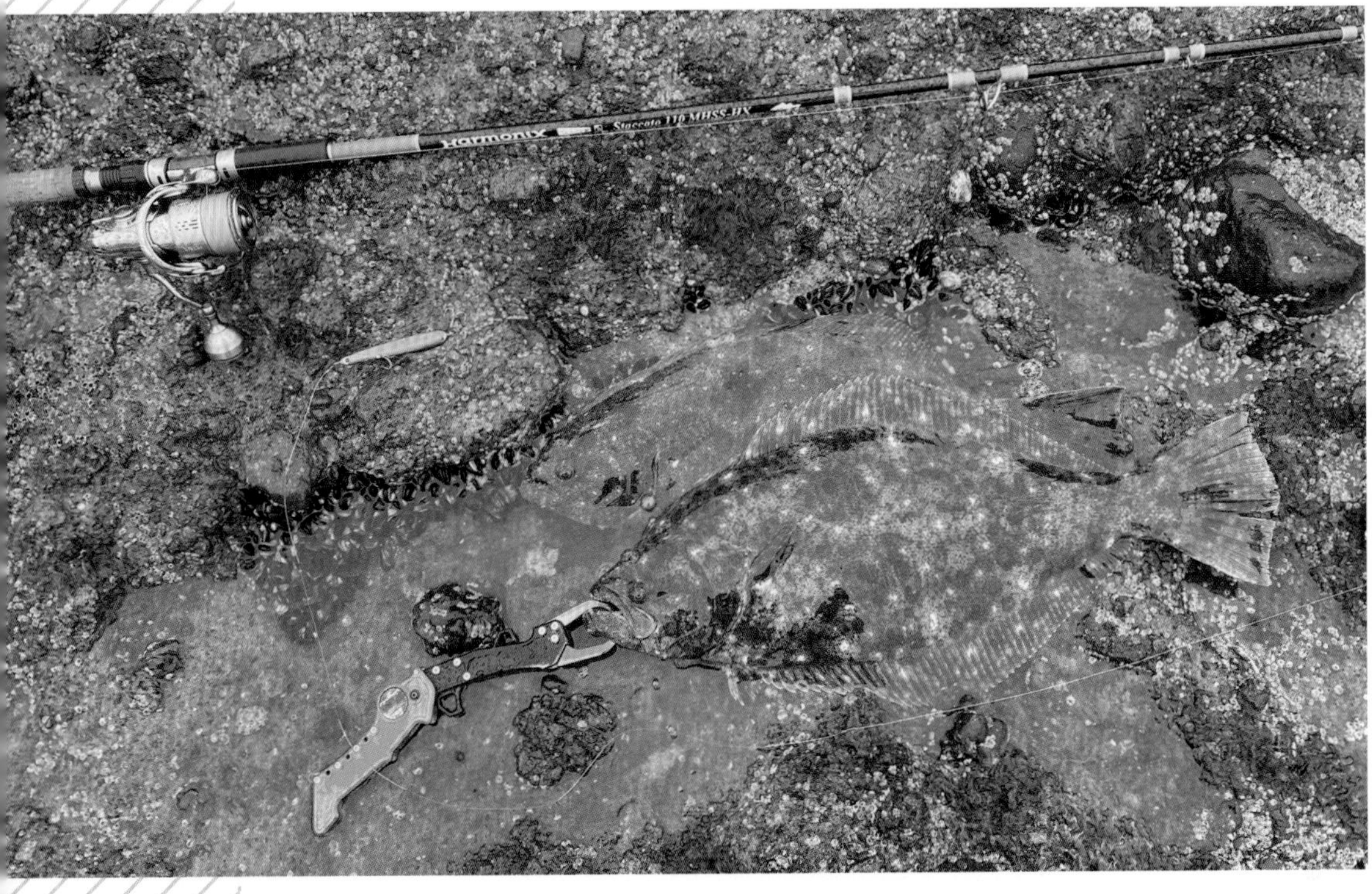

タックル・装備

ロッド:ツララ『スタッカート 110MHSS-HX』
リール:シマノ『ステラ C5000XG』
ライン:PE1.2号
リーダー:フロロカーボン5～6号

たいていは11フィートのロッドを使うが、波が高いときは12フィート。タックルのほかに磯場で必要になるのがタモ、ライフジャケットと、滑りにくい靴としてピンフェルト底のものを着用する。ほかに紫外線対策のキャップ、偏光グラス、夏は虫除けを携行したい

●スリムジグ／サーフトリップ

●平たいジグ／ファット

●スプーンジグ／ディープストリーム

Motohito Sasaki's choice ※すべて、サミーズ

◎誘い方

アクションに関しては、1尾釣るごとにねらい方を変える。たとえば「巻き」でバイトしてきたとしたら、次はジャーク&フォールで誘う。これは「巻き」に対して反応する個体と、「跳ね上げ」に反応がよい個体が、それぞれいるから

◎カラー選択

形状とカラーを使い分けると、これだけで10本以上のメタルジグとなる。サクラマスのときには使っても4～5個ということがほとんどだが、ヒラメになると一気に数が増える。ヒラメは「この色さえあれば釣れる」といった定番カラーがないので、色の種類が増えるのは仕方ない。使用率が高いカラーとしてはアカキン、グリーンゴールド、ゴールチャート、オレンジ、ピンクパールなど。これらをローテーションして反応のよいヒラメを拾っていくイメージ

磯

ワイルドに行こう！

秘境で磯ヒラメ

写真・文＝北條正史（石狩市）
Photo & Text by Masafumi Hojo

豊浦町の小幌海岸。
秘境駅として知られる小幌駅があり、
鉄道ファンに人気だが、
じつはヒラメ釣りの名所でもある。
そんな小幌を愛する北條正史さんに、
同地の魅力を語っていただいた

しばらく下ると岩屋観音と書かれている看板があり、分岐の右の山道を下る。なお、トレッキングポールがあると山歩きやウエーディングの際に海底を確認するのに便利。丈夫なアルミ製の玉網の柄などを流用するのがおすすめ

徒歩で山道を下るルートはR37（R230との重複区間）の礼文華トンネルの長万部側出口付近、海側にあるゲート前から林道を下る

潮位と休日

「次の釣りは小幌へ行きたいな」

初夏を迎え、日本海の春の釣りが一段落する頃、私の脳裏には「小幌」という文字が浮かぶ。豊浦と長万部の町境辺りに広がる小幌海岸への釣行を私が始めて16年ほどになる。同海岸は磯釣りの好フィールドだが、干満の差が大きい内浦湾にあり、潮位が高いときは

小幌海岸はシーズン中に一度は訪れたいフィールドになっている

磯に上がれない。それゆえ、朝マヅメの潮位、天候、海況など、条件がそろったときだけヒラメ釣りを楽しめるのだ。例年だと6〜7月の2ヵ月の間に、休日と低潮位の朝マヅメが重なる日が1日か2日ある。そんな日は前夜から急激に胸が高ぶり、遠足を待つ子どもさながらにワクワクが止まらなくなる。

札幌市街から同地までは、道央道利用でも中山峠経由のR230でも所用時間はそれほど変わらないので、綺麗な羊蹄山を眺めながら走る後者で向かうことが多く、そのドライブも楽しみのひとつ。また小幌の海岸沿いを走る道はなく、駐車スペースから海岸まで山道を歩いてアプローチするのだが、これもワイルドな冒険のようで男心をくすぐり、非常に楽しいのだ。

なお、小幌には電車利用のルートもある。鉄道マニアにはたまらないJR室蘭本線の秘境駅「小幌駅」から行ける。私が初めて小幌に向かったときは、隣駅の礼文駅まで車で行き、そこからJRに乗って小幌で下車して海岸に下りた。しかしながら、電車利用だと運行時間に合わせた釣行スケジュールになり、始発でも礼文駅8時29分発、小幌駅8時35分着。朝マヅメに釣りができないのがネック。ヒラメねらいだと朝マヅメは逃せないので、車での釣行がメインになった。

（写真上から）
徒歩ルートでめざすは岩屋観音。洞窟の前に小さい鳥居が建てられている

洞窟内には観音様が祀られている。釣行前に手を合わせ、好釣果と安全を祈ってからロッドを振ろう

岩屋観音ワンドの左、手前側の岬

岩屋観音から右に向かう岬は少し高いので、乗れる時間がほかより長い。粘るならココの奥だ

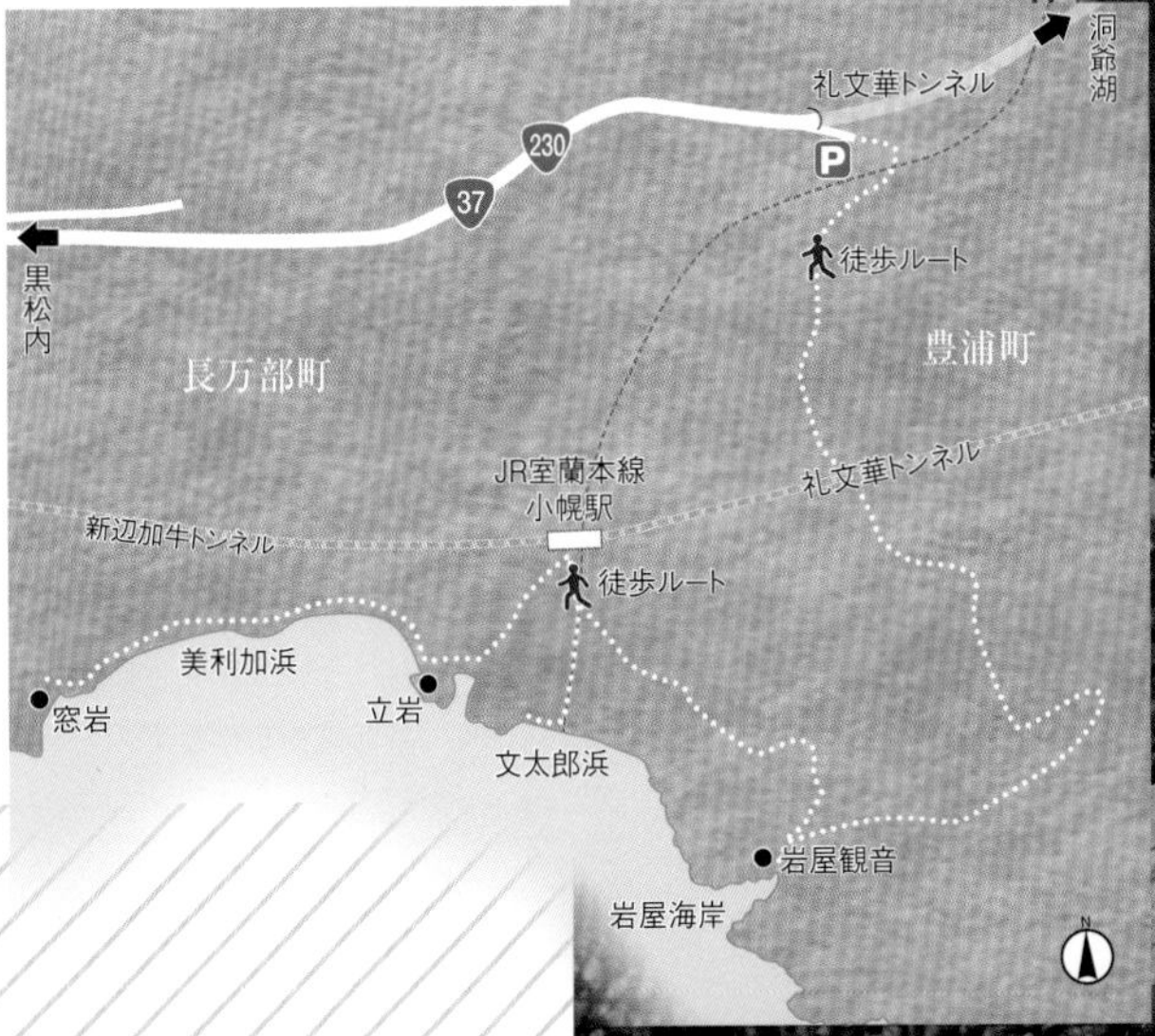

秘境感たっぷりのロケーション

夏以降は小型のカンパチ、サバなどの青ものも回遊する

アイナメの魚影はすこぶる濃い。根の多い磯際をねらうと連続ヒットも珍しくない

めざすは岩屋観音

山道を行く徒歩ルートは、岩屋観音が祀られているワンドをめざすのが最短。山道は有志の計らいで整備されていて歩きやすく、40分ほどで岩屋観音まで出られる。窓岩・文太郎浜など、他の海岸に行くことも可能だが、一度海岸近くまで下りた後に小幌駅まで上がり、そこからまた海岸に下るのでやや時間が掛かる。

岩屋観音近くには3つの岬があり、その周辺がポイントになる。ワンド右手の岬は一番アプローチが楽。釣り場は広く、ナギの日なら潮位100㎝くらいから乗れる。ワンドを左に行くと岬が奥と手前に2つある。こちらはどちらも潮位50㎝以下

朝マヅメはソイ類もヒットしやすい。近年は写真のシマゾイが噴火湾でよく釣れるようになったが、小幌でもグッドサイズがねらえる

同行していた花田圭佑さんがキャッチしたのは63㎝のグッドサイズ

にならないと厳しい。手前側は根が荒く、アイナメ、シマゾイの魚影が濃い。奥の岬までは倒木があったり、アップダウンが大きくてアプローチが大変だが、ヒラメの実績が高い。岩場はもろい場所もある。手や足など一点に荷重を掛けてしまうとそこが崩れたときに危ないので、両手をフリーにし、三点支持（両手両足のうち、必ず3点で身体を支えること）を心掛けて移動したい。それだけに、ロッドは振り出し式やマルチピースなど、リュックに収納できるパックロッドがおすすめ。

電車ルートで人気の高いポイントが窓岩。小幌駅から右側に向かい、途中でロープやはしごが掛かっている崖を下って海岸へ。そこからゴロタ場を右へと進むと窓岩があり、この窓岩を潜り抜けると岬が広がる。ただし、ここも潮位50㎝以下でないと足場が露出せず、途中に岩の切れ間などもあり、ベテラン向きだ。

文太郎浜には、小幌駅から続く真ん中の道を下りていく。ゴロタ場が広がる海岸でヒラメをねらうなら左側にある岬に乗るといいが、岩壁を這うように進む難所がある。

いずれのポイントも潮位が上がったら強制終了。粘るときはどこの岩場なら最後までキャストを続けられるか、よく考えておく必要がある。

ワームがメイン

根魚ねらいも兼ねることが多いため、ここでのヒラメの釣果はほとんどがワームによるもの。シャッド系やカーリーテール系ワームのジグヘッドリグ、テキサスリグなどのスイミングメソッドが効果的。リグのウエイトは21g程度。ワームカラーは定番のレッド、ホワイト系で実績がある。遠投性能に長けるジグも可能性はあるが、岸とほぼ水平にキャストして磯際でヒットしたこともあり、それほど遠投する意味はないと感じる。

朝マヅメはヒラメが中層から表層付近に浮いていることがある。さまざまな層を探りたい。魚の活性が高い時間帯はヘビーシンカーで速巻きし、テンポよく探るのも効果的だ。日中は海底から1～2m上をねらうのが私のパターン。沖はほぼ砂地で、根掛かりするリスクは低い。フラッシング効果のあるブレードをセットしたり、スプーンリグなども面白いと思う。

噴火湾のヒラメは身が厚く、ファイトが力強い。ランディングの際は急がず、じっくりとタイミングを計って玉網に入れることを意識している。潮位が高いときは波に乗せて上げるほうが安全だ。

花田さんは小幌でキャッチしたヒラメが人生で初のヒラメ釣果。記念にアゴの骨を自宅に飾っている

磯

剛竿と1.5ozでフルキャスト！

磯ヒラメの戦略

Photo & Text by Ryo Kobayashi

日本海は磯からのヒラメねらいも人気。磯ロックと同じようなスタイルで挑む、剛竿と重量級リグによる釣り方を札幌市の武部幸太さんにうかがった。

この日入った磯。大きく突き出た岬ではなく、スリット両サイドの頂点のような場所からアプローチした

磯ヒラメのシーズンは長い

一般的なヒラメの釣期は天候が安定し、水温が上がりだすゴールデンウイーク頃から雪が降りだすまで。港は夏枯れといわれる8月でも、水深のある磯なら何かしらの釣果が期待できる。ハイシーズンは場所によって違いがあるものの、積丹半島の場合は6〜7月と9〜10月。だが、4月下旬から12月まで実績はあるようだ。

ヒラメが岸近くまで寄ってくるのは産卵のため。産卵期間はおおむね2〜4ヵ月におよび、その間、同じメスが何度も卵を産むといわれる。そのときの適水温は15〜18℃。石狩湾に面する積丹半島では6〜8月に産卵が行なわれていると考えられている。産卵中のヒラメはあまりエサをとらないのか、ピークと思われる8月は釣果が落ちる。一方、産卵前後

正午前に釣った60㎝オーバー。武部さんはこの日、良型を4尾キャッチした

は積極的にエサを捕食するようで、ルアーへの反応がよい。いずれにせよ、海藻や岩盤がある浅いエリアに大型のヒラメは寄ってくる。

秋は9～10月が好季と述べたものの、水温が高ければワームを食いちぎるフグがネック。ポイント選びが重要になる。同時期にサバやイワシの群れが岸寄りすると、それをねらってヒラメが中層～表層を泳いでいるのを目にすることがある。

このように、磯からヒラメがねらえる時季は思いのほか長い。偏西風の強い冬は波が高い日が多く、危険を伴うのでおすすめできないが、年間を通じて楽しめる釣りであることは間違いない。

42gのヘビーテキサス

今回は6月中旬に行なった取材から、オールシーズンで使える磯ヒラメのタクティクスを紹介したい。

午前4時、泊の駐車スペースから岩場を15分ほど歩いて岬周辺へ。アングラーは、磯ゲームが得意で休みの日は足しげく通っている札幌市の武部幸太さん。天候は曇り。前日の雨はすっかり上がり、風はほとんどなく、少し波がある絶好の状況といえる。昼夜ねらえるヒラメとはいえ、時合が極端に短い場合もある。それが朝マヅメであることも少なくないため、すぐにキャストを始めた。

「暗い時間帯はソイが浮いているので中層を巻いているだけでもアタリはありますが、今日はヒラメねらいなのでボトム中心に探っていきます」という武部さんは、底から1mの層を重点的にねらう。ちなみに、このポイントは奥が砂地で手前30mくらいから岩などの障害物が多くなり、ヒラメはたいていその際に付いているようだ。

飛距離は70～80m。基本は巻くだけだが、時折カーブフォールやタッチ&ゴーを織り交ぜ、アクションに変化を付けながらようすを見る。これはとくに潮が動いていないときに有効とのこと。リーリングスピードもいろいろと試してみて、その日のパターンをいち早く見つけだすことが大切。

それはそうと、注目したいのは武部さんのロッドだ。ロックフィッシュ用でエクストラヘビーアクション、ルアーウエイトMAX56gという剛竿を使用している。

「アイナメねらいのワームのスイミングでヒラメがよく釣れたのが、僕のヒラメ釣りの

（写真上から）
磯での移動時は岩をつかんだりするので、片手は空けるようにしたい。その際にケガをしないようグローブは必着だ
武部さんのメインルアーはワーム。カーリーテール系とシャッド系を使い分けながら、タングステンシンカー1.5オンス（約42g）でテキサスリグを組む
積丹半島の西側は起伏に富んだ磯が多い。遠投して砂地と根の境目をねらう
磯ヒラメは飛距離が前提条件。パワーのあるロッドを駆使して重量級リグをフルキャスト

原点。ロックフィッシュ用がしっくりきます」

メインルアーはワーム。カーリーテール系とシャッド系を使い分けながら、タングステンシンカー1・5オンス（約42g）でテキサスリグを組む。磯ではヘビーリグが活躍するが、一般的に多用されるウエイトは28g前後。それを考えると、かなり重い。

まずはとにかく遠投を重視。要するに、ロッドに求められるのは重量級リグを遠くに飛ばし、シンカーがスタックしそうなときに根をかわせることだ。

激渋からの大逆転

最も期待できそうな朝マヅメだったが、先行きが不安になるほど反応がない。「夏枯れっぽくなっているとはいえ、ヒラメはまだしもアイナメ、ガヤのアタリもないのは厳しいです。先週までは、うるさいくらいアタリがあったのですが……。とりあえず、何か釣りたいですね」と、アイナメの実績ポイントに移動してキャストを繰り返す。手前に高く延びた根が広がるエリアだ。掛けてからのファイトを考えると、ロッドパワーとヘビーリグの本領が試される。

しばらくすると、午前7時を過ぎた辺りからポツポツとアタリが出始め、良型のアイナメが顔を見せた。「ちょうど左側の沖に潮目があって、流れが利いています。チャンスかな～？」と期待が高まる。しかし、ここでもヒラメからのコンタクトはなかった。

午前8時過ぎ、朝イチのポイントに戻ってきた。ワームのカラーをヒラメねらいで厚く信頼しているグリーンゴールドに替えてフルキャスト。ボトムをとって、2度ほどストップ&ゴーを繰り返した後、力強くフッキング動作に入った。「あ、食いました。よし、ヒラメだ！」と瞬時に本命と確信し、ポンピングしながら巻き寄せる。いたって冷静に足場を確認しつつ、豪快にブチ抜いたのは52cmのヒラメ！

ファーストヒットはアイナメ。プレッシャーから解放してくれた貴重な1尾。ここから快進撃が始まったルアーのピックアップ寸前まで気が抜けない

ワームのカラーは赤が古くから定番色として知られるが、武部さんはグリーンゴールドを信頼している（写真上）
ヒラメは歯が鋭く、すっぽりワームを飲まれるとラインブレイクしやすい。理想的なフッキングだ（写真下）

ロックフィッシュ用のエクストラヘビーロッドなら、良型がヒットしても安心してファイトできる

ワームはバークレイ『パワーベイト パルスワーム』4インチがメイン。なお、武部さんはシンカーストッパーをセットしない。9.4のロックフィッシュ用ロッドに、リールは4000番クラス。メインラインはPE1.0号に、ショックリーダーとしてナイロン20ポンドを結束

「そんなに大きくはないですね……。アベレージサイズです」という武部さんではあったが、満を持しての本命の登場に笑みがこぼれた。掛かればソゲ（40㎝未満）はないのが磯ヒラメだ。

このポイントでは、その後もヒラメらしきアタリが何度かあり、正午前に最大魚となる60㎝オーバーもキャッチ。さらに2尾追加した。

「釣れたのは岬と岬の間の深い場所からのカケアガリ。朝は感じられなかった沖に払い出す潮が徐々に利き始めたことが、魚の活性を上げたのかもしれません」。地獄のような朝マヅメから一転、天国に導かれたような展開。磯にこれほどヒラメがいるのか……と驚かされた。

即アワセで掛ける

今回の取材を通じて実感したのは、ヒラメのヒットポイントはしつこく探るのが重要ということ。1尾釣れたら、その周囲には少なくとも2、3尾、もしかすると10尾前後潜んでいそうだった。そして、40gオーバーのヘビーリグの威力。近年はジグでねらう人も増えている。

ところで、沖のエサ釣りでは「ヒラメ40」という格言があり、遅アワセが有効とされるが、「ワームの場合、基本的には即アワセです。食いが浅くて掛からなかった魚は、フッキングしていなければ、また食ってくる可能性があるので」と武部さん。食い込むのを待つと深く飲まれてリーダーを切られたり、より根に近い位置でやり取りが始まるのでラインが根ズレしやすくなる。即アワセならそのリスクを減らせる。

「磯の魅力は魚のサイズです。今回のフィールドではソゲクラスが釣れることは稀。来れば大体50㎝オーバー。自然いっぱいのロケーションも最高です」と締めくくった。

1尾目の本命は抜きあげたが、足場が高かったり安定しない場所では無理せず玉網を使ってランディングする

座布団ヒラメに備え、ランディングネットは持ち歩きたい。柄はダイワ『ランディングポールII 50』（約5m）、ネットとジョイントはプロックス『アルミフレーム（ワンピース）ラバーコーティングネット付』（縦65㎝・横50㎝・深さ45㎝）

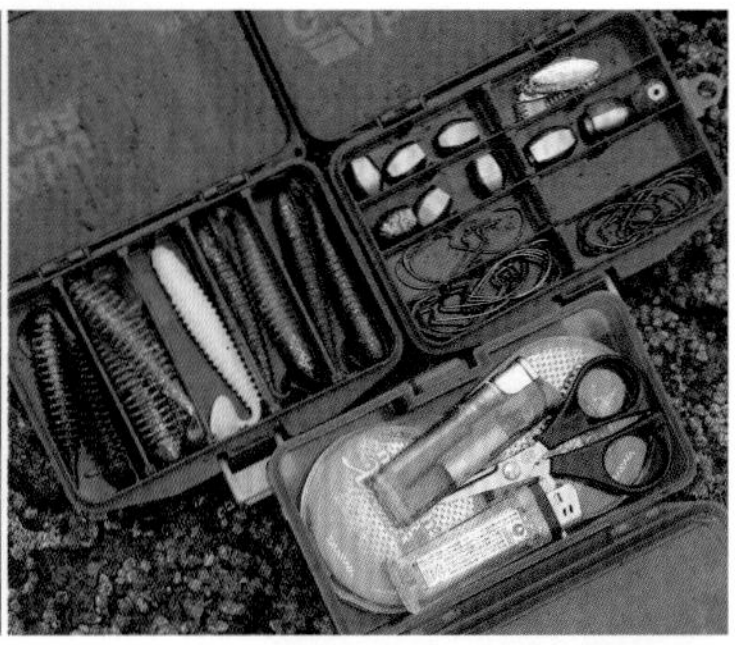

素早くリグをチェンジしたり、ラインシステムを組めるよう、使用頻度の高いアイテムはケースにまとめておき、取り出しやすいポケットに入れている

フィッシュグリップは必須アイテム。ゲームベストのD環にぶら下げると邪魔になりにくい

掛かればソゲ（40㎝未満）はないのが磯ヒラメ。「魚のサイズが魅力で、自然いっぱいのロケーションも最高です」と武部さん

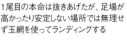

磯 デカいのは浮く！

江別の大喜多鋼治さんは、
キャリア10年以上のヒラメフリーク。
2021年に磯で念願のメータークラスをゲット。
当日のようすを振り返っていただいた。
大ものに有効なタクティクスとは？

表層で食ったメータークラス

写真・文＝大喜多鋼治（江別市）
Photo & Text by Kouji Ohkita

札幌市内の釣具店で魚の重さを計測してもらうと10kgジャストだった

初夏の磯で

2021年6月10日に「ヒラメーター」と呼べる1mクラスの大ものを釣ることができた。ショアからのヒラメ釣りを始めて10年ほど経とうとしていた当時、それまでの最大サイズは2012年に釣れた72cmだったが、それを9年ぶりに更新。釣れたのは幸運以外の何ものでもないが、このときの状況に大型のヒラメを釣るためのヒントが少なからずあると思うので、当日の釣行を振り返ってみた。

あの日、私は午前2時から寿都の弁慶岬周辺の磯に入っていた。初夏は空が白み始める午前3時頃になるとヒラメのアタリが出ることが多く、その時間帯までは風向きや潮など状況を大まかに把握するイメージでのん

平らな場所が磯になく、キャッチした直後の正確な計測はできなかったが、目算ではメーター超。横並びの50cmオーバーがソゲのように見える（笑）。ヒットルアーはジャンプライズ『かっとび棒』。カラーはサンライズチャート

寿都の弁慶岬周辺の磯に入ることが多い。ヒラメの魚影が濃く、サイズも大きいうえ、ロケーションもよいので最高

びりロッドを振っていた。

意識していた時間帯が近づき、ルアーはジグ、シンキングペンシル、ミノーをローテーション。海底付近、中層、表層をまんべんなく探った。ヒラメ釣りの基本とされるボトムを取ってからのストップ&ゴー、リフト&フォールのほか、この時間帯は海面直下から1mまでの表層を必ず通すようにしている。

私はチャートリュースカラーのシンキングペンシルをキャスト。フェザーリングでイトフケは極力出さないようにし、着水後に即リトリーブ開始。ルアーを深く沈めず、海面直下を引いているときだった。ハンドル数回転で、急にリールを巻く手が止められた。アタリらしき手応えはまったく感じず、最初は根掛かりしたと思ったが、表層を引いているので岩礁帯に引っ掛かるとは考えにくい。半信半疑になりながらリールを巻いた。

すると、かなり重いが少しずつ寄ってくる。水面に浮いている海藻などの大きなゴミを引っ掛けたと思いガッカリ。イトが切れるのが嫌なのでゆっくり回収作業に入ると、数十回転巻いたくらいでグン、グンッといきなりロッドティップが引き込まれた。ここで初めて魚が掛かっていると認識したが、強烈な引きではなく、この時点でも普通サイズの魚にゴミでも絡んだのかなと感じていた。

寄せる間も魚は何度か抵抗していたが、やはりそれほどの大きさとは感じない。が、目前まで来たときに、不意に水面がボワッと盛り上がった。まるで映画で見る潜水艦の浮上シーン。正直、少し恐怖を感じた。

次の瞬間、反転したヒラメの白い腹が見え、今までに目撃したことのない特大サイズだと分かると、全身に鳥肌が立った。

携帯していた玉網は直径60×45cm。これで、それまでは取り込みに苦労したことなどなかったが、このヒラメは縦横とも枠内に収まらない。魚は目前まで寄せたものの、すくうのを断念。ヒラメの頭を沖に向け、網枠をヒラメの頭に引っ掛け、磯に引きずり上げた。すぐに計測を試みたが、魚がバタバタと暴れるうえ、周囲の岩場に平らな場所がなく、正確にメジャーを当てられない。1mを超えていることだけは確認して、血抜きしてから朝マヅメの絶好の時間帯ゆえ釣りを続行した。

その後は明るくなったせいか、表層ではアタリがない。シンキングペンシルで底を取ってからのストップ&ゴーで、3時45分頃に約40cm、4時過ぎに45cmを追加。5時を回った頃にストップフィッシング。気温が上がったなか、重い釣果を背負って岩場を歩いて車まで戻るのはかなり大変だった。

駐車スペースに到着後、改めて計測すると、96cm！経験上、ヒラメは締めると5%以上縮むので、キャッチした直後はおそらくメーター

メータークラスの夢を追えて、60～70cmクラスを現実的にねらえるのがヒラメ釣りの魅力

オーバーだったと思う。帰りに札幌市内の釣具店に寄り、重量を測ってもらうと10kgジャストだった。

表層ねらいの妙

高活性のヒラメは、ときに海底から表層まで一気に浮上してエサを捕食するといわれる。私もそのことに異論はないが、それに加えてマヅメ時などは表層や中層を回遊する個体もいると思っている。

ヒラメは目が上についており、表層にいるときはボトムや中層のルアーを見つけにくいと考えられる。この日も何度かボトムや中層にルアーを通して反応がなく、その直後に表層を通して数回のリトリーブで食ってきた。ねらっていたポイントは水深が5m以上あり、底からアタックしてきた魚なら、その前にヒットしているはず。最初から表層を泳いでいたヒラメが食ってきたと考えるほうが自然ではないだろうか。

なお、磯で表層をねらっていてソゲが釣れたことはまだなく、中層や表層を泳いでいるヒラメはサイズが大きいものが多いと感じる。このヒラメが釣れた翌週、同じような時間帯に潜行深度1m程度、赤金のミノーで53㎝のヒラメをキャッチ。いつも浅いレンジで釣れるとは思わないが、マヅメ時など絶好と思われるタイミングにボトム近辺で反応がないなら、表層をねらう価値はあると思う。

使っているルアーはジグ、シンキングペンシル、ミノー、バイブレーション、ワームなど。さまざまな種類、色を持ち歩いている。表層ねらいなら、潜行深度が浅めのミノーや沈下速度が遅いシンキングペンシルが使いやすい。また、道内だとバイブレーションでヒラメをねらうアングラーは少ないが個人的にイチオシ。ほかのルアーと波動が異なるのか、いろいろ試して反応が遠いときにバイブレーションで貴重な1尾を釣った経験が何度かある。ルアーケースに1つ入れておきたい。

愛用タックルはロッド『ネッサ1003M』(シマノ)、リールは『ステラ4000XG』(シマノ)、ラインは『ピットブル8+』(シマノ)、ショックリーダーは『ポケットナイロン』20ポンド(サンライン)

最後に、ヒラメは釣行データを蓄積することで釣果を上げられる魚だと思う。私はヒラメをねらい始めて1年くらい、まったく釣れなかったが、天候、海況、時間帯、潮回り、使用ルアー、メソッドなどのデータをもとに、しだいに引き出しが増えたことで少しずつ釣果が上向いた。

2021年は24回の釣行で29尾、2022年は19回の釣行で16尾のヒラメを釣ることができた。今後もデータをフルに活用し、再び「ヒラメーター」が釣れるように励みたい。

状況のよい日は時合に連発することもしばしば。朝夕のマヅメ前後、短時間に集中して釣るスタイルで挑んでいる

出掛ける前に分かる
ヒラメ釣りにいい日と悪い日

いつも好条件の日に釣りに行けるとは限らない。ましてやヒラメは海のコンディションに敏感な魚だ。「なるべくいい日に釣りをしたい」。決め打ちをするなら、まずはよく行く釣り場のことを知ること。そして潮回りを確認しよう。

釣行前に分かるのは、天候、波高、風速、風向といった気象に加えて潮回りや干潮時刻、潮位差などの海象、なかには月の出と月の入りまでチェックする人もいる。つまり、魚を取り巻く環境については調べがつく。釣りがしやすいかどうかも分かる。

分からないのは魚（本命とベイトフィッシュの２つ）の状態。それらの動きが最も肝心だが、取り巻く環境から推測は可能だ。

一般的に、潮が動くほうが魚の活性は上がりやすい。光量も少ないほうが魚の警戒心は薄くなる。ベタ凪よりも多少波風があるほうが上層への意識は高くなる。そして、潮回りや干満の時刻が魚の動きに深く関係する。

潮がよく動くのは大潮や中潮だというのは周知のとおり。ただし、大潮では沖の潮だけがよく動き、岸寄りはほとんど動かず潮位のみが変わることがしばしばある。そんな状態だと得てして沿岸の魚の動きは鈍く、好反応は得にくい。

また、満月の大潮は月夜が明るく、フィッシュイーターは夜に活発に捕食行動を取るといわれる。漁師の中には、満月大潮の日は１泊２日で街に繰り出す（漁に出ない）人もいるらしい。理由は、魚が夜に活発で昼は獲れないからだそうだ。

雨や曇天で月がずっと隠れていたなどという場合は少し事情が変わり、日中もまずまずの反応だったりする。

一方で、潮の動きが鈍い若潮や長潮は一般的に釣りにはあまり向かない日といわれる。ただ、潮の動きが緩慢なので時合が長くなるという人もいる。釣り場によっては、いつも流れが速いから、ゆっくりの日こそ釣りやすく、チャンスを拾いやすい場合もある。

いずれにせよこうした経験談から透けて見えるのは、普段の釣り場の状態をよく知っているところだ。地形だけでなく、そのポイントの潮流についてよく心得ている。

もちろん、流れは上げ下げで変化する。一般的に、上げから下げ、逆の下げから上げへの潮変わりは魚が動きやすく、集中して釣りをするべき。あとは、これもよく聞くが「満潮からの下げ」や「上げ七分の下げ三分」はチャンスになりやすい。

各潮回りを、身をもって知り、それらを含めて釣り場を把握するほど予測は立ちやすい。

条件がよくなる日をおしなべて考えると、新月前後の中潮が釣りには向いていると考えられ、これは月に５日ほどある。

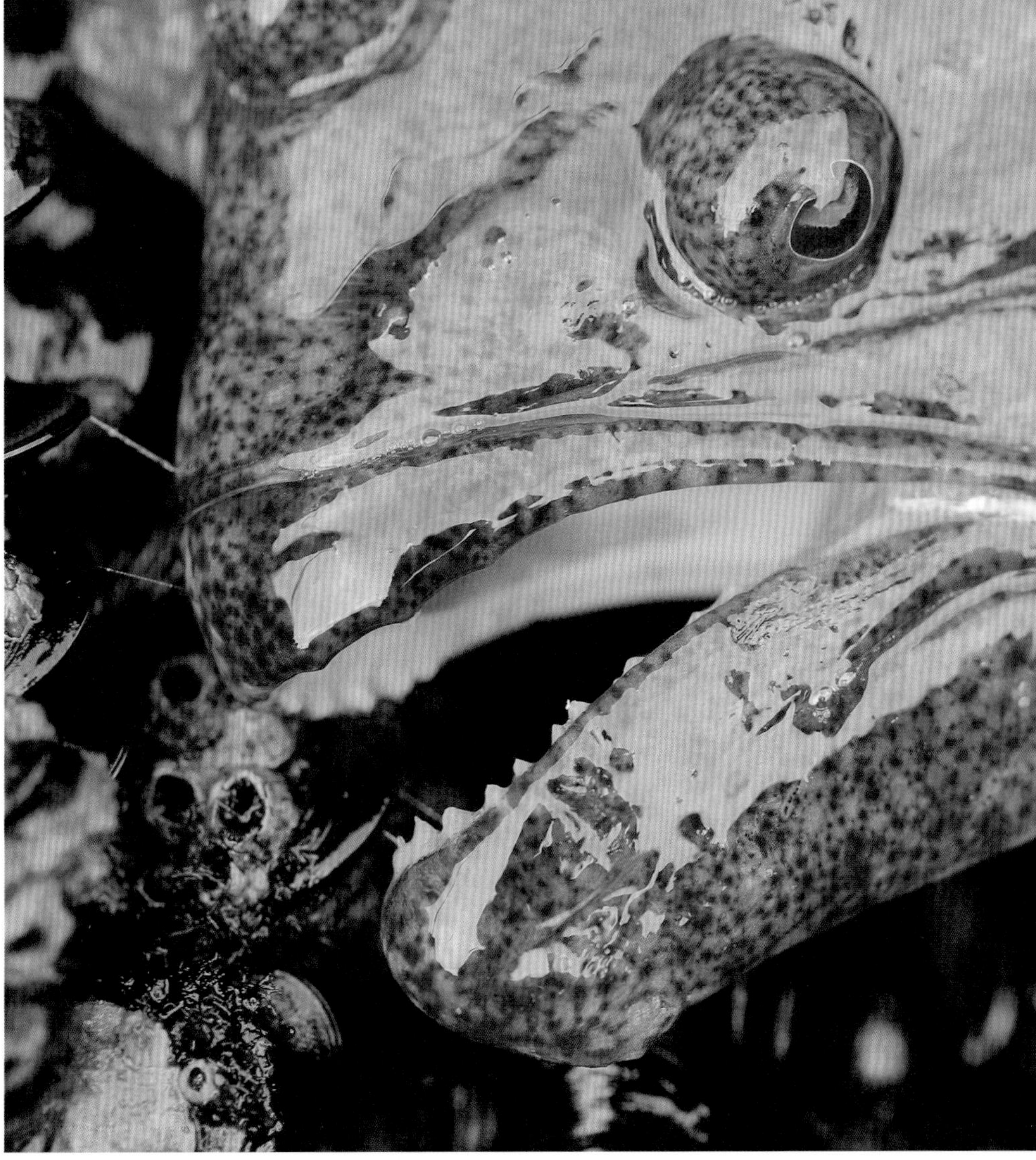

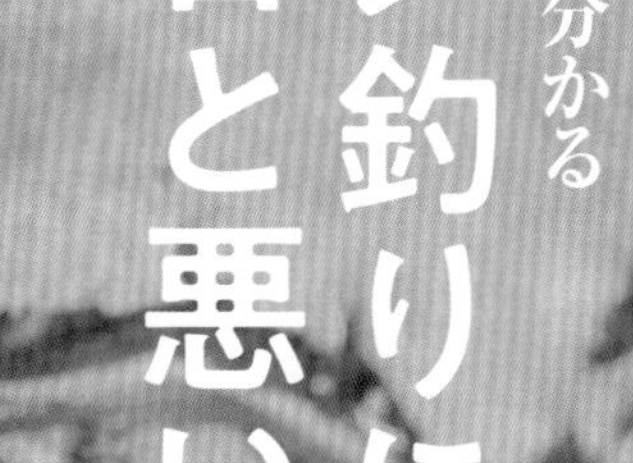

月の引力が潮の干満を起こし、月明かりが魚の夜の行動に関係している。満月で明るい夜が続くときよりは、新月回りの暗い夜が続くときのほうがよい場合が多い

初夏に全集中 〝当たりポイント〟を探しだせ！

ルアーズケミスト代表の青木弘泰さんによると、サーフヒラメで一番重要なのは、足で稼いで釣れるポイントを見つけだすことだという。地元に近い道北エリアで釣果をあげる同氏に要点をうかがった。

道北サーフのヒラメを開拓する青木さんが語る、釣果への近道とは？

解説＝青木弘泰（旭川市）
Comment by Hiroyasu Aoki

シーズン概要

私がショアでヒラメをねらうようになったのは、およそ10年前。当時はあくまで海サクラやロックフィッシュの延長として、積丹半島近辺の磯や漁港で釣っていた。地元の旭川市からアクセスがよい道北エリアの開拓を本格的に始めたのは、５年ほど前のこと。

主な釣り場はサーフ。「道北」と一口にいっても、留萌から天塩までの１００km以上にわたる海岸線にヒラメが潜む。シーズンは５月中旬から７月上旬といったところ。秋も釣れなくはないが、数は少ない。したがって、初夏の盛期に集中してねらうのが吉。

序盤（５月中旬）は海サクラのゲストで釣れることが多く、70cmにせまる大型があがるのもこの時季の特徴だ。ちなみに道北サーフのヒラメは45cm前後がアベレージサイズだと思われる。

６月に入り海水温が上がると、ヒットゾーンは沖の深場に移行。手前では釣りにくくなってくる。サクラマス釣りのプレッシャーでスレが加速することも要因として考えられるが、なにせ遠投がキーとなる。そんな状況が７月上旬まで続く。

ポイント探しは日中に

一番大切なのは、ヒラメがいるポイントを知ること。回遊性が高いサクラマスと違い、1ヵ所でねばっていても釣果には結び付きにくい。とりわけ砂浜は広大なので、足を使ってテンポよく地形をサーチしていく必要がある。ここでいう「サーチ」とは、深場を見つけだすことだ。ラン&ガンをしながら沖め、かつ周囲よりも深くなっている所を探す。前述したように、道北サーフにおける初夏のヒラメは、このような地形変化に付いている場合が多い。

ちなみに、ポイント探しは基本的には日中に行なう。よい時間帯に実績ポイントに入る際の〝下見〟の意味合いが強いが、サーフは時合が昼間に当たるケースもある。とくに中潮の「下げ8分」や「上げ8分」は、経験上よく釣れる。

「釣れない時間に歩き続けるのは大変そう」とか「そこまで労力をかけたくない」などの声が聞こえてきそうだが、思ったよりハードルが低いのもサーフのよいところ。宝探し感覚で楽しむことができるし、一度見つけたポイントの地形は、よほどのことがない限り変わらない。自分なりのデータを蓄積させていく充実感もある。

食い上げを意識して

日中の探り方としては、底どりが早い（手返しのよい）重めのジグを使うのがキモ。飛距離を重視しているということもあるが、軽いルアーは潮が速いと流されやすく、地形変化の把握が曖昧になってしまうからだ。

私の場合、『ダイレクトリィーアンダー（ディアン）ワイド45フラットモデル』で釣りを始める。ルアー操作の要はストップ&ゴー。このとき、キャスト後の着水から着底までのカウントはおおまかな判断基準としてとらえる。というのも、ラインスラックや波風の影響、ジグの着水姿勢などで正確性に欠けるため。着底後にストップ&ゴーを一定回数繰り返し、ストップから着底までのフォールカウ

道北サーフは飛距離と手返し、そして底どりが肝心であるため、10〜11フィートで50g程度のジグがフルキャストできるロッドを選ぶ。ラン&ガンのことを考えると、より軽量のものが好ましい。根がないので、リールは2500番クラスのボディーで問題ない。ロッドとの兼ね合いを見ながら、より疲労感が少ないタックルセッティングを重視する。メインラインはPE1.0号に、ショックリーダーはフロロカーボンの17.5ポンド。巻きアワセの釣りには、ナイロンより伸びの少ないフロロカーボンが向いている

◎使用タックル
ロッド：ルアーズケミスト『アウロラ ノーザンウォーク106ML』
リール：シマノ『ツインパワー XD 3000HG』
ライン：バリバス『VARIVAS 4 ウォーターブルー』1.0号
リーダー：クレハ合織『シーガー プレミアムマックスショックリーダー』17.5lb

ルアーローテーション

【基本】

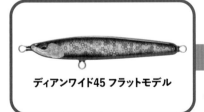

ディアンワイド45 フラットモデル

→ スローに誘う

ディアンワイド40

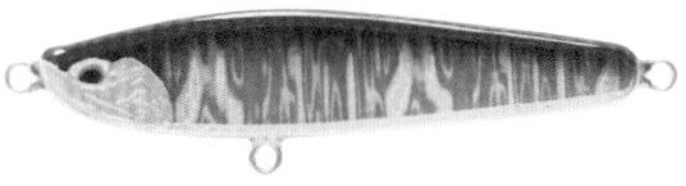

ディアンスーパーワイド45 フラットモデル

→ シルエットを落とす

クレセント35 フラットモデル

基本となるのは『ディアンワイド45 フラットモデル』だが、これで反応がない場合は『ディアンワイド 40』に替える。ともに92㎜とサイズは同じでも、ウエイトを下げ、フォールスピードを長くすることによってアタリが出ることも少なくはない。また、じっくり誘うという点では『ディアンスーパーワイド45 フラットモデル』も有効。これでもダメなら『クレセント35 フラットモデル』でシルエットを小さくしてみる。同じポイントでもフォールスピードやルアーサイズを変えながらアタリをとっていくことが重要

【遠浅サーフ】

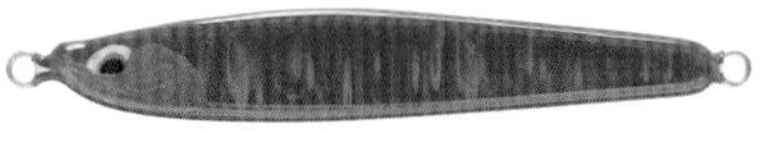

ディアンワイド30

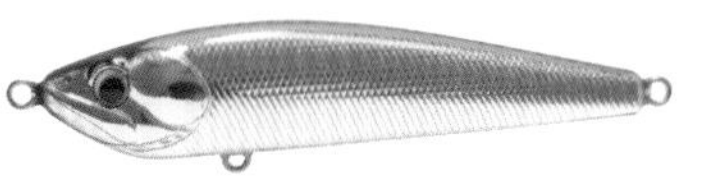

リザルト35

『ディアンワイド30』や『リザルト35』などの滞空時間が長く、立ち上がりのよいルアーであれば、浅場でもフォールを活かした釣りが展開できる

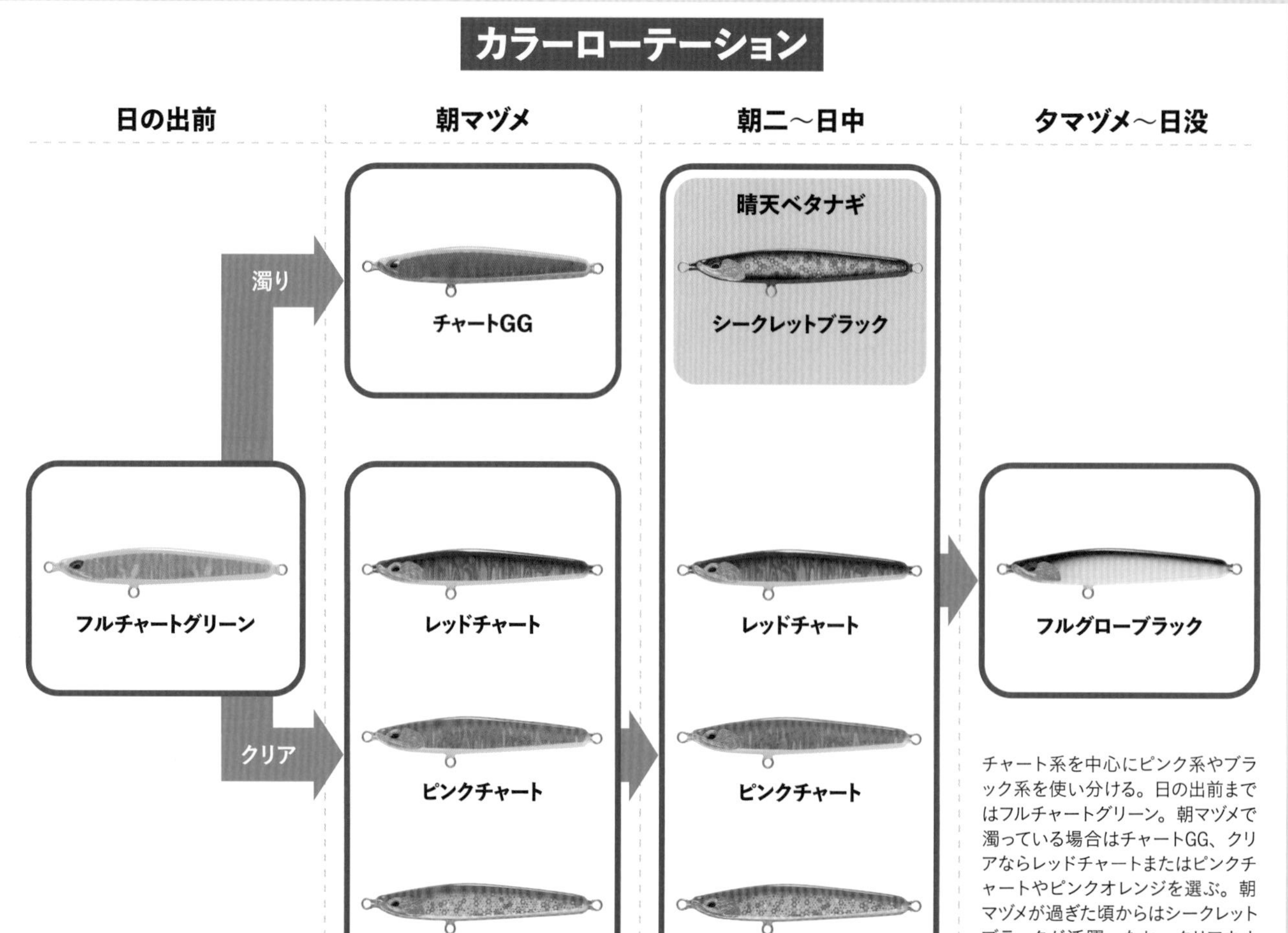

チャート系を中心にピンク系やブラック系を使い分ける。日の出前まではフルチャートグリーン。朝マヅメで濁っている場合はチャートGG、クリアならレッドチャートまたはピンクチャートやピンクオレンジを選ぶ。朝マヅメが過ぎた頃からはシークレットブラックが活躍。なお、クリアウオーターで使うレッドチャート、ピンクチャートやピンクオレンジは“朝二”まで引っ張ることができる。タマヅメはフルグローブラックがおすすめ

ントを相対的に判断し、地形を見極める。

　リトリーブは5〜7回。ヒラメは追う距離が長いことを嫌がるのか、それ以上だと反応が悪くなる傾向が見られる。また、キャストから回収まで（ストップ&ゴーの一連）のリトリーブ回数は一定にすることも肝。そして、着底させるときはラインテンションを抜きぎみにストンと落としたほうが反応がよい。追っているヒラメの口もとに、バックスライドでジグが送り込まれるイメージが理想的。『ディアンワイド45フラットモデル』は後方重心設計で、このイメージを具現化させやすい。ロッドティップを立てながら巻き、できる限り高低差をつけたフリーフォールを心掛けたい。一方で、テンションフォールだとジグが潮流を受け、流れの方向に落ちていきがち。よって、ヒラメが食い上げてきたとしてもミスバイトになりやすい。要するに、なるべく縦方向にジグを落として食いやすくさせることが大切だ。

　ここまで日中の釣り方を説明したが、マヅメ時となれば少し話が変わってくる。とくに早朝や夕方のヒラメはボトムから離れ、ベイトを果敢に追いかける習性がある。そこで効果的なのがリーリング主体の釣りだ。

　ストップ&ゴーと違う点は、フォールをさせないこと。5回巻くとしたら、最後の1回転で完全に止めるのではなく、4回転半の残り1/2回転をむしろ速く（強めに）巻く。このときに起こるイレギュラーアクションが一瞬の食わせの間となり、ヒラメの捕食スイッチが入る。もちろん昼間でもヒラメが手前にいる場合は有効なの

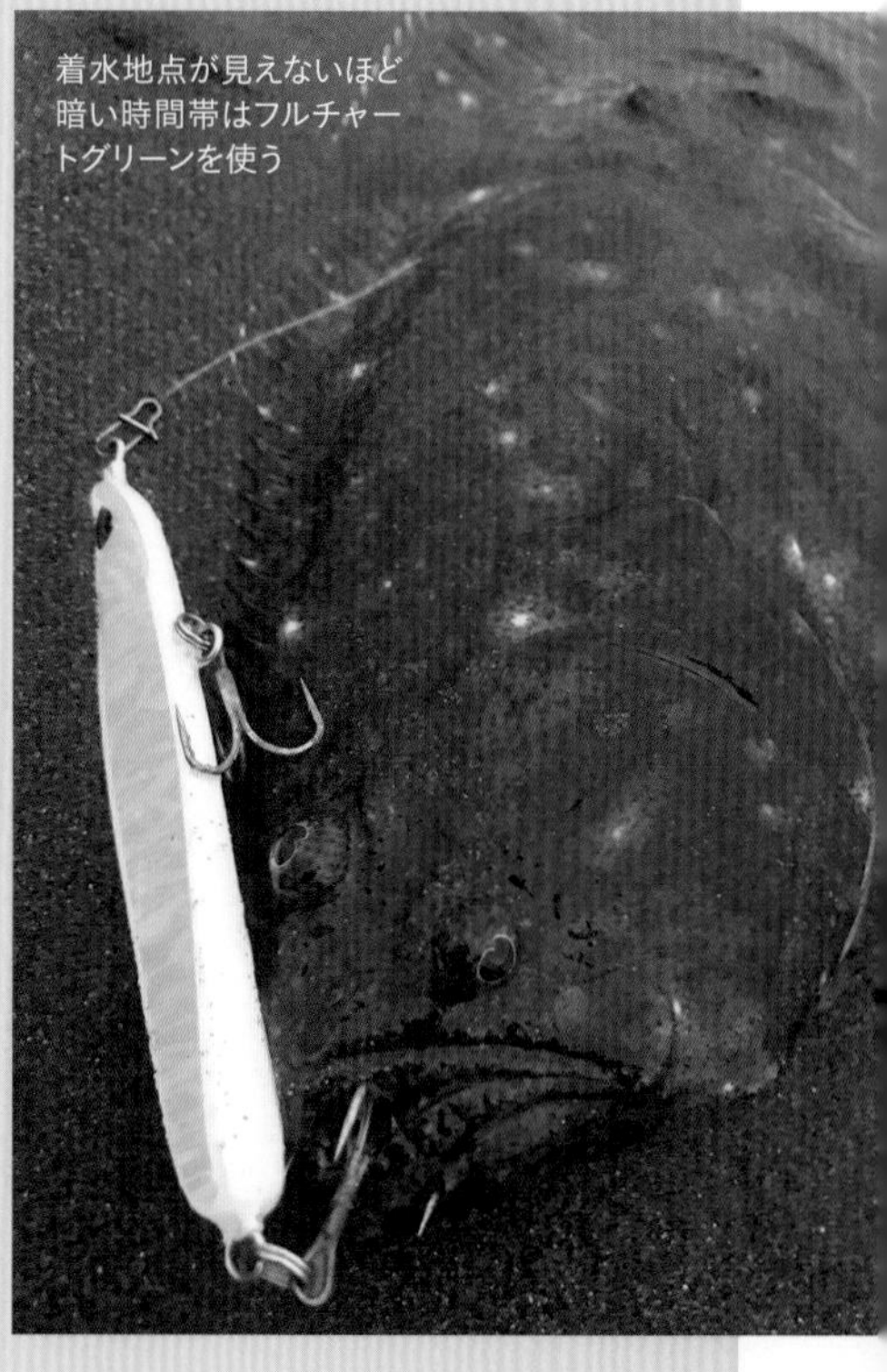
着水地点が見えないほど暗い時間帯はフルチャートグリーンを使う

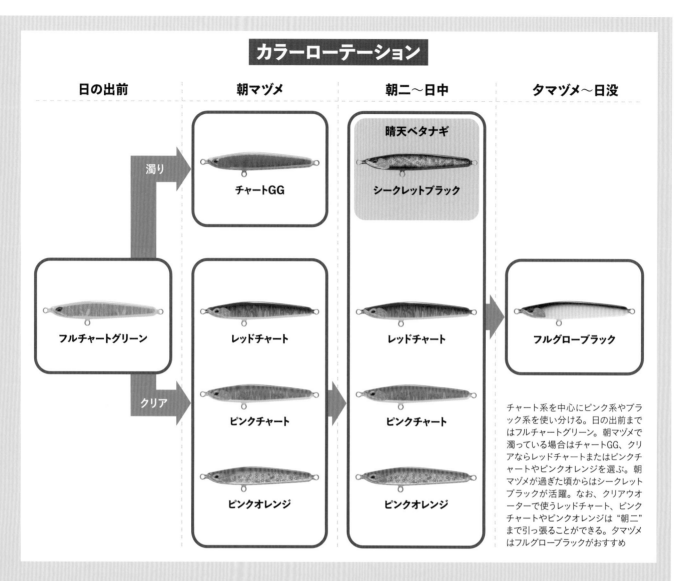

で、地形や水深に合わせてアクションを使い分けたい。

ところで、「ヒラメ=フッキング」と考える人が多い気がするが、ジグの場合は巻きアワセのほうがフックアップ率は上がる傾向にあると私は考える。フッキングを意識するとバイト時の違和感で早アワセするなど、せっかくのヒットチャンスを逃す場合も多い。よって、バイト時はフッキングせず、充分に食い込ませてロッドに重みが乗ってからリールのハンドルをグリグリと回す程度でよいと思う。この要領でフッキングに至らなかった場合、2〜3回転程度のリトリーブで素早く立ち上げてからフォールさせることによってリカバー（再度バイトが得られる場合）できることもある。ぜひお試しいただきたい。

要のディアンワイド

ポイント選びのためにラン&ガンに勤しむ際は、ルアー交換をすべきではない。というのも（当たり前の話ではあるが）着底スピードが変わり、正確な地形の判断ができなくなるからだ。ただ、有望な地形変化を見つけたあとは、ルアーローテーションが一気に重要性を帯びてくる。

ヒラメに限っては波動が強くよく目立つルアーこそよく釣れるイメージがある。ゆえにディアンワイドシリーズを中心にローテーションを組む。

『ディアンワイド45フラットモデル』が基本だが、これで反応がない場合は『ディアンワイド40』に替える。両者ともに92㎜とサイズは同じでも、ウエイトを下げ、フォールスピードを長くすることによってアタリが出ることも少なくはない。また、じっくり誘うという点では『ディアンスーパーワイド45フラットモデル』も有効。文字通り幅が広いので水受けがよく、スローな釣りが展開できる。

それでもダメならサイズ感の問題かもしれない。『クレセント35フラットモデル』でシルエットを小さくしてみる。このように、同じポイントでもフォールスピードやルアーサイズを変えながらアタリをとっていく。

なかにはタックル的に45g前後のジグを中心に使うのがしんどかったり、「遠浅サーフがホームフィールドの私はどうすれば……？」という方もいらっしゃるだろう。その場合は『ディアンワイド30』や『リザルト35』などの滞空時間が長く、立ち上がりのよいルアーが効果的。浅場でもフォールを活かした釣りが展開できる。ワームを併用する人にもおすすめだ。また、道北サーフでもとくに序盤（5月中旬）で活躍する。

次にカラーローテーションに関してだが、チャート系を中心にピンク系やブラックを使い分ける。日の出前のまだ暗い時間帯はフルチャートグリーン。着水地点が見えるくらいに明るくなってきた段階で、次の一手は分かれる。濁っているならチャートGG、澄んでいるならレッドチャートといった具合だ。しかし、海がクリアなときに顕著だが、反応が赤系ではなくピンク系に偏ることがある。そんなときはピンクチャート、またはピンクオレンジを選ぶ。

朝マヅメが過ぎたあたりから有効なのはシークレットブラック。晴天ベタナギなら、デイゲームに強いカラーだ。なお、クリアウオーターで使うレッドチャートやピンクチャート、ピンクオレンジは“朝二”まで引っ張ることができる。

タマヅメについては、フルグローブラックが圧倒的な効果を示す。日が沈み、辺りが暗くなるまではその一択がおすすめ。ただ、20〜21時を過ぎると一気にジグへの反応が悪くなるため、ワーム等に切り替えるか早めに切り上げ、次の日の朝に備えたほうが賢明かもしれない。

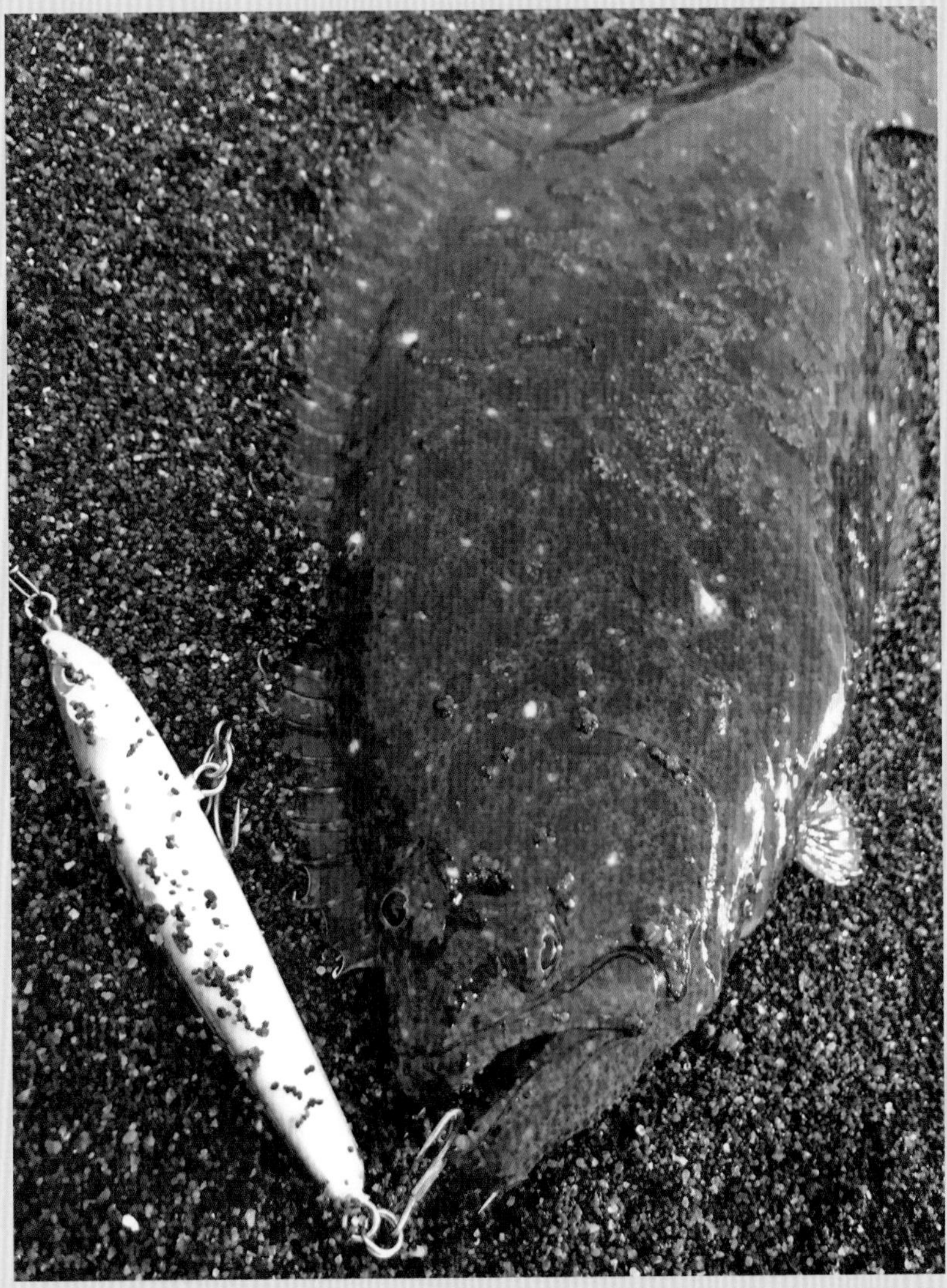

辺りが暗くなるまではフルグローブラックがおすすめ。20〜21時を過ぎると、一気にジグへの反応が悪くなる

漁港のヒラメ釣りは、なんといっても車から降りてすぐスタートできるのが魅力。ポイントまでの道のりが整備されているため、誰でも手軽に行なえる

お手軽釣り場を探るなかで!!

80オーバーもねらえる 漁港の釣りを徹底解説!

漁港は人工的に造られた構造物なので、初めて訪れた場所でもポイントを読みやすい。足場がよく、初心者でも釣りをしやすいといえるが、そんな場所でも80cmクラスがねらえるのが北海道。手軽かつ夢がある漁港の釣りについて、その基本を解説。

写真・文＝玉川正人（洞爺湖町）
Photo & Text by Masato Tamagawa

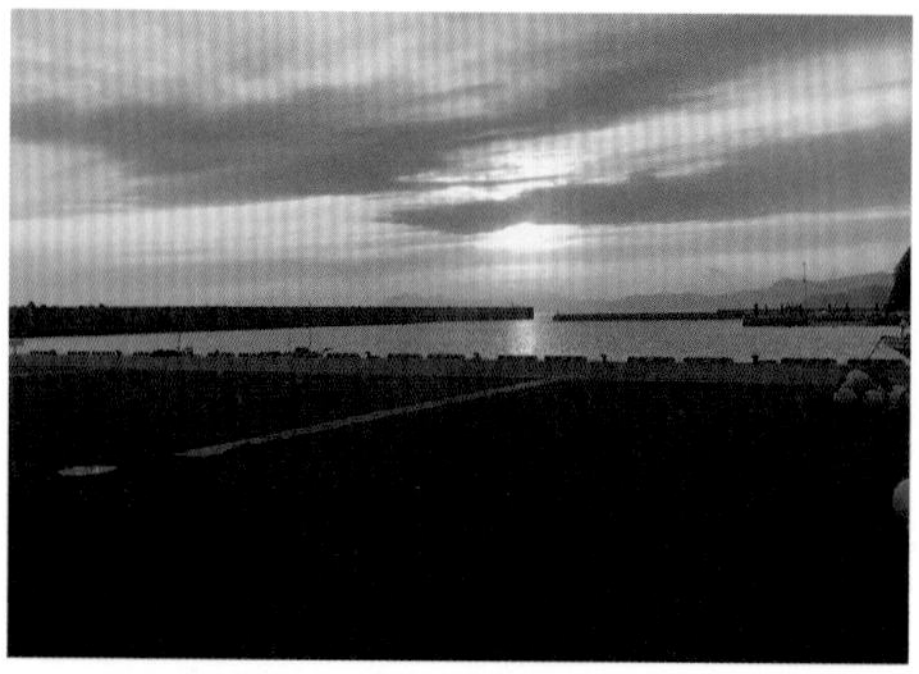

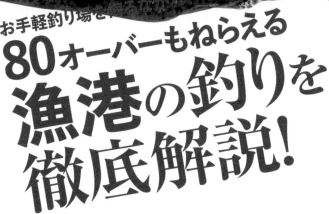

人工物である漁港は、だいたい構造が決まっている。ベイトの溜まり場、通り道を想像しながらポイントを探したい

人工物ゆえポイントが絞りやすい 漁港のタクティクス&シーズン

私のホームグラウンドは室蘭〜豊浦漁港。港の近くに河川が多く、栄養豊富な海域だ。そのためヒラメ自体もそうだが、チカやイワシのようなベイトの数、質も非常によい。当エリアでは座布団クラスのヒラメの実績が多い。

同エリアでは、室蘭以外は遠浅で起伏はそこまで激しくはない。ゴロタ場や岩礁帯等、特徴がはっきりとした地形が多いため、ねらいどころが分かりやすいと思っている。ほとんどの堤防の高さが低く、ランディングがしやすい。室蘭港や消波ブロック帯では、タモのシャフト長が5〜6m必要な所があるが、それ以外の噴火湾の漁港では3〜4mのもので問題ない。

漁港は当然のことながら人工物で、ある程度構造は決まっている。ベイトの溜まり場、通り道を知ることで、初見の場所でも対応がしやすい。たとえば砂が巻き上げられて地形が掘れやすい船道周辺のブレイク、基礎ブロックの上、ブロックと砂地と、遠距離から足もとまでさまざまなポイントで攻略法を組み立てられる。

このような地形変化の他に、堤防の出っ張りのような潮が渦巻きやすい場所も好ポイントだ。とくに船道に多いが、海面を見ると潮の流れの方向は一定ではなく、反転流もできることが多いため、どちらの流れもねらってみたい。つまり海面の動きにも注目すべきだ。

またヒラメはベイトに依存する魚だと思うので、ベイトの位置や動きは大事。海面でピチャピチャとベイトが跳ねたり、もじったりするような波紋には要注意。海中の見える範囲も確認し、状況把握に努めたい。

私がヒラメをねらう時期は、5月下旬から8月中旬まで。秋も釣れなくはないと考えているが、釣りやすいのはこの季節で、お盆を過ぎたあたりから釣果が著しく減少する印象である。

ヒラメシーズンはロックフィッシュのトーナメントと重なるので、釣行回数は決して多くはないが、最大魚は2017年7月に室蘭港で釣りあげた87cm、6・4kgだ。

イズム『フラテリス5.5インチ』では、取材時に84cmをキャッチした。詳細は64ページにて

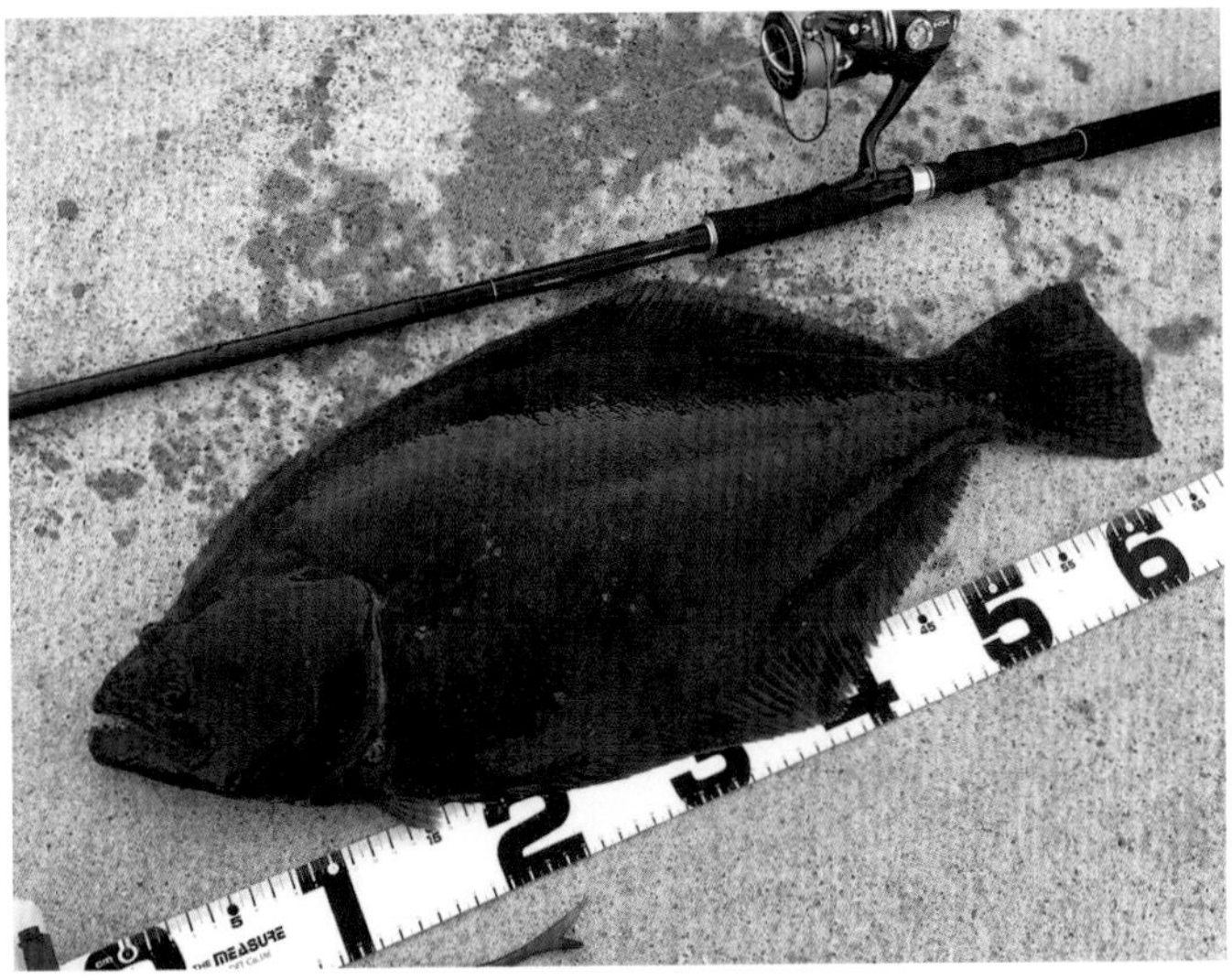

2022年6月13日、虻田漁港大磯地区にて67cm

TACKLE
ロッド：シマノ『ディアルーナ S110M』
リール：シマノ『ツインパワー XD 4000XG』
ライン：Y・G・K『エックスブレイド アップグレード×8』1.2号
リーダー：クレハ合繊『シーガー R18 フロロリミテッド』16lb
ジグヘッド：オーナーばり『カルティバ 静ヘッド』36g
ルアー：イズム『フラテリス5.5インチ』#9 プロブルーシャッド

朝夕のマヅメ時だけじゃない？潮の流れの「変化」を意識

ヒラメの時合について解説すると、潮回りとしては潮止まり前後の約1～2時間。いわゆる「上げ3分、下げ7分」といわれるタイミングは好機。実際に私もこのタイミングで釣れることが多い。釣りではよく「変化」が重要視されるが、これは地形等の変化だけでなく、潮流の変化についても同様だと思う。上げ5分、あるいは下げ5分のような流れの強さが一定になりやすい時間帯よりも、流れの強さが変化していくタイミングで食いが立つと考えている。

また朝マヅメ、夕マヅメは時合としてはよく知られるが、日が上った後も釣れるタイミングはあるように思える。これは前述のように潮流の変化が要因だと思う。

あくまで私の経験からの話だが、座布団クラスの大型ヒラメが釣れるタイミングは、だいたい10時から14時の間であることが多い。統計を取ったわけではないので、あくまで想像の域を出ないが、マヅメに釣れるヒラメは40～60cmの個体が多いように感じている。個体のサイズにより生活様式、捕食の仕方や場所、時間帯が多少違うのではないかと思う。その魚が生きてきた年月と、それに比例する経験の差が関係しているのかもしれない。

これらを踏まえて、私は潮回りしだいでラン&ガンでねらうか、時合待ちをするか切り替えている。

時合の時間以外はラン&ガンを繰り返し、ベイトの入りぐあいや地形を確認する。これによって、時合待ちをするためのよりよい条件の場所を決めている。

待ちの場所が決まれば、時合と思われるタイミングの30分から1時間前にそこへ入り、タイミングをうかがうようにしている。時間的余裕を持って本命ポイントに入ることにより、移動で間に合わずに時合いを逃してしまうというようなミスも減る。

ヒラメのベイトとそれを意識したルアーアクション

噴火湾、室蘭でのメインベイトは、チカやマイワシ、ニシンが多く食べられていると思われがちだ。だが実際には、ヒラメの胃から出てくるのは小型のサバやカレイ、エゾメバルも出てくる。座布団クラスの大ものに至っては、大きなウグイ等も出てきて、バラエティに富んでいる。食べやすさや好みで偏りはあるかもしれないが、基本的には自分より高い位置にいる動く魚なら何でも捕食する貪欲さがあるのではないかと思う。

このことを考えると、釣り方としてはリフト&フォール、ストレートリトリーブ、ストップ&ゴー、ワインド等のルアーを浮かせた釣りがマッチする。私の場合は基本的にはストレートリトリーブ、ス

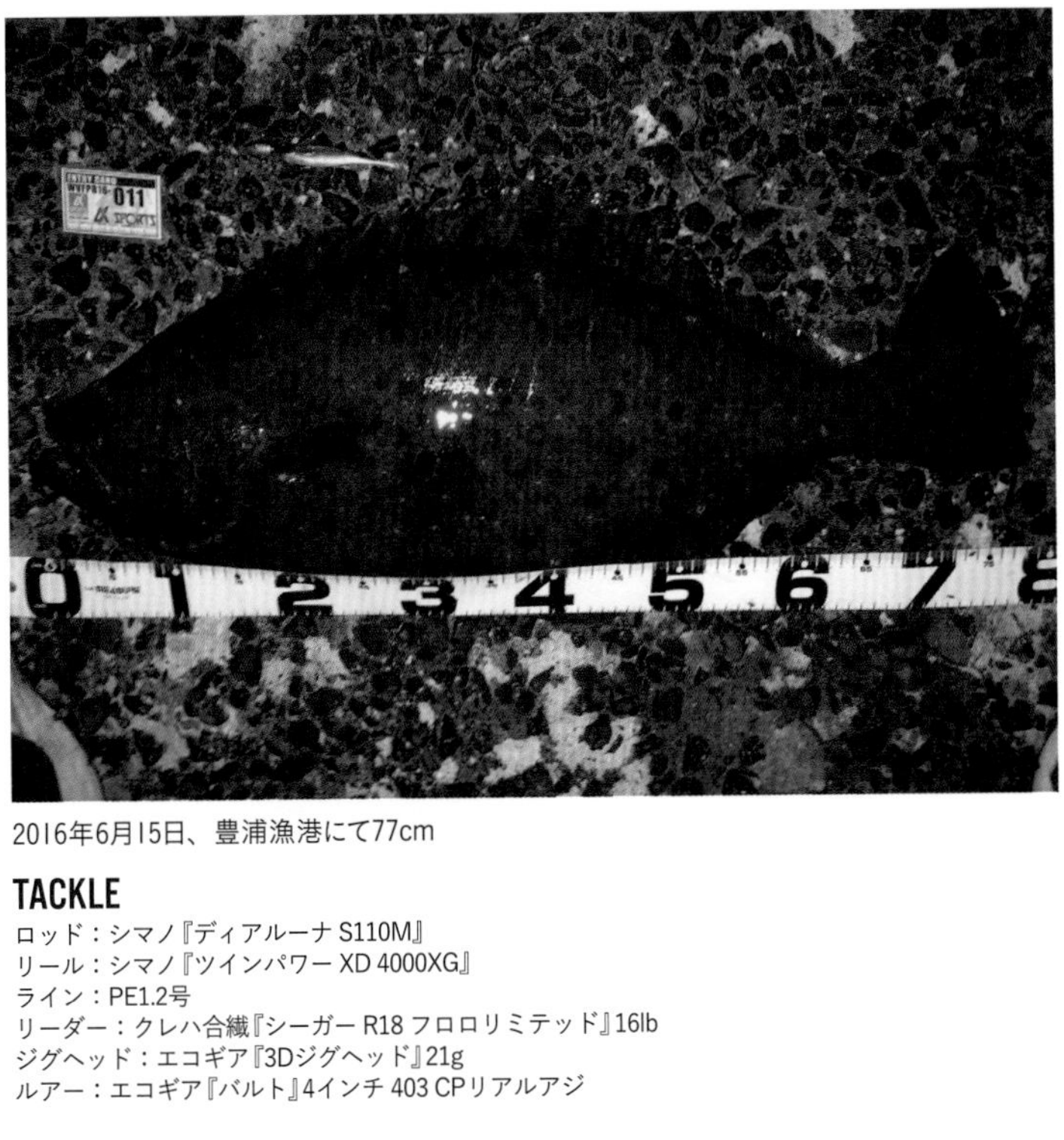

2016年6月15日、豊浦漁港にて77cm

TACKLE
ロッド：シマノ『ディアルーナ S110M』
リール：シマノ『ツインパワー XD 4000XG』
ライン：PE1.2号
リーダー：クレハ合繊『シーガー R18 フロロリミテッド』16lb
ジグヘッド：エコギア『3Dジグヘッド』21g
ルアー：エコギア『バルト』4インチ 403 CPリアルアジ

誰もがエントリーしやすそうで、一見フラットに思える漁港にも、大ものは潜む。できる限り放射状にキャストし、まんべんなく探るようにしたい。写真は豊浦漁港・豊浦フィッシャリーナ

トップ＆ゴーの釣りをしている。

方法としてはねらうべきポイントの10ｍほど先までキャストして、ラインが水になじんだらリトリーブ。ルアーを引くレンジが安定した状態を作ってポイントを通過させる。最大限そのルアーの効果を発揮させるようなイメージで、おいしいポイントを通過させたい。

重要なのがレンジキープ。活性の高いヒラメは、ボトムからかなり離れていてもヒットすることがある。しかしエサを活発に追わず、ボトムで待ち伏せをしているような時間帯でも釣果を上げるには、ボトム付近（ボトムから50㎝以内が目標）のレンジキープに分がある。

レンジキープのためのリトリーブスピード調整方法としては、ボトムにルアーが着いた状態からリトリーブし、ストップしてからボトムに着くまでの時間を計る。長いリトリーブをしても、その後ストップしてから着底までの時間が変わらなければ、底からルアーまでの距離はほぼ一定だと考えられる。ハンドル5回転↓着底↓10回転↓着底といったぐあいで、徐々にハンドル回転数を増やして確かめるとよい。ルアーの種類にもよるが、私はこの着底までの時間が約0・5秒以内になっているかどうかを目安にしている。ちなみに、この確認のためにストップした際にバイトがあることも少なくない。

ワームは形状をよく観察 カラー使い分けの基本とは？

私が使用するのは主にワームで、ジグヘッドリグを多用している。

ワームは主にシャッド系、スティック、ピンテール系の4～6インチを軸にしている。同タイプでも、とくにシャッド系に関しては動きにウオブリング、ローリング等の違いがあったり、ジグヘッドとの組み合わせでスピードが変わるなど、アクションが異なることがある。潮流の速さに合わせ、引き抵抗の強さで区別するようにしている。そのためには各ワームのテールの大きさやテール前のくびれの長さ、ボディー形状、マテリアルの硬さといった特徴を押さえておく必要がある。

ジグヘッドは21～40gを、水深やねらいのポイントまでの距離により使い分けている。飛距離についてはビフテキ等のテキサス系リグには敵わないが、ジグヘッドリグはスイミング姿勢の安定、フッキング性能が高い。またテキサスリグにおけるオフセットフックに比べて、掛かり所によってはヘッドがヒラメの噛み合わせを阻止するかたちになる場合がたまにあり、鋭い歯でラインが切られてしまうことが減るようだ。

カラーに関してはそれほど考えておらず、とにかくヒラメに発見されるよう目立つものを使用している。光の強さによってコントラストの強さ、反射の強さを変えている。

簡単に解説すると、チャート系はマヅメや日が出ていない時間帯、あるいは濁りが強いときに使用。ブラック系は日中のような光量の多い場合や、濁りの強いときに使用している。フラッシング系は日光を反射して目立つので、日中の光量が多い時間帯、光が深くまで届きやすい水質がクリアな場合に使用している。

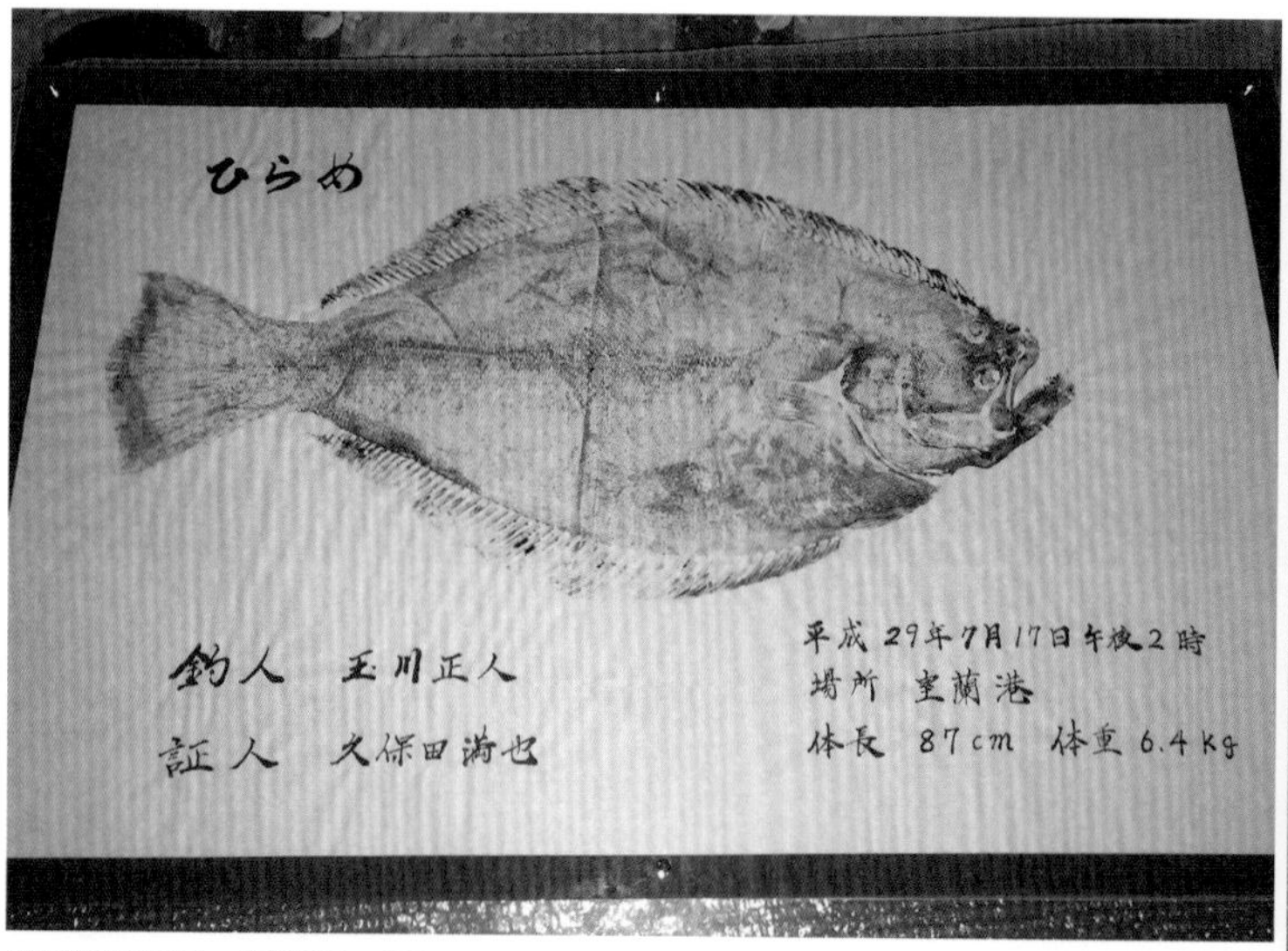

2017年7月17日、室蘭港にて87cm

TACKLE

ロッド：シマノ『ディアルーナ S110M』
リール：シマノ『ツインパワー XD 4000XG』
ライン：PE1.2号
リーダー：クレハ合繊『シーガー R18 フロロリミテッド』16lb
ジグヘッド：ダイワ『フラットジャンキージグヘッドSS』#4/0、35g
ルアー：エコギア『バルト』4インチ 403 CPリアルアジ

玉川さんの最大ヒラメは、この87cm6.4kgで、記念に魚拓も取っている。手軽でいてこんな大型の釣れる可能性もあるのだから、漁港の釣りは魅力的だ

2019年7月6日、室蘭沖堤防にて75cm

TACKLE

ロッド：シマノ『ネッサ S906MML』
リール：シマノ『エクスセンスCI4+ 4000XGS』
ライン：Y・G・K『エックスブレイド アップグレード×8』1.2号
リーダー：クレハ合繊『シーガー R18 フロロリミテッド』16lb
ジグヘッド：FARSIDE『シュートヘッド』20g
ルアー：エコギア『パワーシャッド』5インチ 440 常磐プレシャスオレンジ

この魚は釣れたときの状況があまり経験したことのないパターンで、ハッキリと覚えているので解説を……。朝5時頃、沖堤防の外海側に立ち50m程投げてボトムスレスレを巻いている最中、足もとに大量のカタクチイワシの群れが入り始めた。この群れの下にヒラメは付いているだろうと容易に想像できる、あまりにも条件のよいシチュエーションに遭遇。遠くから巻いてきて、群れの下に差し掛かった所で、大量のカタクチの中に存在が埋もれないよう、リグを目立たせるように速巻きして急浮上させた。リグが見えてきたところで大きなヒラメが後ろからチェイスしてくるのが見えて驚き！　追い込まれてとまどう小魚をイメージするように、水面直下でストップを掛けた瞬間、追いかけるスピードそのままにスッとバイト。急激に下に突っ込まれるのを、何とかドラグとロッドワークでいなしてキャッチした（玉川）

ラン&ガンしやすいタックルと装備 大型をねらうならタモ枠80cm以上！

使用タックルは、ロッドが9~11フィート。M~MHクラスのヒラメ専用ロッドかシーバスロッドを選んでいる。前述のとおりジグヘッドを多用しているため、ロッドはジグ単の操作性が高く、かつフッキングでハリ先に力を掛けやすい、全体的に張りが強いものを好んで使っている。

リールは4000番で、ジグ単の引き抵抗や潮の流れの変化を感じ取りやすいギア比の高いものを好んで使っている。PEライン1~1・2号。リーダーはフロロカーボンまたはナイロンの16~20ポンドを1ヒロ接続する。

ヒラメをねらっている以上、最大で1mクラスのとんでもない大型がヒットする可能性はある。とくにファイトの終盤、足もとでのバーチカルなやり取りを強いられる漁港では、魚体の水の抵抗が強く浮き上がらせるのも一苦労。パワーで負けしてモタついてしまうと、その分障害物にラインが絡んだしりて、バラシやラインブレイクといった悔しい結果になりかねない。千載一遇のチャンスを棒に振らないよう、常に大型を意識し、強度に余裕のあるタックルセッティングを心掛けたい。

長いロッドでのキャスト、リトリーブの繰り返しになる釣りのため、私の場合は肩に掛かる負担を極力減らしたいと考えている。そのためライフジャケットは膨張式の腰巻きタイプやレッグバッグを使用。重心に近い骨盤周辺に装備をまとめることで疲労を軽減し、ラン&ガンが飛躍的に楽になる。結果的に釣りの集中力が持続する。ルアーはケース1~2個に収めるよう厳選し、荷物の軽量化を図るのもおすすめ。

タモは60cm枠がポピュラーだが、80cmを超えるような座布団クラスの場合、枠や枠付近の網に魚体が引っ掛かりやすく、ネットに入れづらくなる。90cmからメータークラスとなるとランディングは困難を極めるのではないかと思う。私自身まだそこまでの大ものは釣れていないのであくまで想像だが、千載一遇の大ものをキャッチするには80cm以上の枠が必要ではないかと考えている。魚の重量もかなり重くなるため、シャフトやジョイントなどの強度が高いものをそろえたい。

手軽なのに大型の夢もある 初心者もベテランも漁港へGO！

漁港のヒラメ釣りは、なんといっても車から降りてすぐスタートできるのが魅力。ポイントまでの道のりが整備されているため、誰でも手軽に行なえる。そのため「仕事が終わって帰るまでの間にちょっと寄って行こうかな……」なんてことも可能。気晴らしにももってこいである。

それでいて、大型が釣れる可能性もある。アフター5のちょっとした時間でも、どんなエキサイティングな展開が起こるか分からない。そんなドキドキが味わえるのも大きな魅力といえる。手軽でエキサイティングなうえに食味は非常によく、釣った後の楽しみも大きい。

また人工的なフィールドゆえに、ゲーム展開を組み立てやすいため、「偶然釣れた！」よりも「考えて釣った！」感が強い。こういった理由から、初心者からベテランまでも足を向けたくなる魅力が、漁港にはあるのだと思う。

長いロッドでのキャスト、リトリーブの繰り返しとなる釣りなので、玉川さんは肩に掛かる負担を極力減らしたいと考えている。そのためライフジャケットは膨張式の腰巻きタイプやレッグバッグを使用する

釣れたらデカい

室蘭港でヒラメ84!!

迫力が半端ない、84㎝のビッグなヒラメ。ショアから釣れるサイズとしては最大級といえるだろう。「本当バレなくてよかった……」と玉川さん。プレッシャーから解放され、手足が震えていた

西胆振方面のショアヒラメが熱い。数は豊浦、型は室蘭。ヒラメフリークはそう話すが、玉川正人さんに同行した7月上旬、室蘭港で超大ものが姿を現わした！その一部始終をレポートしたい。

Photo & Text by Takanori Nakagawa

豊浦町の大岸漁港。ヒラメは港内でもチャンスがある。船道などボトムに変化のあるポイントを探りたい

洞爺湖町の虻田漁港大磯地区も実績のあるフィールド。この日は外海側のシャローエリアをねらってみた

MEMO

室蘭港(室蘭市)

道内有数の大型港だが、近年は絵鞆漁港が立入禁止になり、ヒラメ釣りが楽しめるのは崎守埠頭や西1号埠頭など。ほかにも立入禁止の指示があれば従うこと。大型船が停泊するので、船の出入時には場所を空けるなど作業の妨げにならないようにしたい。トイレは『道の駅みたら室蘭』にある

数か型か

夏が近づくと各所からヒラメの情報が舞い込んでくるが、そのなかでも注目の的は豊浦町から登別市にかけての西胆振方面。豊浦町の大岸海岸はヒラメのメッカとして知られているが、近年は大岸漁港や虻田漁港など港での釣果も上々。そして大ものが期待できると一躍有名になったのが室蘭港だ。

室蘭港は以前から沖堤や北外防波堤の外海側で良型があがっていたが、年を追うごとにポイント開拓が進み、今では港内でもよく釣れている。サイズもよく、アベレージは60㎝ほど。「40㎝以下は滅多に釣れません。50〜70㎝台がほとんど」と言うのは、同港でコンスタントに良型をキャッチしている、洞爺湖町の玉川正人さん。

7月上旬、玉川さんと待ち合わせたのは豊浦町の礼文華海岸。日の出が午前4時4分、4時33分が干潮。ほぼ干潮の潮止まりから釣りを始めた。

てっきり室蘭港を釣ると思っていたが、ヒット率の高さは豊浦方面に軍配が上がるとのこと。「室蘭は釣れたらデカいのですが、数は豊浦にかないません。取材中に何とか1尾出したいので」と玉川さん。

日が上り、海の状況を確認すると、前日のウネリが残って波は高め。波打ち際には海藻や流木が打ち上げられている。大岸海岸もウネリがあり、迷わず大岸漁港にハンドルを向ける。

まずは港内から船道にかけて丁寧に探る。

「港でのヒラメねらいは、テキサスやビフテキリグでリフト&フォールまたはストップ&ゴーが主流。その次にジグヘッドリグでスイミング、メタルジグを使っている人も見ます。私もだいたい同じ釣り方で、ボリュームのあるワームをジグヘッドにセットし、スイミングでねらうことが多いです」

大岸漁港では5インチを中心にローテーションする。ひととおり港内を探ったところで、外海に面した防波堤の先端が空いたので移動。水深があり、潮通しがよく期待が高まるが、

室蘭港の崎守埠頭は水深があり、重めのリグがベター。手前のボトムは起伏が激しく、根掛かりに注意。ヒット後は素早く魚を浮かせたい

「ヒット〜、間違いなくヒラメです」。移動した先の1投目、いきなり食ってきた。この時点では余裕の玉川さんだが……

「お〜、いい引き〜！ あれ、デカいかも？」。トルクのある引きに緊張が走る。底は障害物が多く、早く浮かせないと危ない

「重い、これ座布団級ですよ！」。慎重に底から離そうとするが、かなりの重量感で思うようにいかない。超大ものの予感

「うお〜、ヤバい……」。少し強引に浮かせようとすると、「ググゲー」という手ごたえ。底の住みかに戻ろうと激しく抵抗する

ようやく浮いてきたが、60㎝のタモ枠でもすんなりとは入らない。タモに気づいたヒラメは体をそり返し嫌がる素振りを見せる

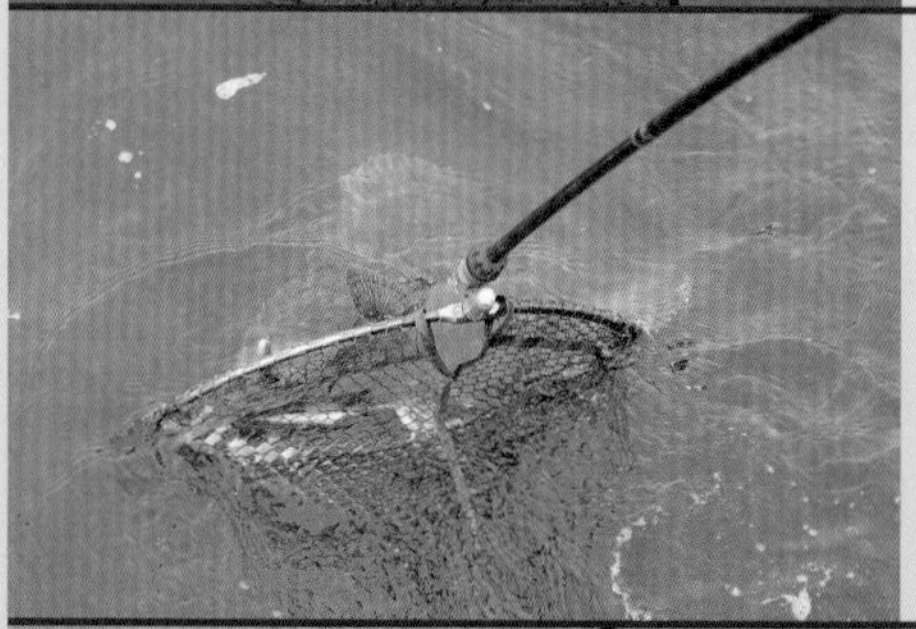

上手くヒラメの体勢を水平にすることに成功したものの、横向きだとエラが網に引っ掛かる危険性があるので、一旦仕切り直す

体の半分が入ったところで、強引にすくいあげて網の中に押し込んだ。3度目の正直で無事ネットイン！ なお、柄の長さは5m

西1号埠頭は崎守埠頭よりも水深が浅く、砂地に根が点在する。広範囲を放射状に遠投し、カケアガリや飛び根に的を絞るとヒット率が高くなる

ノーバイト。1時間ほどで見切りをつけた。

　次に訪れたのは、玉川さんのホームグラウンドである洞爺湖町の虻田漁港大磯地区。釣り人の少ない内防波堤にエントリーすると、遠くで小魚が何かに追われて跳ねていた。ときおり、サクラマスらしきボイルが見られ、魚の活性は高いように感じる。実績のあるシャローエリアを先端部から中間部までねらう。しかし、一度だけあやしいバイトがあっただけ。この時点で時刻は午前7時を過ぎた頃。10時22分の満潮潮止まりまでのよい時間帯をどこで釣るかを考えた結果、伊達方面をパスして一気に室蘭まで走ることにした。

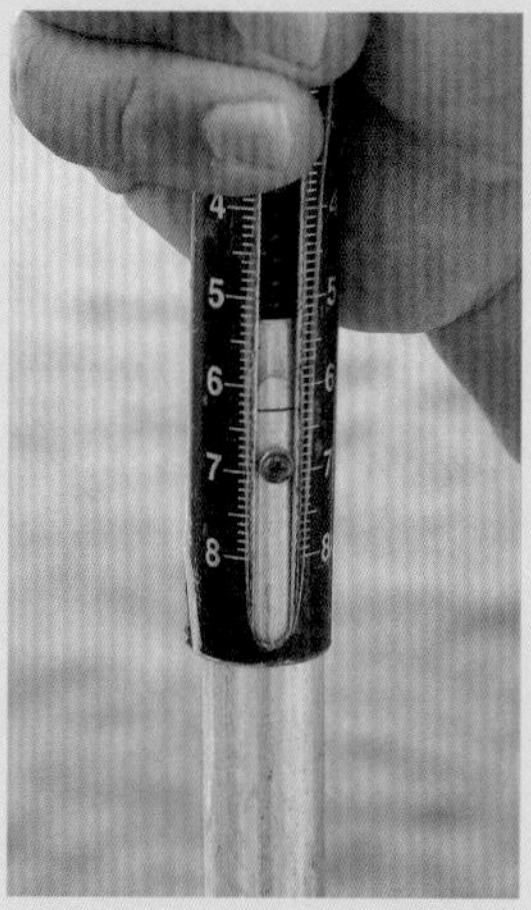

重量を計測すると6.3㎏。今回使用したタックルで取れる、ぎりぎりのサイズに感じた

尾ビレの大きさは、玉川さんの手と同じくらい。強烈なダッシュの源になっている

84をランディングするまで

室蘭港の北側に位置する崎守埠頭に行くと投げザオが並ぶが、端のほうにいた釣り人が帰り、空いたスペースに入る。「崎守埠頭では基礎マウントや被覆ブロック際のカケアガリ、岩盤や捨石がある場所の周辺がねらいめ」

　そう言って左方向にキャスト。飛距離にして60mほどだろうか。着水後はラインスラックを巻き取り、イトがたるんで着底を確認してからリーリングを開始。すると数秒後、いきなりバイト。

「ヒット～」の声を受け、「アイナメ？」と聞くと、「間違いなくヒラメのアタリです」と玉川さん。魚を浮かせようと少しロッドを立てると急に引きが強くなり、ロッドが絞り込まれた。「あれ、デカいかも！」。トルクのある引きに座布団級と確信。玉川さんの顔から笑みが消えた。

障害物ゾーンを上手くクリアできたのはよかったが、足もとまで寄せてくると激しく抵抗する。持ち上げては潜られ、潜られては持ち上げる。そんなやり取りを数回繰り返すと、やっと姿を現わした。ひと目でハチマルと分かるビッグサイズ。早くタモに入れたいが、暴れて大変だ。水平に泳がせながら誘導するも、横向きではタモ枠よりもヒラメのほうが大きくて収まらない。頭から入るようにコントロールし、3度目の正直で何とかランディングに成功した。

「基礎マウントの上に敷かれている被覆ブロックの際や、その先のカケアガリをねらうため、堤防に対して鋭角にキャストしました。特に朝夕のマヅメ以外の時間帯は、ヒラメはレンジにシビアだと感じます。ボトムから30㎝以内のレンジを心掛けてリーリングし、バイトがあったのは着底してから5～6m巻いたところです」

ヒット後は障害物に干渉しないように素早く浮かせ、バーチカルなファイトに持ち込んだ。

「足もとまで寄せてバーチカルなファイトになったとき、キツめに締めていたドラグを少し緩め、急な突っ込みに備えました。この場所は堤防際が掘れていて、中に入られるとラインブレイクの危険性が高い。幸い魚はそれほど激しく暴れずに浮いてきましたが、凄まじい重さでした」

難しかったのがランディングだ。タモ枠が60㎝にも関わらず、ヒレが引っ

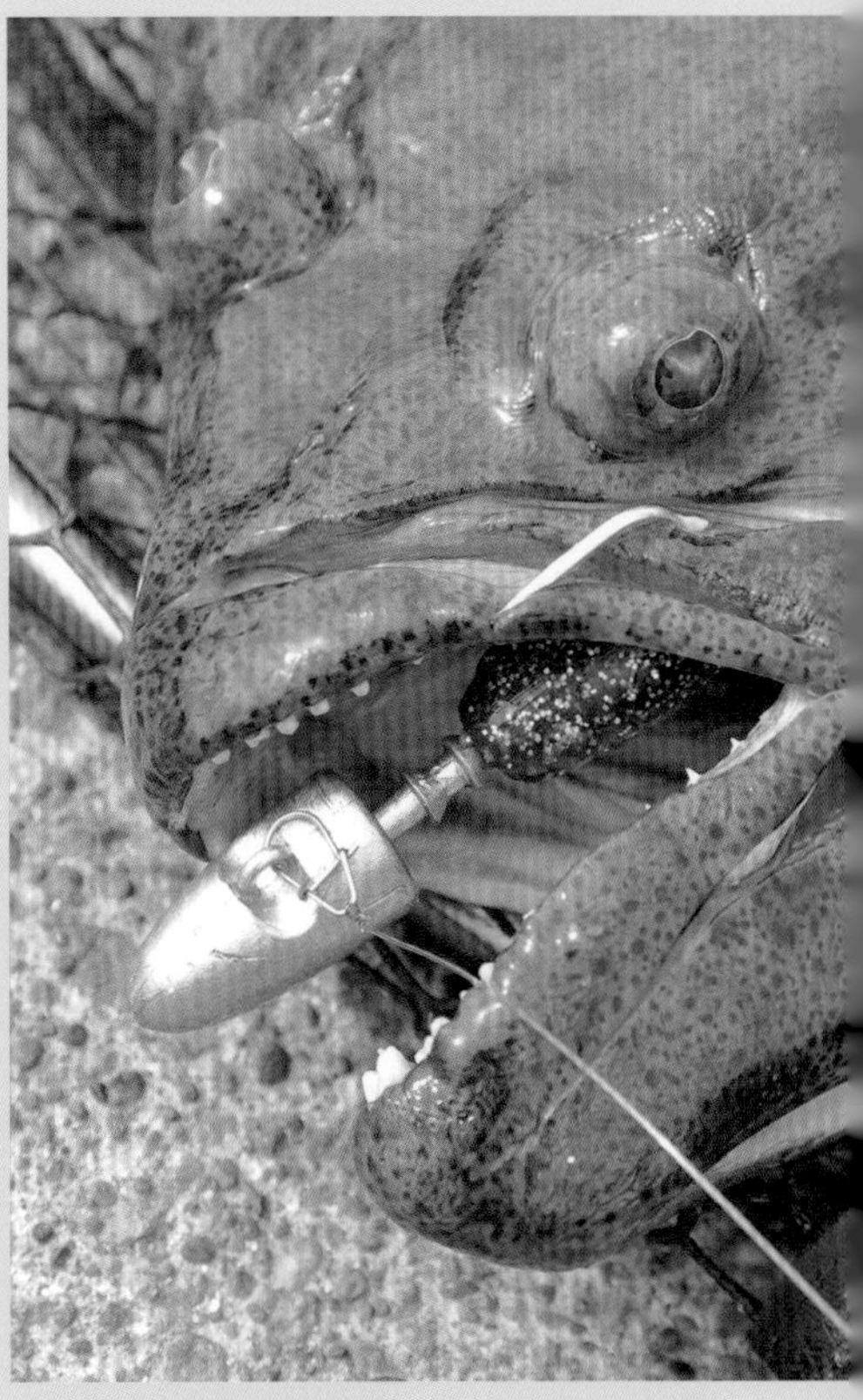

よいところにフッキングが決まっていたのも奏功した。ここまで大きくなるのに、どれだけ生きてきたのだろう？歯がすり減って鋭さを欠いている

スケールを当てると84㎝。ちなみに6月には80㎝を釣っていて、今シーズン2尾目の80㎝超になった。なお、玉川さんの自己記録は87㎝

掛かり、なかなか網の中に収まらなかった。

「きちんと魚がタモに向かってくれないと中途半端にしか入らないどころか、リグが網に引っ掛かりバレてしまいます。少しでも魚の方向とタイミングが合わなければ深追いせず、タモ入れをやり直しました。そのたび、ヒラメが抵抗してヒヤッとしましたが。まさか取材中にこのサイズが出るとは……。無事にキャッチでき、安堵と歓喜で手足の震えが止まりませんでした。今まで釣れた魚のなかで一番うれしかったです！」

この日はサビキ釣りでイワシが釣れていた。ヒラメのベイトになる小魚ゆえ、いやがうえにも期待は高まった

使用タックル。ロッドはシマノ『ディアルーナS1100M』、リールは同『ツインパワーXD 4000XG』

ラインブレイクの大半は結束部分。玉川さんは第一精工『ノットアシスト 2.0』を使い、FGノットで結束。「巻き付けムラが少なく、強く奇麗なノットを組めます」

リーリングスピードはシンカーの重さと潮の流れで調整するが、ボトムから浮かせすぎないように心掛けたい

ラインはバリバス『マックスパワーPE X8』1号、ショックリーダーは同『スーパートラウト アドバンス エクストリーム ショックリーダー ナイロン』20lb.を約60㎝

【ワーム】 ISM『フラテリス』5.5インチ・#12 スモークシルバーフレーク
【ジグヘッド】 オーナーばり『カルティバ 静ヘッド』35g

Hit Rig

「このワームはテール下部に付いている小さなシャッドテールが素晴らしい。これにより振動が上部のテールにも伝わりアピール度が増す。しっかりと水をつかみながらも派手すぎない微振動を起こすアクションが特徴。三角錐の形状が目を引くジグヘッドは、均等に水を切るので浮き上がりにくく、下に押さえつけるわけでもなく、ワームの性能を発揮しやすい。潮の動きなどを把握するため、1投目に結ぶことが多い」（玉川）

バッグの中身は必要なワームとシンカー類、ショックリーダー、ノットアシスト、飲み物など。ルアーケースにはボリュームのあるワームがびっしり

有望ポイント&メソッド

その後は、白鳥大橋を渡り、西1号埠頭へ。ここは室蘭港のなかでシャローエリアにあたる場所。遠投した先にはカケアガリや飛び根があり、イワシなどの小魚が溜まりやすい。ヒラメが付く条件は整っているそうで、過去に何尾も釣っているという。広範囲を放射状にキャストし、ヤル気のある魚を探したい。

西胆振方面は例年、雪解け水が収束すると水温が一気に上がり、イワシやチカなどの小魚が接岸する。ヒラメは5月中旬から釣果が聞かれ、6月中旬にピークを迎え、7月いっぱいで下火になる。が、噴火湾の奥に近い豊浦方面はシーズンが長い傾向にある。サイズは40～50㎝が多いものの魚影は多い。

室蘭港は数が出ないとはいえ、大型が望める。前述したように、大型のヒラメねらいはレンジが重要。玉川さんによるとアイナメとは違い、ワームがボトムに着くと捕食するのをあきらめる魚もいるらしい。極力リグを浮かせたいが、ボトムからの距離は時間帯や潮回りなどで変わる。通常はボトムから50㎝～1mでヒットするが、食いが渋いときは30㎝以内を目安にしたい。

一枚、二枚と
釣果を伸ばす方法とは？

港で座布団

前ページで室蘭港のヒラメについて紹介したが、地元アングラーの柿本博喜さんも好釣果を上げているひとり。良型に近付くための釣り方を拝見した。

Photo & Text by Takanori Nakagawa

Hit Rig
［ワーム］
エコギア
『パワーシャッド』4インチ・ウルメ
［シンカー］
ジャングルジム
『ビーンズTG』35g
［フック］
リューギ
『ダブルエッジ』#4/0

午後5時前、曇り空で無風という状況下、潮と潮がぶつかる好ポイントに先輩がいて、隣に入った。潮目のど真ん中にキャストし、カケアガリに差し掛かった辺りで、ボトムから1mくらいの高さを意識してリトリーブすると食ってきた。肉厚な61㎝

Photo by Hiroki Kakimoto

目標はキューマル

ロックフィッシュの聖地として親しまれている室蘭港では近年、安定してヒラメの釣果が上がっている。注目したいのは、以前から人気の外海側ではなく、手軽に楽しめる港内でも釣れている点。ロックフィッシュで遠投メソッドが主流になり、ポイントの開拓が進んだことが背景にあるようだ。今では港内の広範囲で釣れることが分かってきた。

室蘭市の柿本博喜さんもヒラメにハマっているひとり。過去に81cmをあげているだけに、目標は90cm超えだ。

柿本さんの仕事は朝が早く、朝マヅメにフィールドに立つのは難しい。が、その分、夕方は明るい時間帯からロッドを振ることができる。休日は早朝に行くこともあるとはいえ、釣果の大半は夕方。まだ日が高くマヅメ時とはいえない時間帯だそうだ。水温が低いことが影響していると思っているが、早朝よりも日中〜夕方のほうが反応はよいと感じている。ただ、例年どおりの流れだと、水温が高くなる夏場は早朝がよい傾向にあるという。

風車の向きと回転速度で風を読むことが可能。写真のように正面になるような場所は、真後ろからの風になり飛距離が稼げる

潮目は誰でも確認が容易な好ポイント。その周辺は流れの変化があり、釣れる可能性が高い。いろいろなアプローチで探りたい

初日は崎守埠頭で白鳥大橋に明かりが灯る午後7時半までねばった。しかし、ヒラメには出会えなかった

柿本さんの自宅はロックフィッシュで人気の埠頭が目の前。玄関を出たら徒歩2分でキャストできる。室蘭港は庭のようなもの

地形&潮の変化を捜す

港内でのヒラメねらいは、どこを探ればよいか迷うが、地形の変化がある場所を重点的に釣るのが基本だ。室蘭港の場合、水深が深く底が見えない。そこでリーリングスピードを一定に保ち、ストップさせてから着底までの時間の違いでイメージする。変化がなければ常に3秒で着底するところが、掘れている場所では5秒に、カケアガリや盛り上がっていると1秒と違いが出る。そのような変化を捜してロッドを振り続ける。

ヒラメは、何かのタイミングで急に食い気が立つことがある。いわゆる時合といわれるもので、1尾釣れた後に周りでも釣れることはよくある。

「地形や潮の変化がある場所で、信じて時合を待つ釣りです。潮の満ち引きで時合が分かれば楽なのですが、ほかにもさまざまな要因があると思います。潮止まりでも実績がありまし……。正直、分かりません。無理やり理由付けするとしたら、潮の流れや日差しの強さによってベイトが動き、ヒラメの食い気が立つような感じ？ あとはエリアによって水深が違うので、いま、どの水深にヒラメが溜まっているかを想像しながらポイントを選んでいます。私の場合、シーズン初めは水深のあるエリア、夏に向けてシャローエリアを探ることが多いです。一般的にヒラメの捕食活動は15〜20℃で活発になるといわれているので、水温が上昇する真夏は水温の低いエリアがチャンス」

35gと専用ロッド

ヒラメは遠投して広範囲を探るとヒット率が高くなるのは間違いないようだ。そのため、少しでも距離が伸びるようタックルやリグを選択している。現在は、タングステンシンカー35gを用いたビフテキリグがメイン。

「35gのタングステンシンカーにパワーシャッド4インチの組み合せが、

自分の巻きたいスピードとレンジにマッチしています。私のリールは、ハンドル1回転の巻上長が約95㎝。1秒1回転弱のリーリングスピードで、一番ヒラメの食いがよいと感じます。35gより重くすると速く巻かなければならず、軽くすると遅くなります。理想とするレンジは、リールを10回転させてストップさせたときに3秒で着底する高さ。シンカーを軽くしてスローに巻くと食いが浅くバレやすい」

じつは以前まで28gを使っていたとか。数は釣ったが、乗らないアタリが多かったようだ。35gに替えてから確実にキャッチ率はアップ。理想的なスピードだと、「リーリング中にアタリがあると、大抵ガツンと一発で食ってきます」と言う。そのまま巻き続けていると向こうアワセでフッキングが決まる（ヒラメの重さがロッドにしっかり乗ったら、追いアワセを一発入れる）。ちなみにフォール中のバイトは、まだしっかり乗っていない場合があるので、少しテンションを抜いて待ち、それでもティップがグーっと入るか、しっかり重みを感じてからフッキングに持ち込むそうだ。

ロッドに関しては以前、ロックフィッシュやシーバス用を使っていたが、現在はヒラメ釣りの全国大会で優勝した際にゲットした専用ロッドが愛竿。専用ロッドの利点は、ティップに適度な張りがあるのに柔らかく、メインで使う35gのシンカーでもキャスト時にシンカーの重みを乗せてキャストでき、飛距離が出せること。リトリーブ中のバイトもはじきにくく、ティップでとらえてくれるという。つまりバラシを軽減してくれるのだ。

チェックポイント3

キャスト

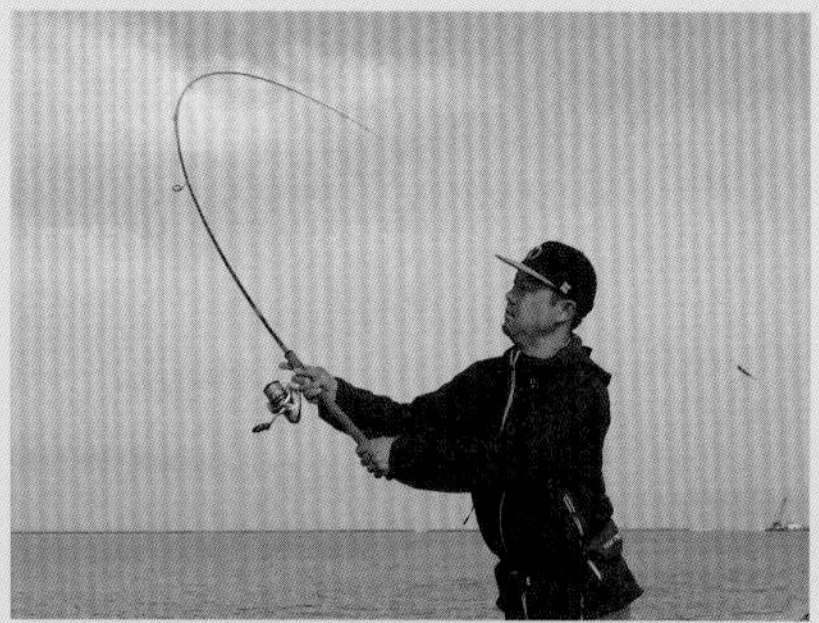

ロックフィッシュねらいの場合はコントロールを重視しているが、ヒラメは飛距離を重視。ロッドのしなりを利用し、遠くまでリグを届けるのが何よりも肝心だ

リーリング

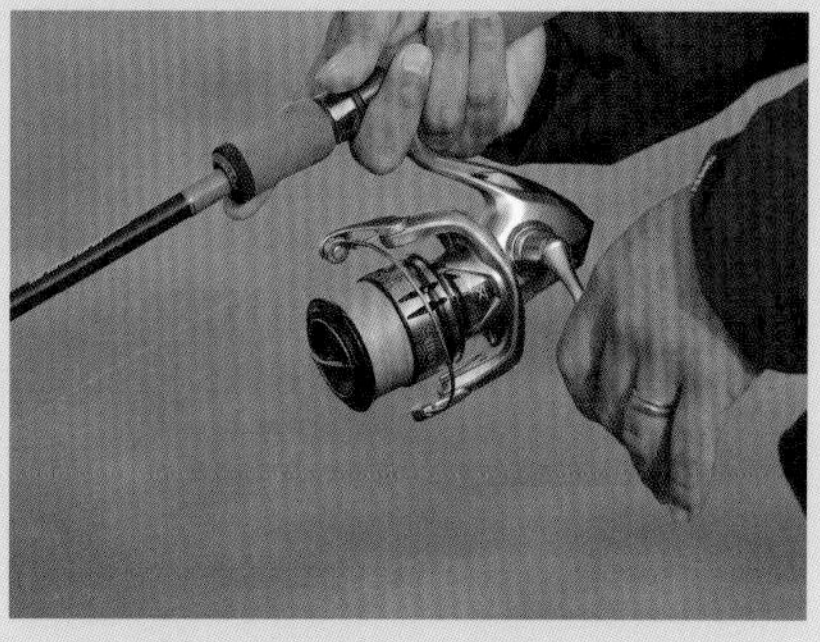

リーリング中はリグの浮き上がりを抑えるよう、ロッドティップを下げ気味に。リールは一定のスピードで巻くのがキモ。ストップ後、3秒で着底するのが理想的

フォール

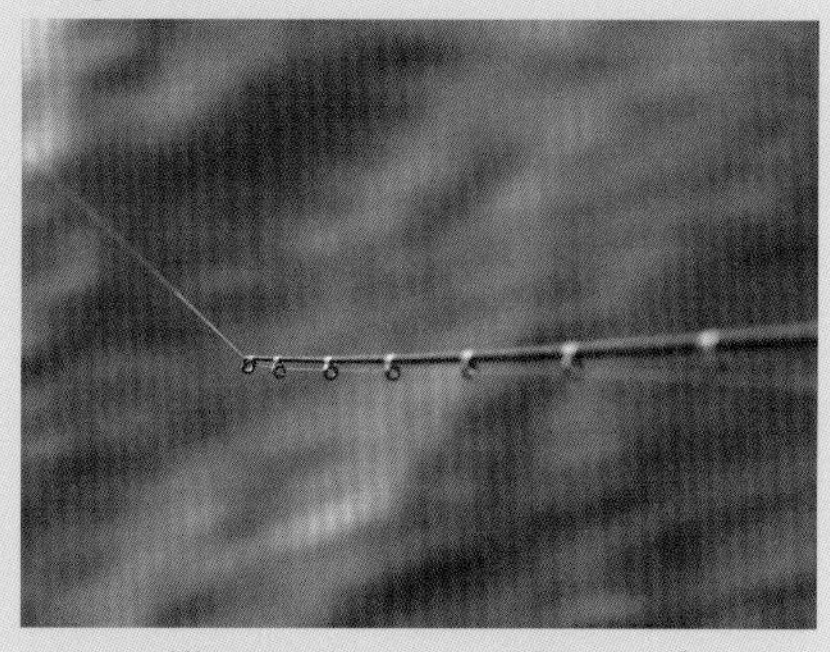

リーリング後はラインテンションを保ちカーブフォールで。ロッドティップを注視しながら着底を待つ。フォール中にアタリが出ることもあり、油断は禁物だ

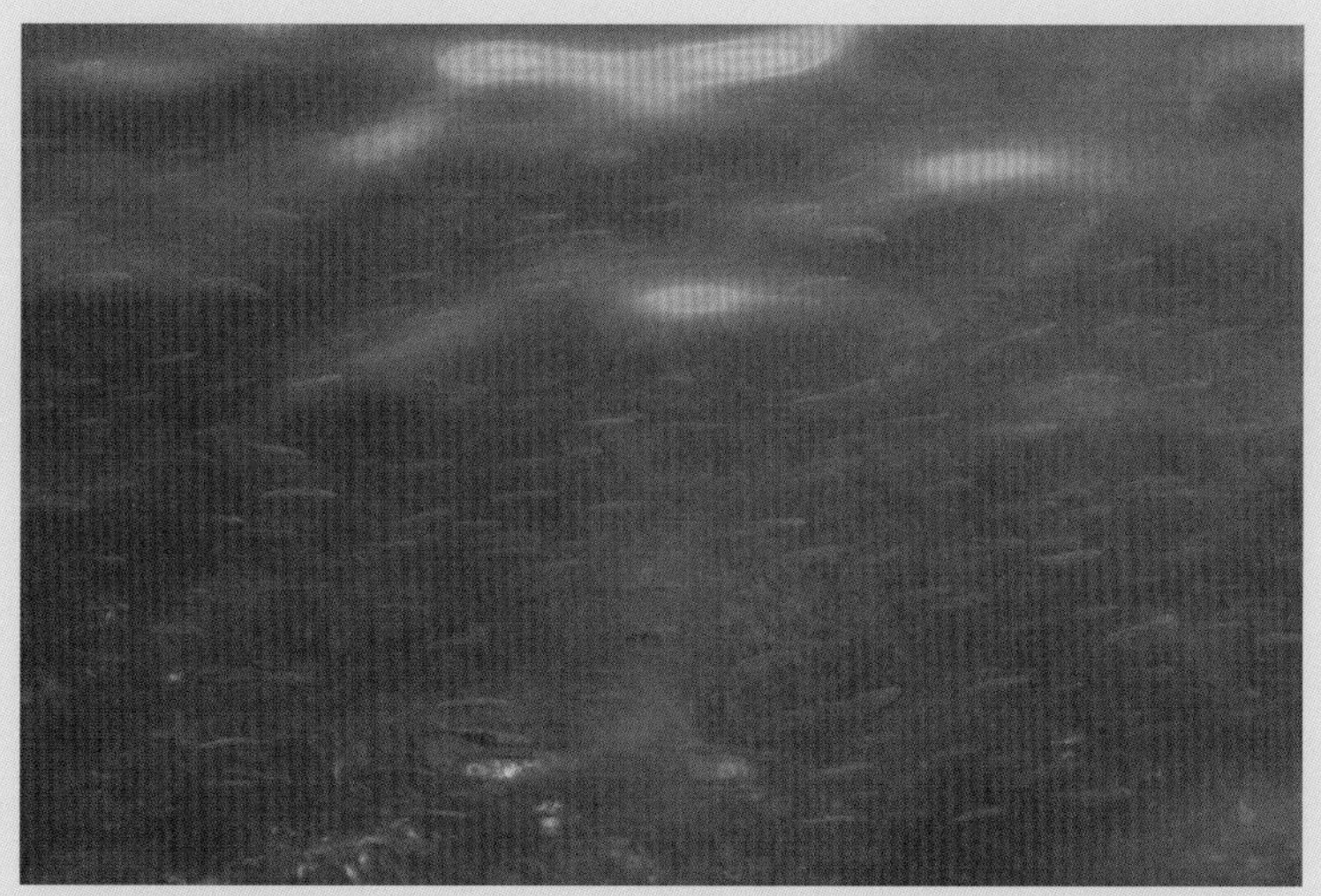

シャローエリアでは10㎝ほどの魚の群れが頻繁に見られた。ベイトとなる小魚が多いポイントは水深が浅くてもチャンス充分

ボトムをズル引きでヒットした一尾。室蘭だと大きくはないが、よい引きで楽しませてくれた。ロッドはノリーズ『ロックフィッシュボトム　パワーオーシャンRPO86XHS2』、リールはシマノ『ストラディックC3000HG』、ラインはPE0.8号、リーダーはフロロカーボン12ポンド

西1号埠頭基部もシャローエリア。ショートバイトが続いたので、タックルを替えて確認すると予想どおりアイナメがヒット

カラーローテもだいじ

取材日は、仕事終わりの午後4時から開始したが、すぐに雨で中断。雨が上がってから日没までロッドを振り続けるもノーバイトに終わった。翌日は午前3時半からスタート。数ヵ所回る予定も北風が強く、追い風になる崎守方面でねばる。水温は14℃と低い。それが影響しているのか反応がなく、3時間ほどで風が弱まったタイミングで白鳥大橋を渡って祝津埠頭に移動。シャローエリアを中心に探るが、ヒラメの反応は皆無。アイナメを2尾キャッチして終了した。

柿本さんの場合、ハードルアーを使わず、ワームだけで勝負する。主にシャッドテールとカーリーテールの2種類をローテーション。最初にアピール度の高い『パワーシャッド』でようすを見て、反応がなければ『ロックマックス』に替えてナチュラルに誘う作戦。カラーは夕方前の明るい時間から始める場合、ナチュラル系からスタート。UVリアルイワシ↓ウルメ↓チャートリュースシャイナー↓赤金↓スーパーホログラム／ピンクバックグロウ（夜光）というように、少しずつアピール度を上げていく。なお、朝方から釣る場合は、夕方の逆パターンだ。

ちょうど取材時は水温の変わり目で、ヒラメの付き場も変わってしまったのかもしれない。数日前まで釣果の聞かれていたエリアでも、ヒラメをキャッチした人はいなかったようだ。例年釣果がよくなるのは7月上旬。これからの時季はシャローエリア付近が有望とのことで、新規開拓してみるのも面白い。

ヒラメ用のタックル。ロッドはノリーズ『フラットフィッシュプログラム　ラフサーフ88』、リールはシマノ『ストラディック4000MHG』、ラインはPE0.8号、リーダーはフロロカーボン16ポンドを1.5mFGノットで結束

取材時は、2つのワームを使い分けた。上のカーリーテールは、エコギア『ロックマックス』5インチ・スパークルクリアピンクグロウ（夜光）。下のシャッドテールは、同『パワーシャッド』4インチ・ウルメ

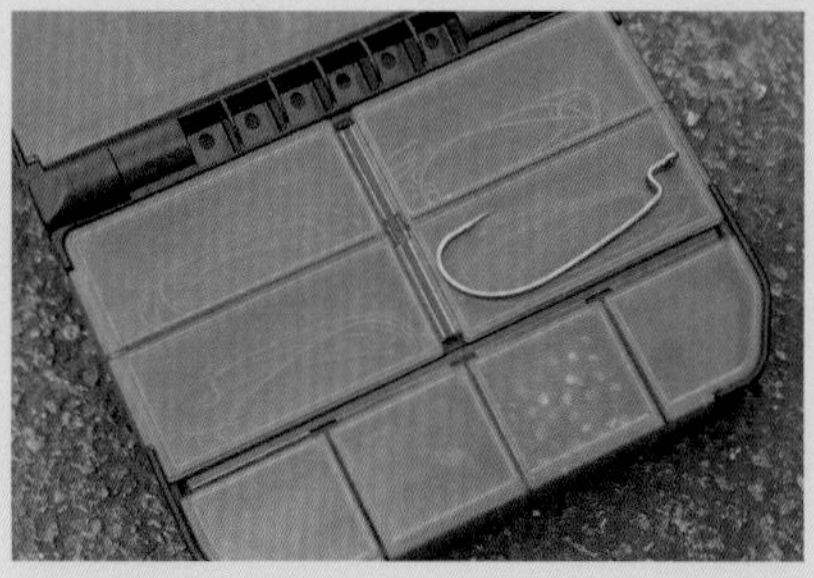

使用頻度の高いフックは、リューギ　『ダブルエッジ』#4/0。フックポイントが外側を向き、ボリュームのあるワームと相性がよい

結び目の保護とバイトマーカーの役割に期待し、シンカーとフックの間に、ハリミツ『カットビーズ』4㎜ルビーを入れている

シーズン初期にキャッチした53㎝。大ものがヒットしても後悔しないよう、大型のランディングネットを使用している
Photo by Hiroki Kakimoto

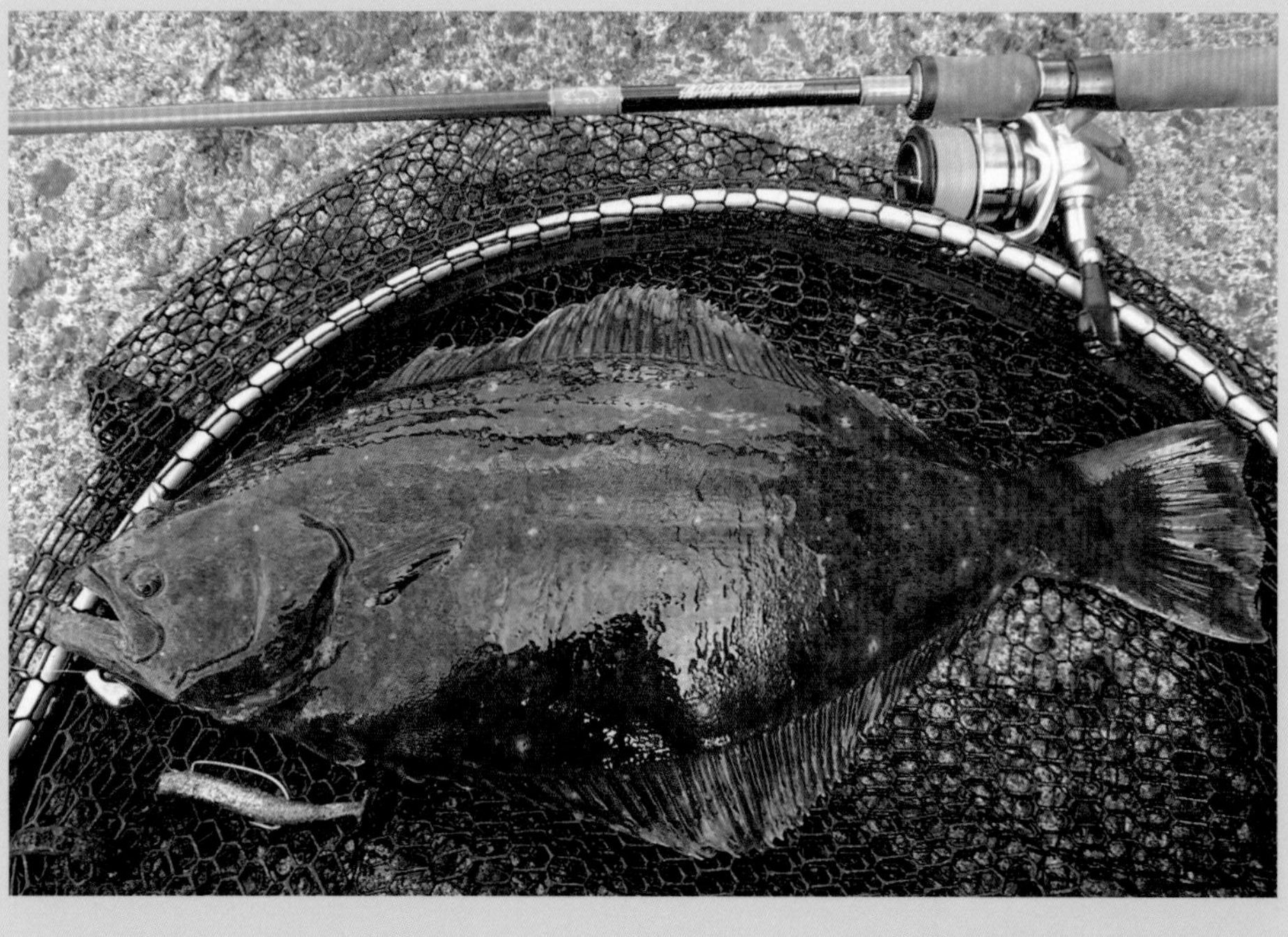

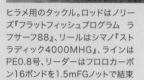

時合に入ったらスイッチオン!

ナイトゲームの心得

**比較的足場のよい漁港では、
ヒラメのナイトゲームを楽しむ人も見られる。
夕方仕事から帰ったらすぐ釣り場へ向かい、
そのまま朝までロッドを振り続けるという佐藤大輔さんに、
夜の釣りで重視すべきルアーの波動、
そしてアクション等について解説してもらった。
短い時合、チャンスを無駄にしないための注意点とは?**

写真・文=佐藤大輔(札幌市)
Photo & Text by Daisuke Sato

佐藤さんによると、一定の時間が過ぎるとパッタリとアタリが出なくなることが多い磯に比べ、夜でもずっとチャンスがあるのが漁港ヒラメなのだとか

経験したことがない重量感であがってきたのは、厚みがすごい79cmのメモリアルフィッシュ

港

まるで気配のない状況から……

サクラマス釣りが一段落する頃、本格的に開幕を迎えるショアヒラメ。この時期になると、私は17時に仕事を終えたら前日のうちに用意万端にしておいた車に乗り換えすぐさま出発。日没は遅くなっているので、いわゆるタマヅメの時合に間に合う。そんな仕事終わりに向かうのは、漁港である。

磯は朝から日中、夕マヅメまで釣果が出るが、夜通し磯でロッドを振り続けるアングラーは少ない。私自身、磯で日没から数時間までは釣果に恵まれることがあるが、一定の時間が過ぎるとパッタリとアタリが出なくなることが多い。それに比べて、夜でもずっとチャンスがあるのが漁港ヒラメなのだ。私の場合、漁港では朝方まで釣りを続けている。その状況によって、磯に移動するか、朝マヅメも漁港で粘るかを決める。

あれはショアヒラメの釣りを始めた翌年のことだった。もう真夏で、いわゆる夏枯れの8月末。その日は仕事終わりに岩内港へ向かった。

この年、岩内港は調子がよくて、5〜7月は釣行のたびに複数尾を釣りあげていた。8月前半は仕事が忙しく、ほぼ1ヵ月ぶりの釣行だった。

高水温のためか漁港にはベイトらしい小魚は見られず、クラゲが大量に漂っている状態。夕方から常夜灯周りを探るも、まったく反応はなかった。しかし、反応がないのは毎度のこと。潮が利くまでキープキャスト。ヒラメは必ず回ってくる。ところがこの日は、潮が最高のタイミングになっても反応がなかった。それでも回遊が来るかもしれないと、深夜2時頃まで休まずキャストを続けた。

完全なノーバイトだったため、見切りをつけて防波堤先端部に移動を決断。ここで朝マヅメの勝負をかけることにした。

期待の朝マヅメ。ヒラメが一番釣りやすい時間に突入した。いれば必ずバイトが出ると信じて、釣りを続けるも反応なし。

「さすがに8月末にもなれば沖に出てしまい、ショアでねらえる範囲にはいないか……」

そう思いながらシステムを変更。大幅に繊細な仕様に替えた。

0・8号のPEから、エギング用スプールに巻いていた0・4号にして、0・8号のPEをスペーサーとして10〜15m接続。このようにラインを極端に細くして、ジグヘッドは30gから21gに落として、遠投をして探った。朝方から横風が強くなったので、風の抵抗を最小限にするための判断だった。

時刻が8時を回った頃、そろそろ諦めて帰ろうかと思いつつ、最後に足もとのケーソンギリギリを根掛かり覚悟で探った。リールを5回転巻いて止める。フォールに入った瞬間、バゴン！と下から突き上げるような強烈な衝撃が手もとに伝わった。

経験のない重量感！

約12時間撃ち続けて初のバイト。アワセはいつもならタイミングを計るが、このバイトには即アワセをした。迷う必要がないほど衝撃が強いバイトだったので、一発で呑み込んだと判断したのである。

0・4号を使っていたので、ロッドを立ててスイープに合わせる。根掛かりのような感覚で動かない。バイトからヒラメだと確信していたため、すぐに2発、3発と追いアワセを入れた。それでも動かないので、ヒラメを底から引き剥がそうとリフトに入ると、魚はズルズルと横に動きだした。

横に走りだすヒラメに対し、とにかくギリギリのテンションを維持しつつ

明るい時間帯はシルバーやメッキ系、暗いうちは水中で色が吸収されて黒っぽく、シルエットがはっきりと出るアカキンを使う

おすすめルアー①

飛び過ぎダニエル

持ち前の飛距離を活かし、より広いエリアを攻略。アクションはかなり激しいワイドウオブリングアクションなので、水中での存在感は抜群。魚影が少ないコンディションでも魚たちにその存在が気付かれやすい。オールレンジ対応で、後方からはもちろん、下からの突き上げや横からの回り込みなど、あらゆるバイトに対して高いフッキング率が得られるよう、テールのみではなく腹部にもトレブルフックを設置している。

●**サイズ**：61㎜14g、67㎜20g、80㎜30g、83㎜40g
●**カラー**：14g／20g=16色、30g=15色、40g=11色
●**価格**：14g=1,155円、20g=1,210円、30g=1,320円、40g=1,430円
●**メーカー**：ジャクソン

MEMO

岩内港（岩内町）

主なポイントは駐車スペースが広く、コンビニやスーパーも近い西防波堤や旧フェリー埠頭など。港内全域でヒラメがねらえるが、夜のメインポイントはやはり常夜灯周り。シーズンは5月初旬〜7月頃までと、秋はまた10〜11月下旬まで

時合に入った際の『飛び過ぎダニエル』の使い方は、最初だけ底を取り、以降は跳ね上げて底から2〜3mを意識してタダ巻きで引いてくる

リフトするも、相手は中層からまったく浮いてこない。ラインが細いので、主導権は完全にヒラメ側にあった。

しばらくは右に左に走られ、それでも少しずつ浮かせて、なんとかスペーサー接続部がリールスプールに入った。ここからは思いきりリフト。潜水艦のように浮上してきたヒラメを見て驚いていると、魚は海底に潜ろうとすごい力で走り、ドラグを出されること数回。最後の突っ込みは予期していたため、ドラグは弱めて対処した。

ようやく水面に上がったところで、ランディングネットに入れようとするも、大きくて収まらない。何度か失敗しながら、やっと入れることができた。しかし、柄を縮めようとしても重すぎて、持ち上げるとポールが壊れそうなほど。しばらくどうしようか迷ったが、壊れても仕方ないと思い、垂直にポールを持ち上げ、なんとかタモ枠をつかんでキャッチすることができた。

大きさは79㎝。重さは測らなかったが、厚みがすごくて、今まで釣っていたヒラメとは比べ物にならない重量感だった。その後、かなりの時が経過しているが、これを超える魚とはいまだ出会えていない。

探り方のベーシック

ホームフィールドである大型港の岩内港は、毎年5月初旬頃より開幕し、7月頃まで釣れる。夏枯れを挟み、秋はまた10月から11月下旬頃までねらえる

夜のメインポイントは、やはり常夜灯周りになる。ベイトが集まり、それを捕食するためにヒラメが集まってくるのだ。タマヅメ、まだ暗くなる前はジャクソン『飛び過ぎダニエル』で広く探る。ねらい方はストップ&ゴー。7〜10回転巻いてはフォール。着底したらすぐに巻きに入る。

完全に日没してからは14〜21gのジグヘッドにワームをセットし、飛距離を出すために細いラインを巻いたスプールに替える。PE0・4号はさすがに細すぎるため、現在は0・6号にスペーサーPE1号を10〜15m入れている。釣り方は同じストップ&ゴー。リール5回転巻いてはフォール、着底の繰り返しで探る。

ジグや『飛び過ぎダニエル』等のメタル系でねらう場合は、巻き中でもフォール中でもアタリが出る。ワームの場合、8割はフォールに入ったタイミングで食ってくる。つまりリールを止めた瞬間にアタリが出ることが多い。

メタルの場合は即アワセ。ワームの場合はラインを張り、ロッドで聞きながらようすを見て、一呼吸置いて合わせるのが基本だ。

カラーよりは波動重視

日中にヒラメをねらう場合、ルアーカラーは状況に合わせてセレクトする必要があり、シビアになる。だが日没後から朝にかけてヒラメをねらう私のスタイルでは、カラーより水中で発する波動を重要視している。常夜灯の明かりが届く範囲

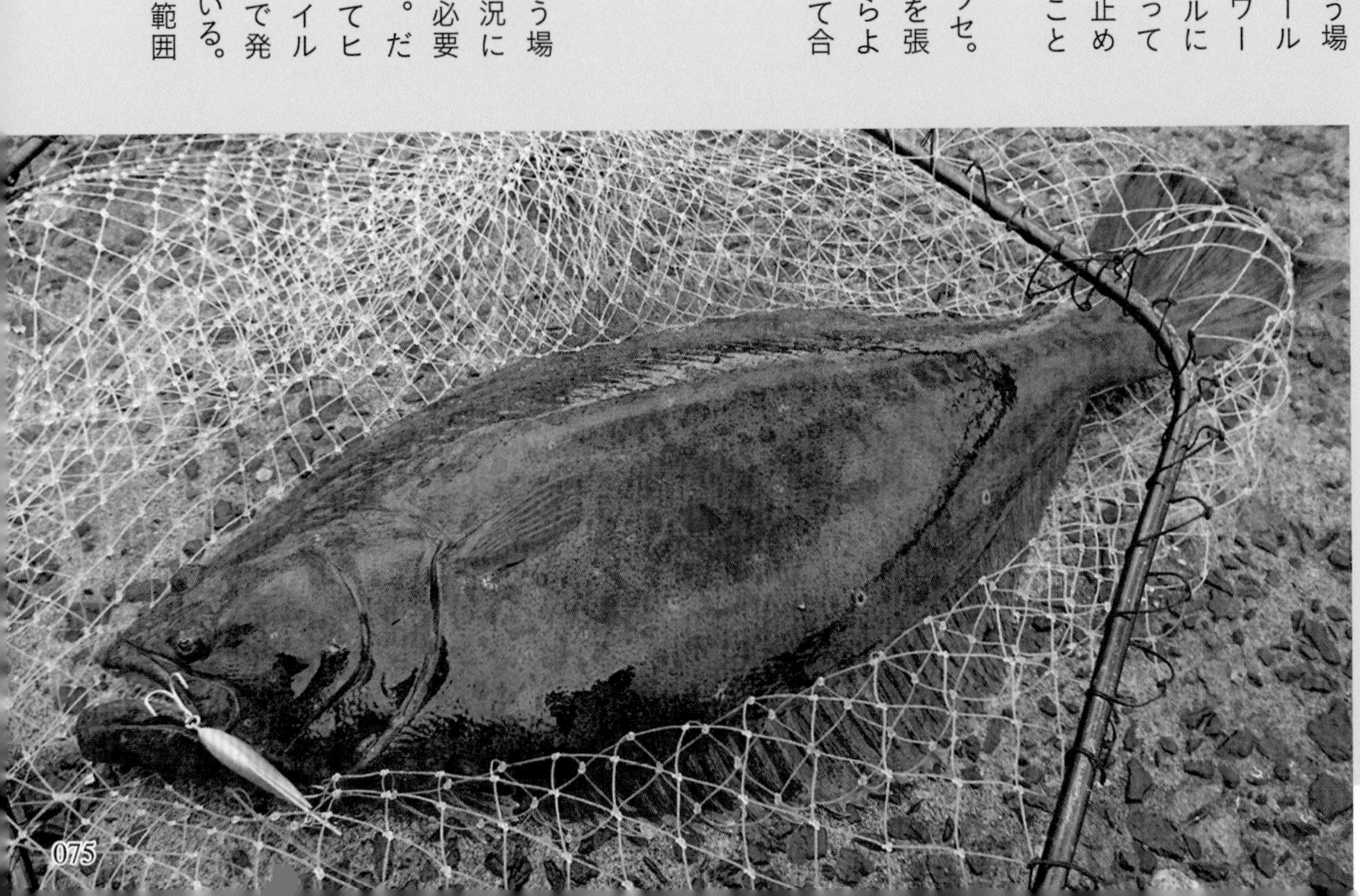

ルアーカラーは状況に合わせてセレクトする必要があるものの、最も重視するのは水中で発する波動。朝夕の時合では、とにかく強い波動を出すルアーを使う

をねらうときは、そこに集まるベイトのようなナチュラルな波動が効果的だ。一方、朝夕の時合では、とにかく強い波動を出すルアーを使う。

カラーを選択する場合は、ほぼ2択。日が上っているときにはフラッシングさせるためにシルバー、メッキ系のカラー。まだ完全に明るくなっていないときは、水中で色が吸収されて黒っぽく、シルエットがはっきりと出るアカキンを使う。または高アピールな蛍光色のルアーを選択することもある。

短い時合に集中!

ヒラメは時合がハッキリとしているターゲットだ。時合ではないときは、ヒラメを中心としたエサを捕食する範囲が小さい。その範囲に入ったベイトを食べるか、もしくは無視する。しかし時合となると、捕食範囲が何倍にも拡大し、海底から浮上して水面付近にいるベイトも捕食する。ヒラメのナブラも立つし、ヒラメが空中に飛び出すのも見ている。自ら泳ぎ回り、ベイトを追い回す個体もいる。

私のねらい方は、時合に入るまでは少しずつコースをずらしながらワームを泳がせる。ヒラメの狭い捕食範囲にストップ&ゴーで通し、バイトを誘発する。時合に入ったと判断したら、最初だけ底を取り、以降は『飛び過ぎダニエル』を跳ね上げて底から2〜3mを意識してタダ巻きで引いてくる。

時合中の捕食範囲の広がっているヒラメに対し、飛距離が出て強波動のルアーの効果は絶大。タダ巻きだけでリールが強制ロックされてヒットする。ラインを通じて伝わるバイトの衝撃も派手なことが多い。

このような時合にどれだけヒラメの捕食範囲にルアーを入れられるかで、釣果は大きく変わってくる。そのため日中に使うようなシンキングペンシルを含むプラグは、サーフでねらうとき以外は使わない。短い時合が勝負のため、フォールに時間の掛かるルアーも選択しない。とにかくヒラメに最短で見つけてもらうルアーを選択している。

時合は長いときは2時間くらい続くこともあれば、30分、15分、さらに短いケースもある。それだけに時間との勝負になる。時合に入ったと感じたら、より集中して広く探ることが大切だ。

クイックセット

幅広いレンジに対応すべく重心移動式と固定式、2つのラインアイを持つ『クイックヘッド』と、肉厚なテールで大きく水をかく『クイックシャッド』がセットになったジグヘッドワーム。重心移動式アイはボトム離れがよく、アクションは激しいロールアクションに軽いウオブリング。固定式はレンジキープに優れ、水深のあるエリアやボトムをキープさせたいときに有効。プライヤー等を使わずにワンタッチでワーム交換ができるのも◎。

●**サイズ**：3.5インチ14g、3.5インチ21g、3.5インチ28g
●**カラー**：全8色
●**価格**：14g=1,155円、21g=1,210円、28g=1,265円
●**メーカー**：ジャクソン

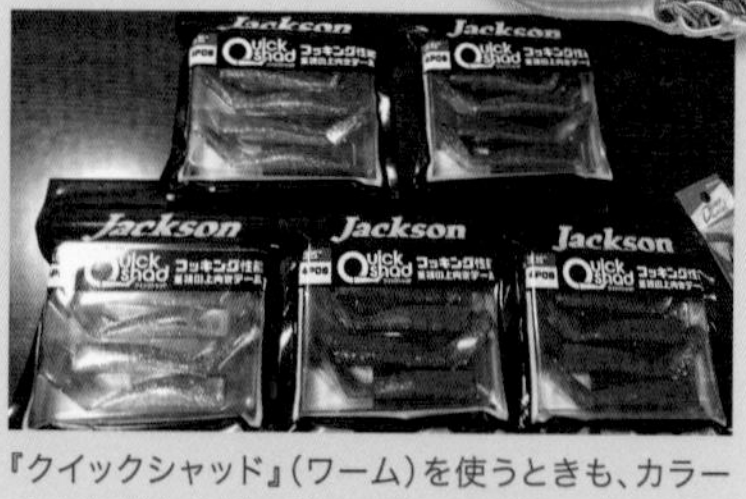

『クイックシャッド』（ワーム）を使うときも、カラーチョイスはシルバー系とアカキンの2択

ロッドは10〜11フィート。硬めで張りのあるロッドがヒラメには向いているという。これは着底の感覚が分かりやすいため。リールは3000〜4000番。ラインはPEライン0.6〜1.2号で、リーダーはフロロカーボン25〜30ポンド。障害物が少ないポイントなら、メインラインを思いきって0.6号まで細くするのがおすすめ。その際、キャスト切れを防ぐことと、最後の岸壁でのやり取りも考え、PE1号を10〜15mスペーサーとして入れると安心だ。ただし、サーフでこのシステムはご法度。砂の粒子と擦れてラインの強度が落ちやすい

細いPEラインも試す価値あり

ロッドは10〜11フィート。硬めで張りのあるロッドがヒラメには向いていると感じる。これは着底の感覚が分かりやすいためだ。リールは3000〜4000番。ラインはPEライン0・6〜1・2号で、リーダーはフロロカーボン25〜30ポンド。

ヒラメはサクラマスのように大暴れするターゲットではなく、フッキングさえ決まれば時間を掛けて寄せられるターゲットだ。障害物が少ないポイントなら、思いきって0・6号まで細くすることをおすすめしたい。キャストの際に切れるのを防ぐことと、最後の岸壁でのやり取りも考え、PE1号を10〜15mスペーサーとして入れると安心。私は磯でもこのシステムで釣行するが、サーフではご法度だ。砂の粒子と擦れてラインの強度が落ちやすいため、通常の太さのラインで臨みたい。

ナイトゲームのヒラメは、日中に比べ釣りやすいと感じている。やめどきも分かりやすく、時合が終わると嘘のように海が静まり返る。私の場合、それから朝のサクラマスをねらうのが毎年のパターンだ。

夜は日中ほどのゲーム性はないにしろ、効率よく釣果を求める方には向いているかもしれない。今季はぜひ挑戦していただきたい。

潮汐、気象、情報収集、観察、ラン&ガン

1尾をキャッチするための 5つのキーワード

写真・文=相内康夫（小樽市）
Photo & Text by Yasuo Aiuchi

**小樽在住で海まで5分。
積丹半島にはいつでも行けるという相内康夫さん。
ヒラメを釣るためには、意識すべき5つのカギがあるという。
使うソフトルアーは基本1種類というほど
完成されたスタイルの相内さんが、
1尾をキャッチするためのタクティクスを解説。**

フラッシュユニオンの『アバカスシャッド』は、ブラックバス用に開発されたソフトルアーだが、ヒラメ釣りでも高い実績を誇る。細かいパーツが水流を受けて複雑な波動を生み、魚にアピールするようだ。ファーサイド『シュートヘッド』をセットして使用

広大な釣り場でポイントを絞るためには、事前の情報収集、現場で状況を読む観察眼が大切だ。ラン&ガンで広範囲を探ったほうが好釣果が期待できるだろう

初ヒラメは連続で!?

サクラマス釣りが最盛期から終盤になる頃、サクラをねらっていてヒラメが釣れたとの情報がチラホラと聞こえだすと、最も好きなターゲットのひとつであるヒラメ釣りシーズンがスタートする。私も含め北海道のソルトアングラーは、サクラマスからヒラメへシフトするケースが多いと思う。

私がよく行くフィールドは、積丹半島の砂が絡む磯場や漁港。噴火湾、留萌方面まで足を延ばしている。スタイルはとにかくラン&ガン。テンポよく足を使って釣りをする。同じ場所で粘る釣りはしない。少しでも混んでいる場合は、スルーして次のポイントへ移動することが多い。

シーズン中は、ヒラメポイントの新規開拓をするのも大好きで、宝探し感覚で楽しんでいる。「え、こんな所で？　ここにいたか！」というときは、サイズに関係なく至福のひとときである。

ヒラメ釣りを始めたのは、15年ほど前の6月のこと。それまでは、私はロックフィッシュと渓流の釣りがメインだった。あるとき、ふと「ヒラメを釣りたいな」と思い、何も考えずに釣行。行けば釣れるだろうと安易な考えで、ヒラメで有名な某漁港で挑戦した。ところが、まったくバイトはなし。悔しい……。そこから釣れるまで、毎日夕方になると釣り場へ通った。

ちょうど1週間が経ち、「今日もダメかな？」と思っていた20時頃、いきなりゴン！という衝撃とともにヒラメがヒット。そのときは14gのジグヘッドにシャッド系ワームを使っていた。暴れるヒラメを、なんとかタモですくってキャッチすることができた。

さらに、毎日一緒に行っていた妻も、その30分後に初めてのヒラメを釣りあげた。その真横で友人にも初ヒラメが釣れて、まさかの3連チャンで感動したことは今でもいい思い出である。

さんざん通ってノーフィッシュだったのに、釣れるときはこんなに立て続け？　何で？　ヒラメっ

フラッシュユニオン『アバカスシャッド』をくわえた1尾。スナップを介してジグヘッドをセットするのは、素早く交換を行なうため。ヒラメの時合は短いことが多いのだ

て謎……。そこからこの魚の魅力にすっかりハマってしまった。

積丹フィールドガイド

私がよく通う積丹半島では、産卵のために5月中旬からヒラメが一気に岸寄りする。通常は7月中旬までの約2ヵ月間はよく釣れる。いいときには朝マヅメに10尾以上も釣れ、ポテンシャルが高いフィールドだ。漁港の内外、磯場、サーフとポイントは無数にある。

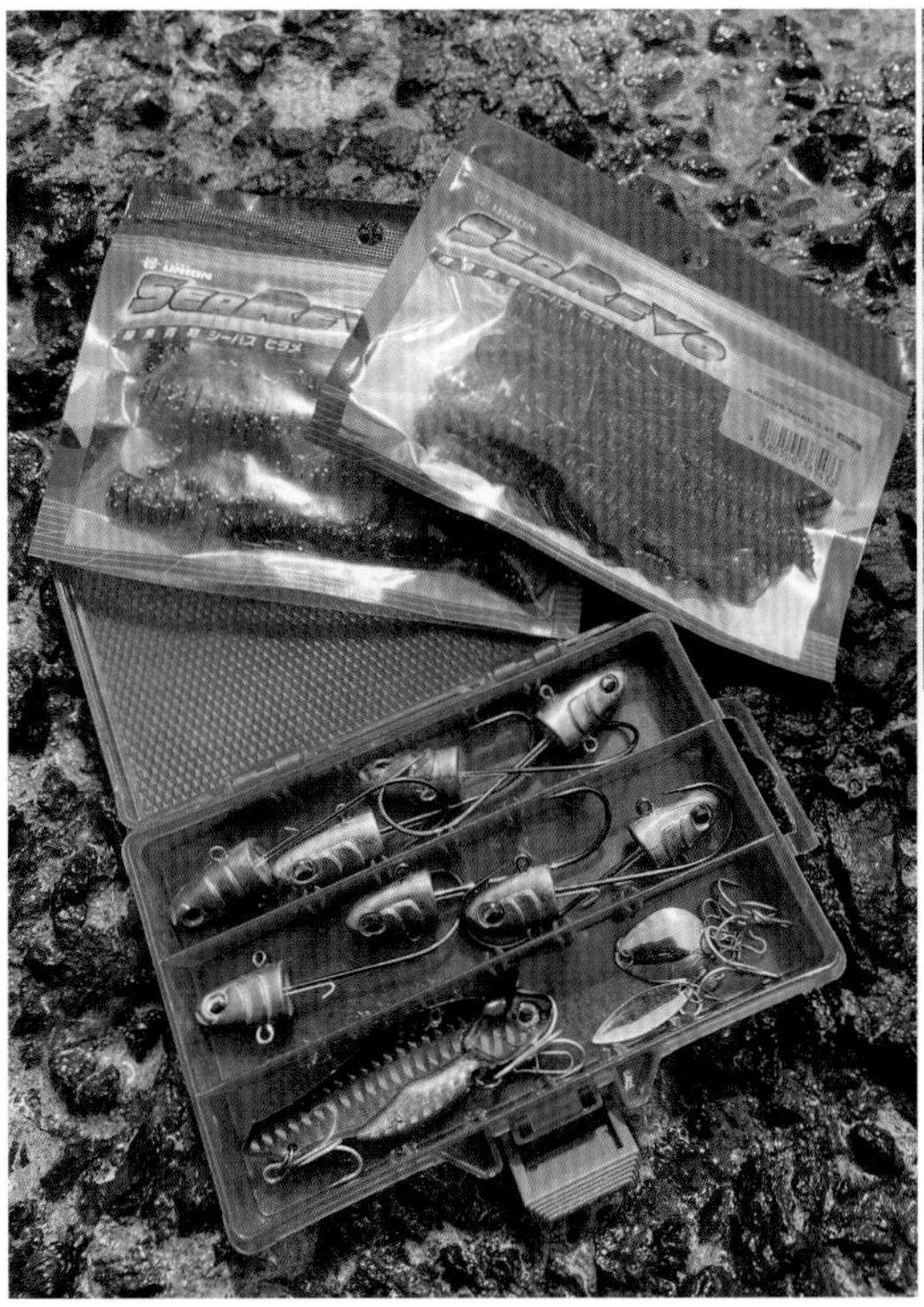

上／ロッドは10フィート8インチ（プロトモデル）。リールは4000番台がおすすめ。1号PEラインに、リーダーはフロロカーボン20～30ポンドを2m接続　左／上は『アバカスシャッド』3.8インチ。下のボックスにはファーサイド『シュートヘッド』のほか、フラッシュユニオン『フルメタルソニック』も入れている。状況によってはブレードを装着することもある

7月末から8月いっぱいは夏枯れ時期で、水温上昇によりヒラメが深場に移動して釣りづらくなる。その後、9月からの約2ヵ月間は、ベイトの岸寄りとともにヒラメが再び釣れだす。

ポイント選択は、波、風、水温、混みぐあい、ベイトの寄りなど、その日の状況によって選んでいる。過去に釣ったヒラメの胃を調べてみると、ヤリイカ、マメイカ、チカ、オオナゴ、カタクチイワシ、サバ、ガヤ、カレイ、エビ、ワームが出てきた。小魚メインだが、貪欲で何でも食べるヒラメは、ソフトルアー、ハードルアーともによく反応する。ルアーを常に動かし、積極的に攻めの釣りができるのも魅力のひとつだ。

信頼できるソフトルアーを

ヒラメねらいでは、以前からシャッド系ワームをよく使っていた。フラッシュユニオンの『アバカスシャッド』はバス用に開発されたワームで、「ヒラメにはどうなんだろう?」と初めは半信半疑で使っていた。ところが、いきなり初日で複数尾をキャッチ。一気に1軍ワームに昇格した。

ボディーをクネらせ各パーツが複雑な動きを伴い、低速から高速までバランスを保ちながらスイミングする。まるで生物のような波動を生みだし、まさに「生きたソフトルアー」という感じのワームだ。今は絶対の信頼を置いていて、他のワームを使うことはない。

サイズはフィールドに合わせて3・8インチ、4・3インチを使い分けている。3・8インチは主に漁港、サーフなどで使用。4・3インチは深場の磯、または大も

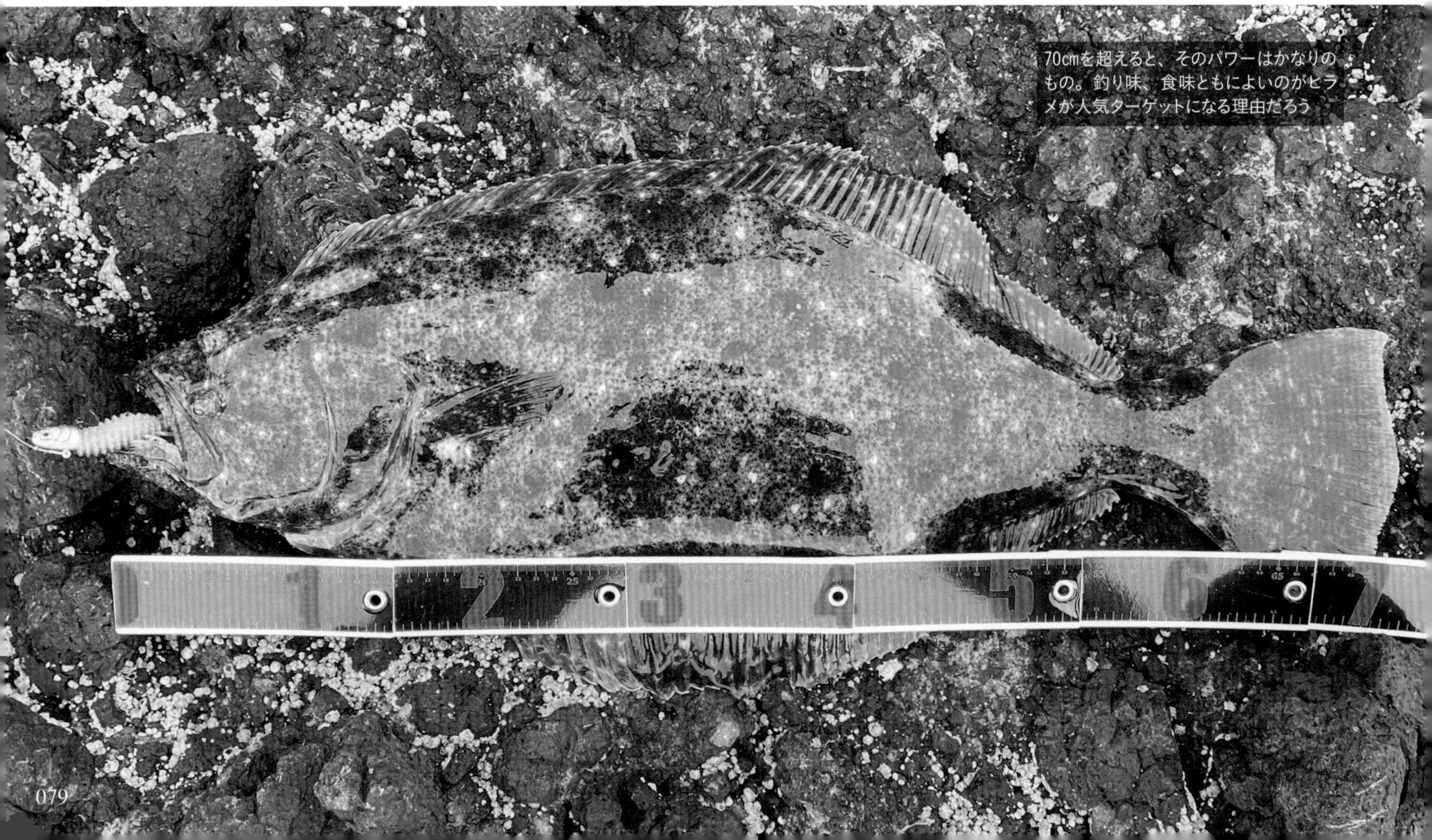

70cmを超えると、そのパワーはかなりのもの。釣り味、食味ともによいのがヒラメが人気ターゲットになる理由だろう

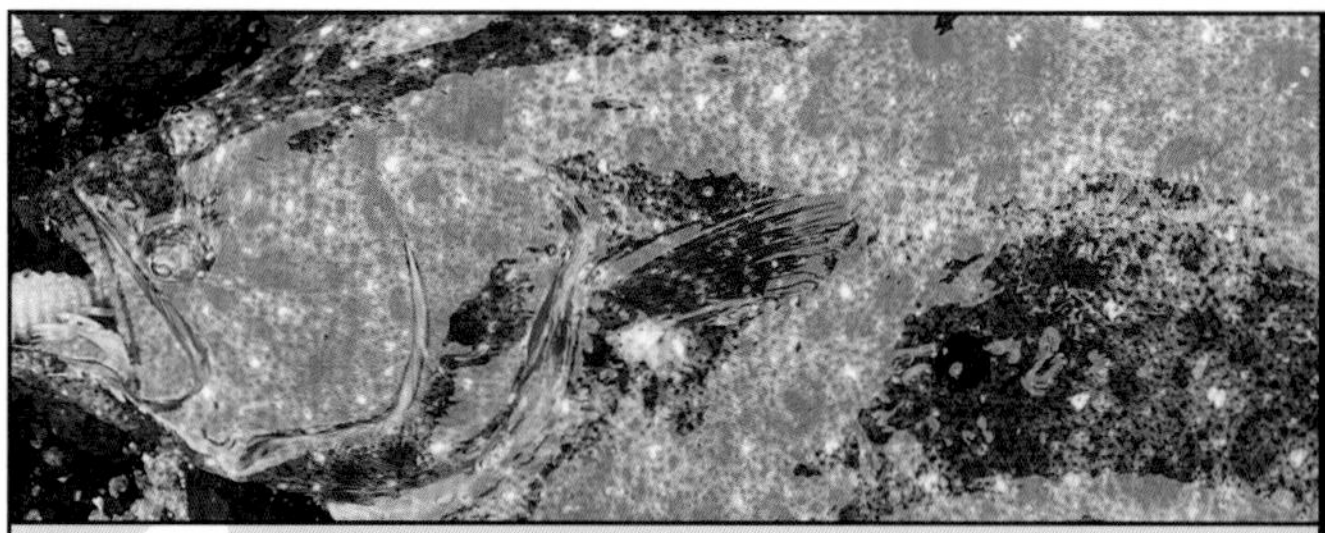

ヒラメに近づくための5つのキーワード

いくらタックルや釣りの技術が優れていても、その日のフィールドの状況に左右され、当たり外れが多いのがヒラメ釣りだ。どう上手くピースをはめ、１枚のパズルを完成していくように釣果につなげるのかが重要。その秘訣は、潮汐、気象、情報収集、観察、そしてこれらを考慮したラン＆ガンだと思う。

1 潮汐（タイドグラフ）

海は干潮、満潮を繰り返し、常に潮が動いている。ヒラメに限らずベストだと思う潮回りは、中潮の朝マヅメ、タマヅメだと思う。潮が程よく動き、捕食行動が活発でバイトが多発する。短時間で複数尾をキャッチすることもある。

真夜中や日中でも、潮がよく動いているときはキャッチ率が上がる。逆に若潮、長潮の潮回りは、他の条件がよくてもあまり釣果は上がらない。私の印象では、ボトムから３m上をスイミングしても一気に魚が上がってきて食いつくのが中潮。1m上でも食いつかないのが若潮といった感じだ。潮の流れによって、ヒラメのやる気が左右される。

冒頭で紹介したが、初めてヒラメを釣ろうとしたとき、毎日潮も見ずに通い、夜に仲間で一気に３尾釣れたのは、後々に潮回りの関係だと気づいた。釣りに行く際、まずはタイドグラフを見ることをおすすめしたい。

2 情報収集

SNS、情報サイトの普及により、ヒラメが釣れているポイントが容易に分かる便利な時代になった。もちろん私もSNSで情報を得ている。それらを元に「あそこらへんのフィールドがよさそうかな？」と大まかな地域を絞り、実際に魚をキャッチすることもある。

ただし、逆にSNSの情報発信には充分な注意も必要だと思う。大挙して釣り人が押し寄せると、ゴミ問題や駐車問題が起こりかねない。そこで暮らす方々にも配慮して、投稿には充分に配慮をしたい。

また釣り場を新規開拓する際には、グーグルマップで上空からの地形を見る。たとえば「ここは11時方向に離れ岩があって根掛かりしそう」とか、「この消波ブロックは岸から8mくらい沖に沈んでる」、「ここは砂地だな」といったことを確認する。

そしてフィールドで会った釣り人には挨拶し、会話をすることも大切。現場で最新情報を交換できる。

気象

フィールドの気象条件は刻々と変化する。風、波の変化には注意が必要だ。積丹半島では西側と東側で風向きが違うことが多く、弱い風か、風を背に受けられるポイントを選択することが大事。強烈な出し風の場合は上手く風に乗せ、通常以上のキャスト距離を稼げて広範囲を探ることができる。

西積丹では真正面の風でシケていても、東積丹はナギという場合もよくある。集中してキャスト、釣りができることが重要なので、風、波に関しては最新情報を入手したい。

4 観察

ベイトの有無は、とくに秋のヒラメ釣りでは釣果を大きく左右する。普段いないカタクチイワシ等が大挙して押し寄せ、上空、海面にそれをねらう鳥がいる場合は、大チャンスになる。潮流が変わるポイントや、離岸流が発生したり、地形が変化したりする場所は、ベイトが付きやすい。周囲をよく観察することが大切だ。

また防波堤に血の跡がある場所も要注意。サクラマスの場合はウロコが落ちていて釣れた場所が分かるが、ヒラメはキープする際にシメる方が多い。初めてのポイントでは、血の跡を探してみるのもよいだろう。

広いフィールドで闇雲にキャストするのではなく、まずはよく目を凝らして、こういった変化を探すことが１尾につながる。

5 ラン&ガン

ここまで解説した要素を考慮して、いざポイントへ。ヒラメは１ヵ所ですぐに釣れることもあれば、まったく釣れないこともある。獰猛で、目の前にルアーを通すとすぐに食い付くヒラメ。1キャストごとにトレースラインを変え、バイトがなければそこにはいないと見切る釣りになる。ある程度時間を掛けての釣りとは逆で、短時間で見切る釣りはなかなか難しい。その判断が上手くできるのが、よく釣るアングラーだと思う。

テンポよく細かな移動をして、潮止まりのときは大きく移動するなど、判断と感でラン＆ガンをしてほしい。どこかに必ずヒラメは潜んでいるはずだ。

広大なフィールドに出向き、ヒラメを足で釣る！ これを心掛けることが、ヒラメキャッチへの近道だと思う。

のが潜むポイントで出番が多い。

　カラーローテーションは、マヅメ時の薄暗い時間帯、夜間はグロー系、チャート、ピンクなど目立つカラー。クリアウオーター、日が上りきった時間帯ではイワシ、クリアホロ、ベビーギルなどリアル系のカラーを選ぶ。積丹ブルー全開の、どクリアなときは、下から見てシェイプがはっきり小さく見えるブラック系もおすすめだ。また赤金は夜間、日中問わずよく釣れる万能カラーのひとつ。「ヒラメは赤金」というイメージは昔から強い。

　システムは、ジグヘッドに刺すだけの簡単なセッティング。今まで使っていた市販品のフックの長さがどうも気に入らず、オリジナルでファーサイド『シュートヘッド』というジグヘッドを製造販売している。20gと30gがあり、その日の状況、フィールドで使い分けている。

出し風、浅場では主に20g。向かい風、深場、潮の流れが速いとき、遠投が必要な場合は30g。どちらのサイズにも『アバカスシャッド』が合うように設計している。『シュートヘッド』のフックシャンクの長さは、45㎜と長めに設計にしている。長めにすることで『アバカスシャッド』をセットしたとき、水平姿勢が安定し、ショートバイトでのフッキング率が格段に上がった。

タックル&釣り方の基本解説

　使用タックルは、開発中の10フィート8インチのヒラメロッド。リールはダイワの4000番台。PEラインは8本編みの1号で、ショックリーダーはフロロカーボン20～30ポンドを2m接続している。PEラインとリーダーはFGノットで結び、スナップを付けジグヘッドをセットする。これはルアー交換をスムーズに行ない、時合を逃さないようにするためだ。磯場での釣行が多いので、根ズレのリーダーチェック、交換は欠かさない。

　基本の釣り方はタダ巻き。ジグヘッドリグにすることで、しっかりとリーリング時のテンションが得られ、ヒラメの小さなバイトでもダイレクトに感じられる。タダ巻きの場合はワームのスイミング性能など、そのポテンシャルが高いことが重要になる。

　一連の流れを解説すると、キャストをしてまずはボトムを取り、ジグヘッドでボトムを叩き振動させる。砂を巻き上げてからリーリングを開始。一定速度（低速から中速）で、ボトムから1～2m上をスイミングさせる。そこにヒラメがいれば、たいていなんらかの反応はるだろう。

　ヒラメの視線は、常に上を向いている。この釣りは、上手く魚の真上にルアーを通すことに尽きると思う。ベイトを果敢に追って浮いているヒラメもいるが、やはりボトムにステイする個体が多いので、ボトム付近の釣りが基本になる。

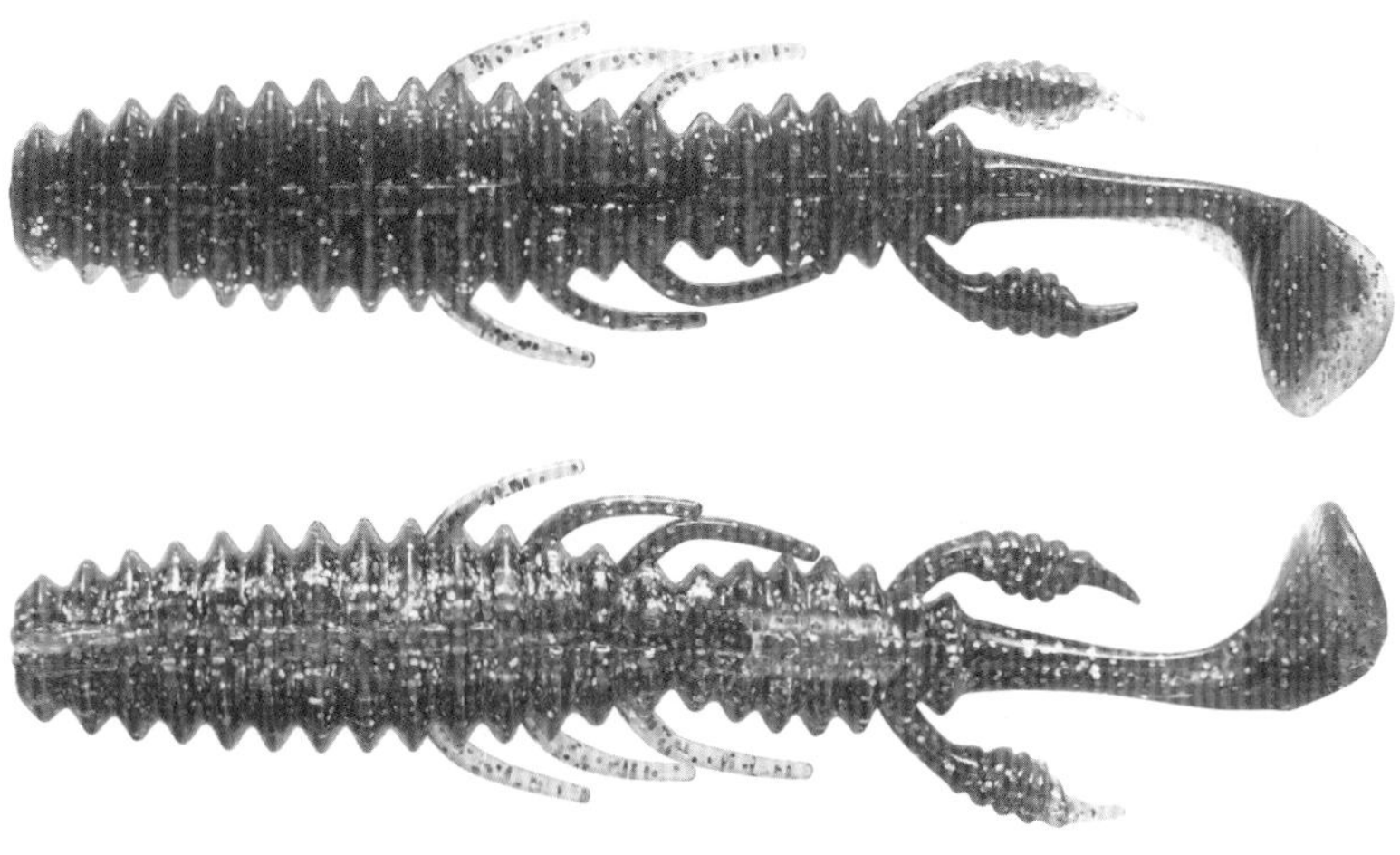

フラッシュユニオン
アバカスシャッド
形状の異なるパーツがそれぞれ独特の波動を生み、ヒラメにアピールする。写真のレッドゴールド（赤金）カラーは表と裏で色が異なり、ヒラメ釣りでは定番のカラーだ

比較的光量が少ないマヅメ時などは、チャート系など目立つカラーが効果的

日中はベイトに合わせたナチュラルなカラーを選ぶことが多い。ヒラメ釣りは一度やってしまうと抜け出せないほど奥深い。未経験の人はぜひ一度フィールドに足を運んでほしい

ロッド　リール　ルアー

ショアヒラメ・タックル図鑑

ここではタックルにスポットを当てたい。扱いやすい専用機種、ショアヒラメにマッチしたソルト用のなかから、メーカーが勧めるモデルを中心にロッド、リール、ルアーを掲載。古くから愛用されている定番品や、新製品も取り上げる。

ロッド

遠投を重視したサーフ用のラインナップが充実している。初心者から上級者まで、気になるモデルがきっと見つかるはずだ

●シマノ

サーフゲームに必要な軽さとパワーを両立

ネッサXR

小型ミノーから60g台のジグまで、さまざまなルアーでヒラメはもちろん青ものも視野に入れたラインナップ。遠投性能を重視したロングレングス設定でありながら、軽快なルアー操作をサポートするブランクスを実現。基本構造スパイラルXコアとハイパワーXにより、キャストやファイト時におけるネジレを抑え込み、ブランクスが持つ本来の性能をフルに発揮する。また、カーボンモノコックグリップによる軽量化と高感度化によりルアーから伝わる情報を的確に感知。

モデル	全長	継数	自重	仕舞	先径	ジグウエイト	プラグウエイト	適合ライン(PE)	価格
S104M	10'4"	3	170g	110cm	2.1mm	MAX42g	8–36g	0.8–2号	49,500円
S108M+	10'8"	3	172g	113.3cm	2.2mm	MAX48g	8–42g	0.8–2号	50,710円
S112M+	11'2"	3	180g	118.3cm	2.1mm	MAX48g	8–42g	0.8–2号	51,260円
S110M/MH	11'0"	3	190g	116.6cm	2.3mm	MAX56g	8–56g	0.8–2号	52,360円
S106MH	10'6"	3	175g	111.6cm	2.3mm	MAX56g	10–50g	0.8–2号	51,260円
S100MH+	10'0"	3	167g	106.6cm	2.3mm	MAX65g	10–56g	1–2.5号	51,810円
B104M+	10'4"	3	175g	110cm	2.1mm	MAX50g	10–45g	1–2号	51,260円

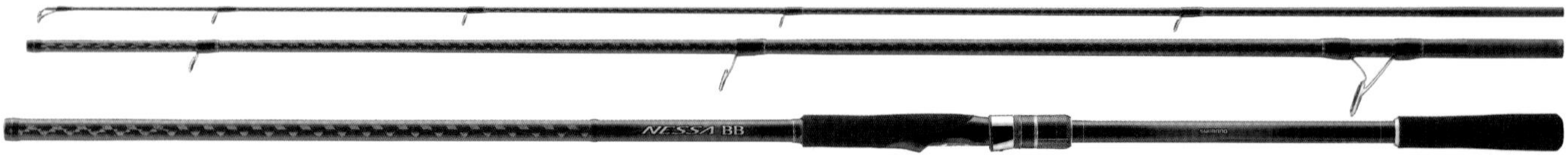

はじめてのサーフ専用ロッドに

ネッサBB

サーフゲームをより快適に、ストレスフリーな実釣性能を求め、生まれ変わった『ネッサBB』。上位機種で磨き上げた設計ノウハウをもとに、こだわり抜いた軽量設計はロングロッドの弱点ともいえる疲労感を軽減させ、快適な釣りをサポート。メインブランクスにはキャスト・フッキング時のパワーロスやブレを抑制する強化構造ハイパワーXを搭載し、遠投性・操作性・パワーが向上した。

モデル	全長	継数	自重	仕舞	先径	ジグウエイト	プラグウエイト	適合ライン(PE)	価格
S104M	10'4"	3	176g	110cm	2.1mm	MAX42g	8–36g	0.8–2号	28,490円
S108M+	10'8"	3	185g	113.3cm	2.4mm	MAX48g	8–42g	0.8–2号	30,360円
S112M+	11'2"	3	192g	118.3cm	2.5mm	MAX48g	8–42g	0.8–2号	31,020円
S106MH	10'6"	3	186g	111.6cm	2.6mm	MAX56g	10–50g	0.8–2号	31,020円
S100MH+	10'0"	3	176g	106.6cm	2.8mm	MAX65g	10–56g	1–2.5号	30,360円

●ジャクソン

大型魚に負けないブランクス

サーフトライブ

40tカーボンをメイン素材とし、一方向のみだけでなく90°方向にもマテリアルを配置し剛性がアップ。曲げれば曲げるほどに反発力を増すブランクスは、大型のヒラメや不意な青ものにも負けない。さらに、バランスのよいデザインは数字が示す自重よりも軽く感じ、アングラーの集中力を切らさない設定となっている。

モデル	全長	継数	自重	適合ルアー	適合ライン(PE)	価格
STSLS-9062L+	9'6"	2	148g	MAX 30g	0.4–1号	35,200円
STHS-1082ML	10'8"	2	185g	7–40g	0.8–2号	35,200円
STHS-1062M	10'6"	2	199g	10–45g	0.8–2号	34,650円
STHS-1112MH	11'1"	2	212g	12–60g	0.8–2号	35,750円
STHS-9102L	9'10"	2	145g	5–20g	0.4–1号	32,450円

●ジャッカル

サーフが持つさまざまな顔に対応

サブル

東レのナノアロイ®テクノロジーを採用したカーボンプリプレグに、中・高弾性素材を合わせたブランクス。ロングロッドにありがちな持ち重り感やだるさを徹底的に排除し、シャープで軽快な振り抜けを実現。掛けた魚に主導権を与えることなく、しっかりと寄せるバットパワーを併せ持つ。ガイドには、強度に優れ、タフな状況にも耐える富士工業製のステンレスフレームSiCを採用している。

モデル	全長	継数	適合ルアー	適合ライン(PE)	価格
S109MMH	10'9"	2	12–50g	0.8–2号	未定
S107MLM	10'7"	2	8–40g	0.8–1.5号	未定
S108ULML	10'8"	2	5–30g	0.6–1.2号	未定

●ダイワ

上級者も納得のハイスタンダード
オーバーゼア グランデ(サーフモデル)

はるか沖へ、彼方へのブランドコンセプトを痛快に体現できる『オーバーゼア』上位機種。好評を博したAIRシリーズをベースに欠点を洗い出し、遠投性、感度、調子、外観すべてを大幅にブラッシュアップ。さらに軽く、キャスティングはシャープに、飛距離が明らかにアップしているのを体感できる。

モデル	全長	継数	自重	仕舞	先径	適合ルアー	適合ジグ	適合ライン(PE)	価格
109ML/M	3.28m	2	162g	168cm	1.8mm	7-45g	7-50g	0.8-2号	45,100円
103M	3.12m	2	159g	160cm	2.0mm	10-45g	10-50g	0.8-2号	45,100円
1010M/MH	3.3m	2	180g	169cm	2.3mm	10-60g	10-70g	1-2.5号	45,650円

※ダイワがショアヒラメに推奨するモデルのみ掲載

飛距離とパワーで大ものねらい
オーバーゼア

太径の軽量でハイパワーなブランクス設計が特徴。ロッド性能に最も影響を与えるカーボンシートにおいて、カーボン繊維そのものの高弾性化はもちろん、カーボン繊維を取りまとめる接着剤的な樹脂(レジン)量に着目。贅肉とも言えるレジンの量を減らして代わりにカーボン繊維の密度を高めた「高密度HVFカーボン」は、より筋肉質でパワフル。その軽さからは想像できないルアーの飛距離をたたきだす。

モデル	全長	継数	自重	仕舞	先径	適合ルアー	適合ジグ	適合ライン(PE)	価格
109ML/M	3.28m	2	180g	168cm	2.0mm	7-45g	7-50g	0.8-2号	26,950円
103M	3.12m	2	175g	160cm	2.2mm	10-45g	10-50g	0.8-2号	26,400円
1010M/MH	3.3m	2	200g	169cm	2.2mm	10-60g	10-65g	0.8-2号	27,500円

※ダイワがショアヒラメに推奨するモデルのみ掲載

●D-3カスタムルアーズ

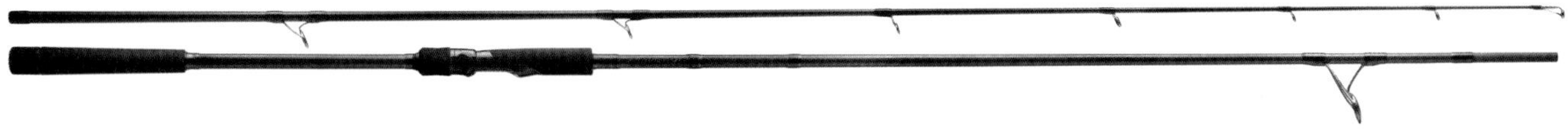

ソルト用"SW"シリーズの第2世代
ブラキストン ブレイヴェスト

ブラキストンのソルト用ロッド"SW"シリーズの2代目となる『BRAVEST(ブレイヴェスト)』。年を追うごとに多様化するメソッドや使用ルアーに対応すべく、レングスの違いを含めて個性的な2機種に仕上がっている。96MHはパワーキャスティングゲームを視野に入れたモデル。103Hはショアからの遠投性能に特化した、ロングディスタンスゲーム用のスペシャリティーロッド。共に軽量ハイトルクブランクス「Ht3X」を採用し、強いロッドながらに振り抜けのよさやベンドカーブの美しさは抜群。

モデル	全長	継数	適合ルアー	適合ライン(PE)	価格
BKT-BR96MH	9'6"	2	MAX42g	MAX2号	82,500円
BKT-BR103H	10'3"	2	MAX65g	MAX2.5号	82,500円

●テイルウォーク(エイテック)

サーフロッドの最適解
サーフラット SSD

サーフ攻略で大前提となる「ルアーをはるか彼方までストレスなく投げ続けられるロングキャスト性能」を実現するため、全モデルを10フィートオーバーのロングレングスに設定。長尺ロッドにありがちなバランスの悪さを極力排除するため、あえて全機種3ピースジョイントを選択し、ティップとバットの径の差が大きいハイテーパーデザインを採用。一日中ストレスフリーで投げ続けられるハイバランスなロッドに仕上がっている。

モデル	全長	継数	自重	仕舞	適合ルアー	適合ライン(PE)	価格
S102ML-P3	10'2"	3	182g	108cm	7-35g	0.6-1.5号	31,900円
S108M-P3	10'8"	3	192g	113cm	10-45g	0.8-2.0号	33,000円
S112MH-P3	11'2"	3	196g	118cm	15-55g	1.0-2.5号	34,100円
S130H-P3	13'0"	3	287g	137cm	20-65g	1.2-3.0号	38,500円

●ピュア・フィッシング・ジャパン(アブ・ガルシア)

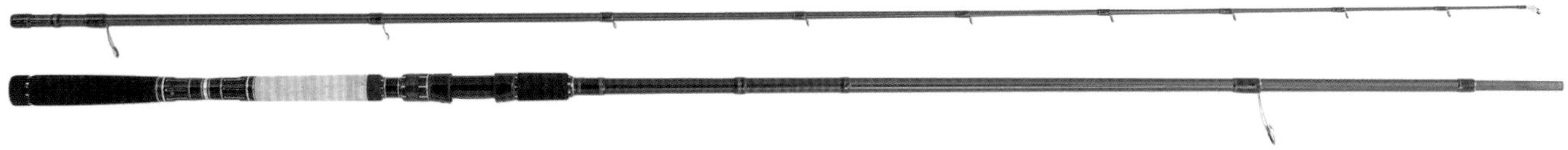

釣果倍増スピニングモデル
エラディケーター ロックスイーパー ERSS-94EXH

モデル	全長	継数	自重	仕舞	先径	適合ルアー	適合ライン(PE)	価格
ERSS-94EXH	9'4"	2	207g	146.2cm	2.3mm	14-56g	1-2号	53,900円

足場の限定されるオカッパリにおいて「飛距離=釣果」に直結するシチュエーションは少なくなく、飛距離と感度は絶対条件といえる。反発力が強く筋肉質なブランクスを採用することで圧倒的な飛距離と遠投先でのショートバイト、細かな地形変化までをも明確に手もとに伝達。さらに、ロングロッドの弱点ともいえる「持ち重り感」も徹底した軽量化とロッドバランスの見直しで最小限に抑え、軽快な使用感も兼備している。

●フィッシュマン

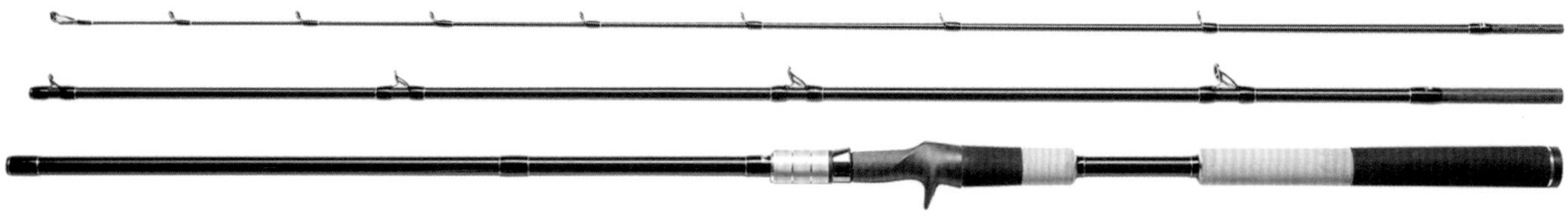

沖のボトムも攻略できる感度

ブリスト ベンダバール10.1M

モデル	全長	継数	自重	仕舞	適合ルアー	適合ライン(PE)	価格
BRIST VENDAVAL10.1M	10'1"	3	283g	106.5cm	8–50g	1–4号	64,680円

『ブリスト ベンダバール10.1M』のミッションは2つ。1つ目はもちろん長距離砲。8.9Mを上回る飛距離をたたきだすことができる。2つ目は感度。クローラシリーズなどに実装している「張りがあるのにしなやか」な要素を長尺ロッドに採用。しなやかさはそのままで、強調したい張りの部分を、高弾性カーボンを外側に巻くことで、理想的な穂先が完成した。これにより高比重なルアーを沖のボトムに着底させ、ティップが根周りの感触を感知し、リフトアンドフォールなどの操作性も向上している。

モデル	全長	継数	先径	自重	仕舞	適合ルアー	適合ライン(PE)	価格
シューティングサーフ96	9'6"	2	1.9mm	158g	149cm	10–40g	0.8–2号	61,600円

レングスを感じさせない高操作性

フラットフィッシュプログラム シューティングサーフ96カスタム

9'6"というレングスを感じさせない快適な操作性を実現した、サーフゲームの核となるモデル。向かい風でもストレスなく振り切れるキャストフィールと、ルアーの泳ぎやカレントの変化を的確に把握できるしなやかな感度。そして、長時間振り続けても疲れにくいバランス。波や風、カレントに大きく影響されるサーフゲームにおいて、ロッドに求められるさまざまな要素を兼ね備えている。

●メジャークラフト

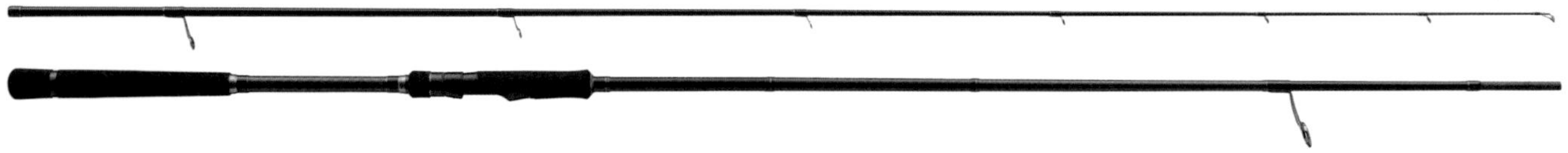

サーフモデル新登場

トリプルクロス サーフ

モデル	全長	継数	適合ルアー	適合ライン(PE)	価格
TCX-982SURF	9'8"	2	10–45g	0.8–2号	21,120円
TCX-1002SURF	10'0"	2	10–45g	0.8–2号	21,450円
TCX-1062SURF	10'6"	2	10–45g	0.8–2号	21,670円
TCX-1002SURF/H	10'0"	2	10–52g	0.8–2号	21,670円

元節部に、ロッドの暴れやネジレを防ぐ4軸カーボンと、カーボンテープを締め込むことによりトルクフルなバットパワーを実現したクロスフォースを搭載。メインの中・高弾性カーボンと、ブランクセクションに応じた最新製法により「剛」と「柔」のバランスを高水準で実現した。

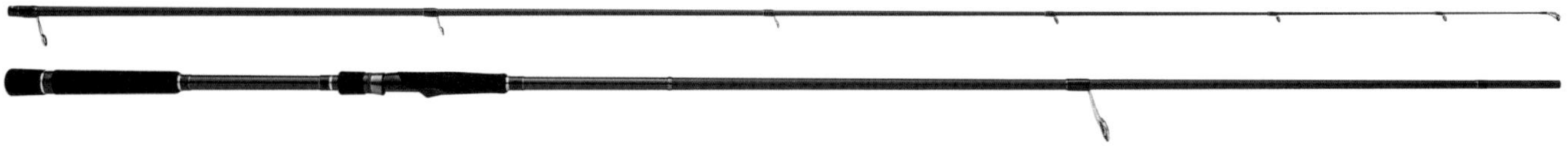

フラットフィッシュ &トレッキング

フラットレック5G

モデル	全長	継数	適合ルアー	適合ライン(PE)	価格
FR5–1002M	10'0"	2	7–45g	0.8–2号	35,750円
FR5–1082MH	10'8"	2	10–50g	1–2号	37,400円

『フラットレック5G』はラン&ガンの際に、釣り人の体力消耗を軽減する目的で開発されたシリーズ。新製法の「R360構造」と最新素材の東レ「T1100Gカーボン」との組み合わせで、軽量かつ振り抜きのよい仕上がりになっている。一日中歩いて、ポイントを探りながら釣りとおしたい方におすすめ。

●ヤマガブランクス

遠投性能が求められるあらゆるゲームに対応

アーリー フォーサーフ

モデル	全長	継数	自重	仕舞	適合ルアー	適合ライン(PE)	価格
EARLY 99ML for Surf	2980mm	2	155g	1525mm	7–35g	0.8–1.5号	36,960円
EARLY 103M for Surf	3150mm	2	174g	1610mm	8–42g	0.8–1.5号	36,960円
EARLY 109MMH for Surf	3295mm	2	195g	1690mm	8–50g	1–2号	38,060円
EARLY 105MH for Surf	3180mm	2	192g	1630mm	10–50g	1–2号	39,270円
EARLY 105MMH/Bait for Surf	3175mm	2	189g	1625mm	15–50g	1.5–2.5号	39,820円

『アーリー フォーサーフ』は、サーフゲームのニーズに応えるべく開発したロングディスタンス攻略用モデル。遠投性能を主軸に置いた設計に加え、軽量なブランクスと軽快なキャストフィールで、重いルアーを遠投する際にも集中力を途切れさせることなく長時間振り続けることができる。ブランクスの基本性能を練り上げ、ブレのない振り抜け、しっかりと溜めることのできるパワー、さらに高感度の性能が研ぎ澄まされている。

リール ここでは主に、新製品を中心とした各社のイチオシを紹介。ショアヒラメに用いられる、スピニングモデルの 2500 番サイズ以上を掲載している

● ダイワ

スペック以上の軽量感

エアリティ

『22イグジスト』より展開されているAIRDRIVE DESIGNを採用したダイワの最軽量シリーズ。全体はもちろん、フロントユニットを軽量化することで、スペック以上の軽量感を与え、操作性が飛躍的に向上。また、モノコックボディ×マグネシウム（金属）によって、軽さと強さを両立している。5000番までラインナップされており、サーフフィッシングに必要な糸巻量も確保。

モデル	ギア比	最大ドラグ力	自重	スプール径	糸巻量（ナイロン）	糸巻量（PE）	巻取り長さ	ハンドル長さ	ベアリング（ボール/ローラー）	価格
LT2500S	5.1	5.0kg	150g	45mm	4lb-150m	0.6号-200m	72㎝ / 1回転	50㎜	11/1	70,400円
LT2500S-XH	6.2	5.0kg	150g	45mm	4lb-150m	0.6号-200m	87㎝ / 1回転	50㎜	11/1	70,400円
LT2500S-DH	5.1	5.0kg	165g	45mm	4lb-150m	0.6号-200m	72㎝ / 1回転	90㎜	11/1	72,600円
PC LT2500	5.2	10.0kg	165g	45mm	6lb-150m	0.8号-200m	73㎝ / 1回転	50㎜	11/1	70,950円
PC LT2500-H	5.7	10.0kg	165g	45mm	6lb-150m	0.8号-200m	80㎝ / 1回転	55㎜	11/1	70,950円
LT3000-H	5.7	10.0kg	175g	48mm	8lb-150m	1号-200m	85㎝ / 1回転	55㎜	11/1	71,500円
PC LT3000	5.2	10.0kg	185g	48mm	8lb-150m	1号-200m	77㎝ / 1回転	60㎜	11/1	72,050円
PC LT3000-XH	6.2	10.0kg	185g	48mm	8lb-150m	1号-200m	93㎝ / 1回転	60㎜	11/1	72,050円
LT4000-XH	6.2	10.0kg	200g	51mm	12lb-150m	1.5号-200m	99㎝ / 1回転	60㎜	11/1	72,600円
LT5000D-CXH	6.2	10.0kg	205g	54mm	25lb-150m	2.5号-300m	105㎝ / 1回転	60㎜	11/1	74,800円

軽さと剛性に磨きを掛けた

フリームス

ダイワ独自素材のZAION Vをボディー、ローターに採用した汎用モデル。軽量かつ高剛性な素材により、基本性能を底上げさせたことで幅広いシチュエーションでアングラーの釣りをサポートしてくれる。また、6000番までラインナップがあり、使用用途に合わせて最適なアイテムを選ぶことができる。

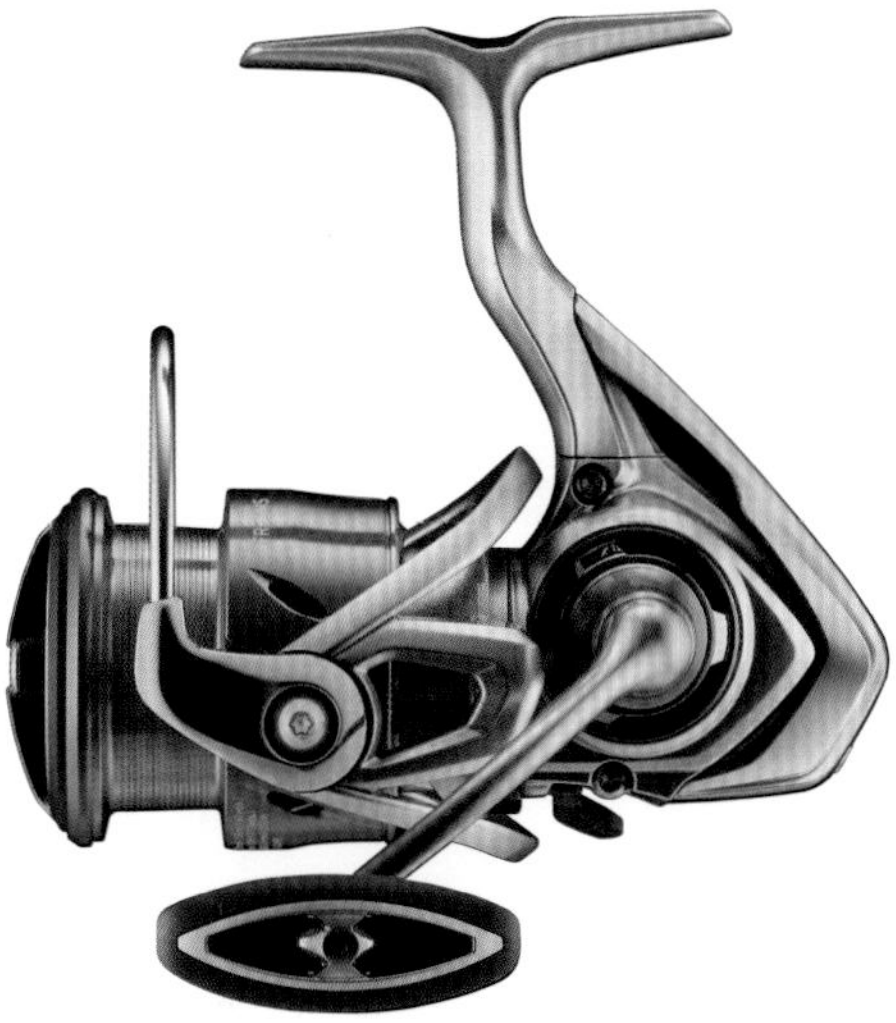

モデル	ギア比	最大ドラグ力	自重	スプール径	糸巻量（ナイロン）	糸巻量（PE）	巻取り長さ	ハンドル長さ	ベアリング（ボール/ローラー）	価格
LT2500	5.3	10.0kg	200g	45mm	4lb-230m 6lb-150m 8lb-100m	0.6号-290m 0.8号-200m 1.0号-190m	75㎝ / 1回転	50㎜	5/1	19,910円
LT2500-XH	6.2	10.0kg	200g	45mm	4lb-230m 6lb-150m 8lb-100m	0.6号-290m 0.8号-200m 1.0号-190m	87㎝ / 1回転	50㎜	5/1	19,910円
LT3000-C	5.3	10.0kg	210g	45mm	8lb-150m 10lb-120m 12lb-100m	1.0号-200m 1.2号-190m 1.5号-170m	80㎝ / 1回転	90㎜	5/1	20,680円
LT3000-CXH	6.2	10.0kg	210g	45mm	8lb-150m 10lb-120m 12lb-100m	1.0号-200m 1.2号-190m 1.5号-170m	93㎝ / 1回転	50㎜	5/1	20,680円
LT3000	5.2	10.0kg	225g	45mm	8lb-150m 10lb-120m 12lb-100m	1.0号-200m 1.2号-190m 1.5号-170m	77㎝ / 1回転	55㎜	5/1	21,780円
LT3000-XH	6.2	10.0kg	225g	48mm	8lb-150m 10lb-120m 12lb-100m	1.0号-200m 1.2号-190m 1.5号-170m	93㎝ / 1回転	55㎜	5/1	21,780円
LT4000-C	5.2	12.0kg	235g	48mm	10lb-190m 12lb-150m 14lb-130m	1.2号-310m 1.5号-200m 2.0号-170m	82㎝ / 1回転	60㎜	5/1	21,780円
LT4000-CXH	6.2	12.0kg	235g	48mm	10lb-190m 12lb-150m 14lb-130m	1.2号-310m 1.5号-200m 2.0号-170m	99㎝ / 1回転	60㎜	5/1	21,780円
LT5000-CXH	6.2	12.0kg	255g	51mm	10lb-330m 14lb-230m 20lb-150m	1.5号-430m 2.0号-300m 2.5号-260m	105㎝ / 1回転	60㎜	5/1	22,880円
LT6000D-H	5.7	12.0kg	325g	54mm	14lb-310m 20lb-250m 30lb-100m	2.5号-420m 3.0号-300m 4.0号-220m	101㎝ / 1回転	60㎜	5/1	23,430円

● ピュア・フィッシング・ジャパン（アブ・ガルシア）

大口径ギア搭載のタフモデル

レボ SP ビースト

従来よりも大口径のドライブギアを搭載することにより耐久性が向上し、トルクフルな巻き上げが可能になった。タフモデルながら、不要なスペースを徹底的に排除した左右非対称ボディーは軽量化に貢献。ピニオンギアとラインローラー部には、撥水コートを施した新開発ボールベアリングを採用し、回転異音の原因となる塩ガミ現象が激減。これにより快適な巻き心地を実現させている。

モデル	ギア比	最大ドラグ力	自重	糸巻量（ナイロン）	糸巻量（PE）	巻取り長さ	ベアリング（ボール/ローラー）	価格
2500S	5.1	5kg	192g	6lb-100m	0.8号-150m	72㎝ / 1回転	10/1	32,450円
2500SH	6.1	5kg	192g	6lb-100m	0.8号-150m	86㎝ / 1回転	10/1	32,450円
3000SH	6.1	5kg	210g	8lb-110m	1.2号-150m	92㎝ / 1回転	10/1	33,000円
3000MSH	6.1	5kg	220g	16lb-150m	2号-220m	92㎝ / 1回転	10/1	33,000円
4000SH	6.1	7kg	225g	16lb-150m	2号-220m	100㎝ / 1回転	10/1	33,550円

● シマノ

CI4+ボディーの世界戦略機種
ミラベル

『ヴァンキッシュ』を頂点に回転と自重の軽さを追求するMGLシリーズに、世界戦略機種となる『ミラベル』が誕生。ボディーなど、大型のパーツにCI4+を採用し、クラスを超えた軽量化を達成。また、サイレントドライブやねじ込み式ハンドルはリーリング時のノイズやガタを抑制する。キャスト、リーリング、ロッドワークなどさまざまなシーンで軽量化がもたらす恩恵を体感できる。

モデル	ギア比	実用ドラグ力	最大ドラグ力	自重	スプール(径/ストローク)	糸巻量(ナイロン)	糸巻量(PE)	巻取り長さ	ハンドル長さ	ベアリング(ボール/ローラー)	価格
2500	5	3.5kg	9kg	205g	46.5mm/14.5mm	2号−170m 2.5号−150m 3号−120m	1号−320m 1.2号−270m 1.5号−220m	73cm / 1回転	55mm	5/1	17,930円
2500S	5	2.5kg	4kg	205g	46.5mm/14.5mm	5lb−110m 6lb−95m 8lb−70m	0.6号−200m 0.8号−150m 1号−120m	73cm / 1回転	55mm	5/1	17,930円
2500SHG	6.2	2.5kg	4kg	205g	46.5mm/14.5mm	5lb−110m 6lb−95m 8lb−70m	0.6号−200m 0.8号−150m 1号−120m	91cm / 1回転	55mm	5/1	17,930円
C3000	5	3.5kg	9kg	205g	46.5mm/14.5mm	2.5号−180m 3号−150m 4号−100m	1号−400m 1.5号−270m 2号−200m	73cm / 1回転	55mm	5/1	17,930円
C3000HG	6.2	3.5kg	9kg	205g	46.5mm/14.5mm	2.5号−180m 3号−150m 4号−100m	1号−400m 1.5号−270m 2号−200m	91cm / 1回転	55mm	5/1	17,930円
4000	4.7	6kg	11kg	245g	51mm/17mm	3.5号−170m 4号−150m 5号−125m	1号−490m 1.5号−320m 2号−240m	75cm / 1回転	55mm	5/1	19,470円
4000XG	6.2	6kg	11kg	245g	51mm/17mm	3.5号−170m 4号−150m 5号−125m	1号−490m 1.5号−320m 2号−240m	99cm / 1回転	55mm	5/1	19,470円
C5000XG	6.2	6kg	11kg	270g	54mm/17mm	4号−190m 5号−150m 6号−125m	1.5号−400m 2号−300m 3号−200m	105cm / 1回転	55mm	5/1	20,570円

ルアー

ジグやプラグなどのハードルアーからワームにいたるまで、北海道のショアヒラメにぴったりな製品がズラリ！

ハードルアー

● エンドウクラフト

ボトムから表層まで対応
I.Oカスタム タイプC

細身の後方重心ボディーは遠投性に優れ、リトリーブではワイドなウオブリングアクションが特徴的。ストレートな形状ながら、手もとに引き感がしっかりと伝わる。フォール時にはウオブリングしながらバックスライドするため、リトリーブとフォールを組み合わせたアクションを心掛けると効果的だ。ボトムから表層までを自由にコントロールできるキャスティングジグだ。

●サイズ：100mm 38g ●カラー：全14色
●価格：1,314円+税〜

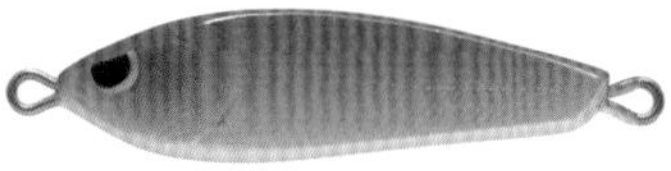

スプーンとジグのいいとこどり
メタルリップレス35

スプーンのアクションとメタルジグの飛距離の両方が備わった『メタルリップレス』。スローリトリーブでもしっかりと水を噛んで綺麗に泳ぎ、レンジキープもしやすい。コンパクトで風の影響も受けにくく、遠くのブレイクまでも射程圏内にすることができる。

●サイズ：60mm 35g ●カラー：全9色
●価格：1,219円+税〜

● 岡クラフト

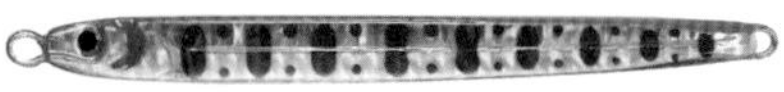

定番ジグはヒラメにも
岡ジグ LT-30／35

海アメ・海サクラの実績が高い岡ジグだが、ヒラメにも効果を発揮する。カタクチイワシを彷彿とさせるスリムな形状は、ゆったりしたローリングが入りながらウオブリングを発生させる。ダブルフラッシング仕様により、ローリング時のフラッシングが強い。カラーラインナップが豊富な点もうれしい。

●サイズ：93mm 30g、93mm 35g（全長は編集部計測）
●カラー：全19色（シェルカラーを含む）
●価格：1,210円

LTで反応がないときに
岡ジグ AT-30

左右非対称の形状が特徴的なメタルジグ。ちょっとしたロッドアクションの変化でイレギュラーアクションを起こし、フォール時にはスパイラルに沈下する。低速で振り幅のピッチが大きいのが最大の持ち味で、ジグミノーに近い泳ぎ。LTシリーズなど後方重心タイプでは反応がないときに試してみたい。

●サイズ：80mm 30g（全長は編集部計測）
●カラー：全11色 ●価格：1,210円

● サミーズ

Sammys誕生のきっかけ
サーフトリップ

規則正しいウオブリングアクションで、タダ巻きだけでも使えるスイミングジグ。水平でレベルフォールするので、ジャーク&フォールによる縦の誘いをする場合も扱いやすい。30gは比較的穏やかな状況下で、ベイトが小さいときなどに有効。40gと50gは少し荒れている状況下や飛距離が欲しい場合、広く探りたいときなどに使う。リトリーブはミディアムからミディアムファストがベターで、速巻きにも対応。アクションは基本的にウオブンロールだが、リトリーブ速度を上げるにしたがってウオブリングに変わる。

●サイズ：100mm 40g
●カラー：全12色 ●価格：1,430円〜

タフコンディションでも釣りになる
ディープストリーム

向かい風、横風関係なく、飛距離とアピール力は同社ナンバーワンのメタルジグ。横風のときも浮き上がりにくく、レンジキープしやすいため強風時でも釣りになる。少し荒れている状況下ではスローなタダ巻きまたはジャーク&フォールを織り交ぜた使用が有効。ボトムをとってからジャーク&フォール、デッドスローのタダ巻きにストップを入れる釣り方もよい。

●サイズ：85mm 30g、95mm 40g ●カラー：全8色
●価格：30g=1,408円〜、40g=1,518円〜

●シマノ

ミドルレンジ以深の攻略に
熱砂 スピンドリフト90HS ノースプレミアム

ヘビーシンキング用に一から設計した独自のオフセットリップを搭載。アクション時にリップ裏面がスタビライザー効果を発揮する。また、ルアーの暴れを抑え、ボトムコンタクトの際にリップ強度を増強する意味も兼ねている。ボディーはミドルレンジ以深の攻略をイメージして開発し、レンジキープもさせやすい。低活性時に捕食レンジとなる中層以深や沖合のブレイク攻略、また強風でほかのルアーでは手が出ないときに威力を発揮する。

●サイズ：90mm 27g　●カラー：全5色

●価格：1,870円

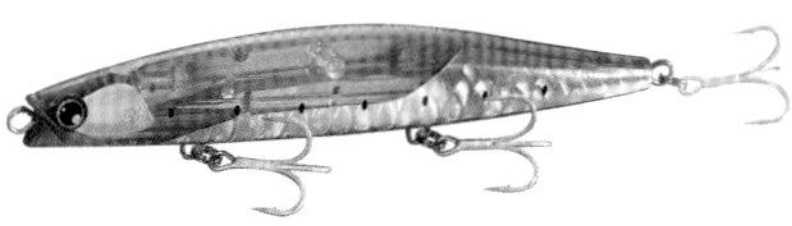

操作しやすいシンキングペンシル
熱砂 ビームドリフト125S フラッシュブースト

シンキングペンシルのメリットは、遠くのポイントで表層をスローにアクションさせられること。ビームドリフトは、より遠くのポイントにルアーを届けられるよう、シンキングペンシルのなかでは重ための設計。遠投した先でもボトムタッチが分かりやすく、風の強い悪条件下でも遠投が可能。さらに先端のカップは掘りの深さや長さ、角度などを細かく検証し、ルアーのアクションを向上させつつ、飛距離にも影響を与えないようなデザインになっている。

●サイズ：125mm 40g　●カラー：全10色

●価格：2,475円

飛距離とトラブルレス性能を両立
熱砂 ビームブレード ハイアピール

ネッサに新しくスピンテールジグが登場。重心移動アイにより飛距離が出しやすい設計になっており、このタイプのルアーに多いラインのフック絡みを防いで快適に使用できる。さらに珍しい特徴として、ブレードに初めてスケールブーストを搭載。ブレードに興味を持ちアタックしてくる魚に対して、さらに高い集魚効果を発揮することを目指した。

●サイズ：61mm 21g、66mm 32g　●カラー：全10色

●価格：21g=1,485円、32g=1,540円

●ジャクソン

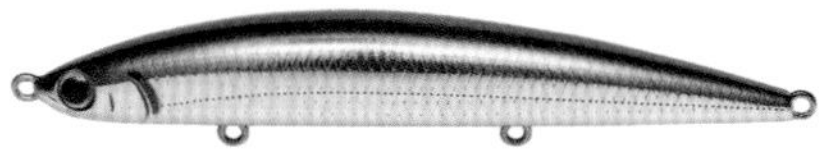

より自然にベイトを演出
アスリート105SSP

ショアヒラメの人気にともない、近年はターゲットに大きなプレッシャーが掛かっている。105mmという年間で最も回遊の多いベイトサイズに合わせることで、より自然にベイトを演出することが可能になった。サイズを小さくすると飛距離に問題が出てくることが多いプラグだが、『アスリート12SSP』譲りの後方ウエイト配置により十分な飛距離も確保でき、広範囲のフィッシュイーターにアピール。アクションは12SSPを継承しつつ、より細かなピッチのウオブンロールを取り入れることで魚の食性をより刺激する。

●サイズ：105mm 24.5g　●カラー：全8色　●価格：2,035円

驚異の飛距離と速攻フォール
アスリート12SSP／14SSP

あらゆるシチュエーションで誰が投げても飛距離が出せ、遠浅サーフでもボトムを擦らずにスローで誘えるルアー。着水後はフリーフォールで後方からストンと垂直落下し、すぐにボトムをとりスイミングすることが可能。アクションはスローリトリーブでお尻を大きく振るロールアクション。リトリーブ速度を上げていくにつれウオブンロールへと変化する。3フックシステムにより、フラットフィッシュ特有の下から突き上げてくるバイトを逃さない。

●サイズ：12SSP=120mm 33g、14SSP=140mm 40g

●カラー：12SSP=11色、14SSP=8色

●価格：12SSP=2,310円、14SSP=2,475円

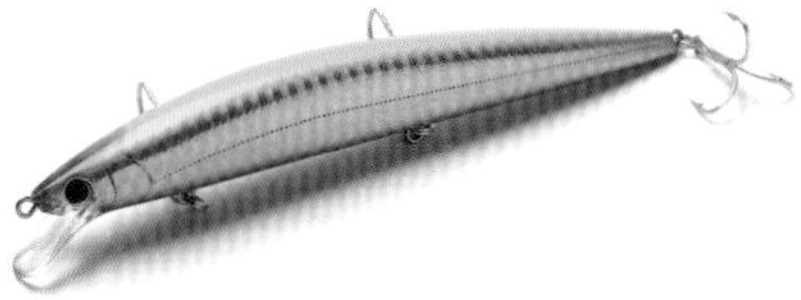

ジャクソンミノーの原点
アスリート12SS／14SS

サーフや磯など、向かい風の影響を受けるような悪条件下でも常に安定した最高飛距離が出せるように設計。北海道では海アメ・海サクラで人気だが、ヒラメでも高い実績を残している。スローリトリーブでロール、速巻きでウオブンロール。ジャーキングによるアピールもよく効くハイレスポンスミノーだ。

●サイズ：12SS=120mm 21g、14SS=140mm 25g

●カラー：10色

●価格：12SS=2,310円、14SS=2,475円

VG搭載でさらに進化
アスリート+ 105SVG／12SVG／14SVG

リップの裏に設けられた2対の突起「VG（ボルテックスジェネレーター）」がキャスト時にリップ周辺で発生する空気の渦の影響を軽減し、飛行中のボディーのブレを制御。その結果、安定した飛距離が確保できる。また、フラットサイド仕様によりウオブンロールアクションの際、強いフラッシングが発生。さらにアピール力が高まり、広大なサーフゲームでも強い存在感でフィッシュイーターを魅了する。

●サイズ：105SVG=105mm 17g、12SVG=120mm 21g、14SVG=140mm 30g　●カラー：105SVG=8色、12SVG／14SVG=8色　●価格：105SVG=2,200円、12SVG=2,310円、14SVG=2,530円

まさに飛び過ぎ
飛び過ぎダニエル

持ち前の飛距離を活かし、より広いエリアを攻略。アクションはかなり激しいワイドウォブリングアクションなので、水中での存在感は抜群。魚影が少ないコンディションでも魚たちにその存在が気付かれやすい。オールレンジ対応で、後方からはもちろん、下からの突き上げや横からの回り込みなど、あらゆるバイトに対して高いフッキング率が得られるよう、テールのみではなく腹部にもトレブルフックを設置している。

●サイズ：61mm 14g、67mm 20g、80mm 30g、83mm 40g

●カラー：14g／20g=16色、30g=15色、40g=11色

●価格：14g=1,155円、20g=1,210円、30g=1,320円、40g=1,430円

●ダイワ

ヒラメ好みのワイドアクション
フラットジャンキー バーティスR

『フラットジャンキー バーティスR』は、『ショアラインシャイナーZ バーティス』をベースに、よりヒラメが好むワイドウオブリングアクションにリップチューンしたヒラメ特化型ミノー。また、空気抵抗を抑えたボディーと大型のタングステンウエイトを搭載した重心移動システムにより、飛距離とアクションの安定性が大幅に向上している。

●サイズ：R125F=125mm 20g、R125S=125mm 22.5g

●カラー：全8色　●価格：R125F=2,420円、R125S=2,475円

沖合のブレイクを攻略
鮃狂（フラットジャンキー）ヒラメタルZ

フロントフックアイの後ろに「フックポジションリミッター」を設けることで、後部への可動域を抑えコンパクト化。全長が短くなり空・水中抵抗を軽減する。リアフックのリングには着脱可能なティンセルパーツが付属。アピール力が高く、ジグの暴れすぎも抑制。バイトマーカーの役割も果たし、フッキング率アップにも貢献する。

●サイズ：62mm 32g、68mm 40g　●カラー：全12色

●価格：32g=1,298円、40g=1,430円

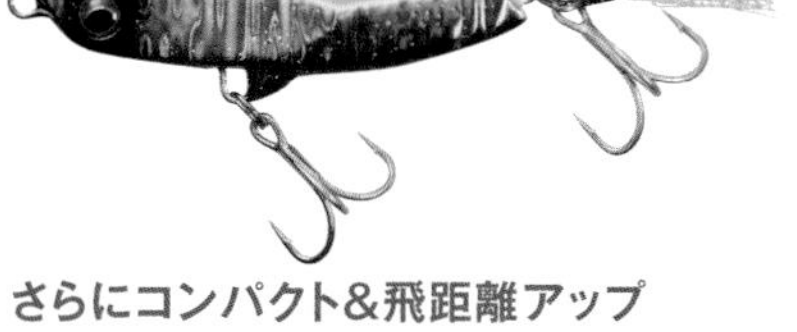

さらにコンパクト&飛距離アップ
鮃狂（フラットジャンキー）ヒラメタルZ TG

タングステンボディーにより『ヒラメタルZ32』と同等サイズで40gのウエイトを実現。タングステン高比重小粒ボディーは、飛距離はもとより強い流れのなかでも浮き上がらず、レンジキープ力にも優れる。ヒラメタル譲りの多面高フラッシング構造（左右対称）や前後のフック絡みを解消するフックポジションリミッター、着脱可能バイトマーカーティンセルなど、ヒラメを攻略するための機能が満載。

●サイズ：55mm 30g、58mm 40g　●カラー：30g=10色、40g=12色　●価格：30g=1,980円、40g=2,090円

レーザーインパクト搭載のぶっ飛びシンペン
オーバードライブ レーザーインパクト

超ぶっ飛びヘビーシンキングペンシル『オーバードライブ95S』にレーザーインパクト搭載モデルが登場。レーザーインパクトは、イワシなどと同様の高輝度反射光を多方向に放つ3Dマルチ反射構造。昼夜・場所を問わず光でターゲットにアピールする。スローリトリーブではワイドテールスイングアクション、高速リトリーブではイレギュラーロールにシフトチェンジ。

●サイズ：95mm 35g　●カラー：全8色　●価格：2,310円

●ジャッカル

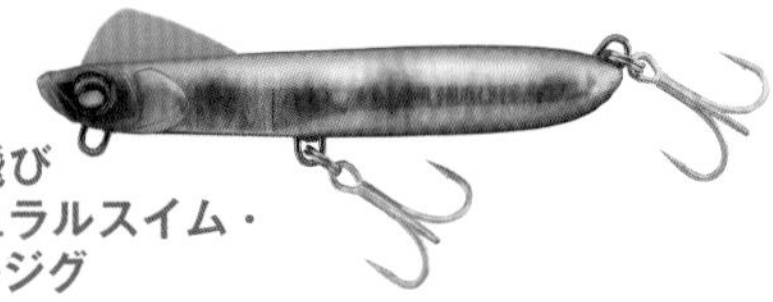

ぶっ飛び
ナチュラルスイム・
メタルジグ

サブル スイムメタル

リアバランス設計で100m超がねらえる遠投性能を持ちつつ、後方重心のジグにありがちな不自然な動きを排除。頭部のトサカによりボディーの暴れや横倒れを抑え、ナチュラルなスイミング姿勢で誘うことが可能。また、亜鉛製ならではの浮き上がりのよさとシルエットによるアピール力を持ち合わせている。広範囲を手早く探ることが得意で、パイロットルアーとしてはもちろん、飛距離を活かして沖のサオ抜けポイントをねらうこともできる。
●サイズ：70㎜ 25g、79㎜ 35g、86㎜ 45g ●カラー：全8色
●価格：25g=1,540円、35g=1,595円、45g=1,650円

●スミス

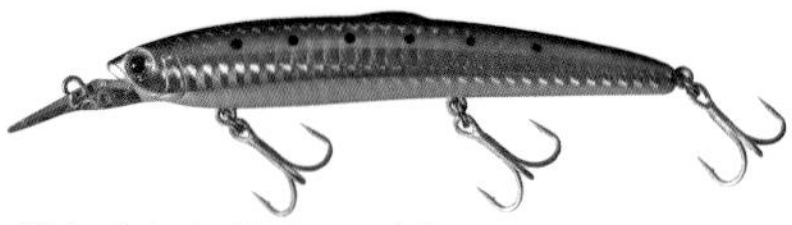

優れたレンジキープ力

サラナMD110S

重心移動に高比重タングステンウエイトを使用。ミディアムディープサイズのリップを装着しているにもかかわらず、ストレスを感じさせない抜群の飛距離は広大なサーフでは大きなアドバンテージとなる。また、浮上がりにくく、レンジキープ力があり、アクションはキレのよいウオブンロール。その動きはラインを通してロッドに明確に伝達される質感を持ち合わせている。
●サイズ：110㎜ 16.5g ●カラー：12色（別途タチウオカラー8色） ●価格：2,200円

●ティムコ

90㎜クラス最高の飛距離

ディスタンスヴィクセン 30g

低重心で安定した泳ぎを実現するジグミノー。前後どちらからも引くことができ、2種類の泳ぎが可能だ。完成された細身のフォルムは厳選したカラーと相まって、ベイトフィッシュをよりリアルに表現。90㎜前後のジグミノーのなかでは最高クラスの飛距離を誇る。
●サイズ：90㎜ 30g ●カラー：全11色
●価格：1,980円

●D-3カスタムルアーズ

大ものを呼び寄せるスイングアクション

フルベイト

フィールドを問わず道内で数々の大ものをしとめてきた万能ジグミノー『フルベイト』。85mmの後部低重心ボディーが、圧倒的な遠投性能と安定したスイングアクションを可能にした。広大なエリアの沖に潜むターゲットを射程にとらえ、狡猾な大型魚の捕食本能を刺激する。
●サイズ：85㎜ 28g ●カラー：全12色（2023年ラインナップ）
●価格：1,980円

細身ボディーでベイトを意識

フルベイト シャープ

『フルベイト』のシルエットを、よりベイトを意識した細身ボディーにチューニングしたのが『フルベイト シャープ』。ソルトシーン向けにシャープなシルエットの110㎜ 28gの高比重にすることで、ウネリや波による浮き上がりを抑え、抜群の遠投性能と安定したメトロノームのようなスイングアクションで大海原をサーチする。
●サイズ：110㎜ 30g ●カラー：全8色（2023年ラインナップ）
●価格：1,980円

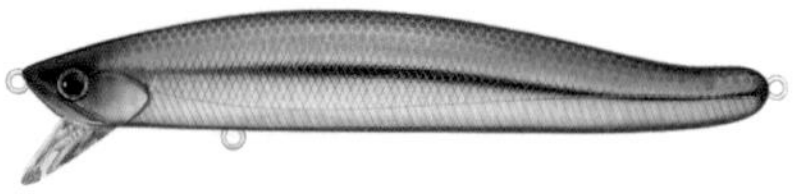

卓越した遠投性能

ダリア 125F

遠投性能とハイレスポンスアクションが特徴的なフローティングミノー『ダリア 125F』。リトリーブ時のウオブリングと、ロッドワークによるダート&ヒラウチなどのイレギュラーアクションがターゲットを魅了する。ボディー最後部まで移動する大型ボールシンカーは逆風下でのキャスティングストレスを低減するとともに、卓越した遠投性能で広大なエリアのサーチをサポート。
●サイズ：125㎜ 22.6g
●カラー：全7色（2023年ラインナップ） ●価格：2,420円

●デュオ

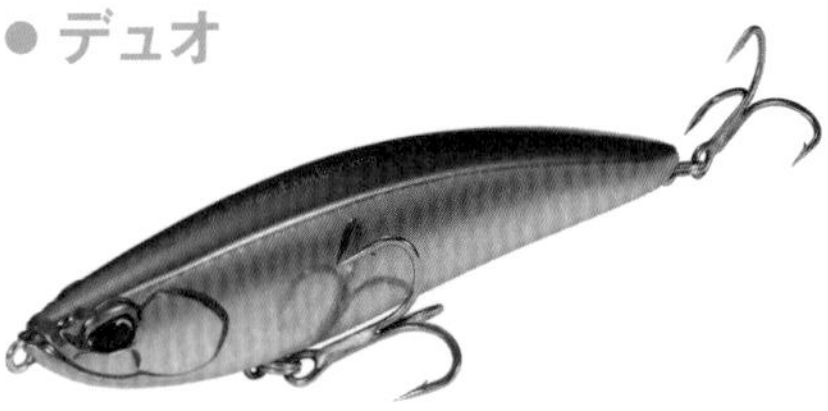

新機軸のシンキング・リップレスミノー

ビーチウォーカー リンバー115S

ミノーとは思えない飛距離と、これまでのビーチウォーカーシリーズにないアクションが特徴。後方に浮力を残したボディー設計により頭をやや下げた姿勢でフォール。ボトムでは倒れにくく、次のアクションへレスポンスよく移行。水平に近いスイム姿勢で根掛かりとボトムに当たるゴツゴツ感を軽減する。低速巻きでは左右へのスラローム。速めれば、うねるようなロールをともなったスラロームへと変化。ほかにはない動きとベイトライクな扁平ボディーでヒラメの食い気を誘う。
●サイズ：115㎜ 24g ●カラー：全13色
●価格：2,145円

ゆったりとしたスイングアクション

ビーチウォーカー ウェッジ120S

"釣れるはず"のヒラメを"釣りきる"ために、堀田光哉氏がどうしても欲しかったシンキングペンシル。ヒラメが身を隠す白泡のなかでも、ひときわ目立ち「食ってください」といわんばかりの存在感を放つ。それに加え、ミノーでは攻められないシャローや根周りの攻略に優れた浮力。食い気を誘う水平フォール。矢のように飛ぶ安定した飛行姿勢など、これまでになかった要素がふんだんに盛り込まれている。
●サイズ：120㎜ 38g
●カラー：全19色（限定カラーを含む） ●価格：2,255円

クラスを超えた飛距離

ビーチウォーカー ウェッジ95S

ヒラメから見つけられやすいボリュームで設計されたシンキングペンシル。2フック、95mmの小型ボディーが繰り出すのは、兄貴分の120Sが発するスロースイングではなく、揺らめくハイピッチ系ロールスイング。この動きの違いとシルエットの差異が相乗効果を生み出し、反応の薄いターゲットを覚醒させ、バイトへと導く。
●サイズ：95㎜ 30g ●カラー：全19色（限定カラーを含む）
●価格：2,035円

距離の死角を埋めるメタルジグ

ビーチウォーカー フリッパー32

ヒラメゲームをリードするビーチウォーカーにとって越えなければならない壁。いかに高比重に設計したとしても、インジェクションモデルには物理的に越えられない壁。距離、潮流、ビーチウォーカーの攻略レンジを飛躍させる『ビーチウォーカー フリッパー』シリーズ初となるメタルジグが誕生した。
●サイズ：70㎜ 32g ●カラー：全17色 ●価格：1,650円

扱いやすさ優先の40g

ビーチウォーカー フリッパー40

より広範囲を素早く、立体的に探れるメタルジグ。重いジグは自重ゆえに使いづらく敬遠されがちだが、その反面、使える状況が多く、なくてはならないものでもある。相反する条件をリミックスして仕上げたのが『ビーチウォーカー フリッパー40』。従来の32gに近い扱いやすさ、メタルジグならではの強みをさらに磨き上げ、ビギナーからベテランまで幅広く手軽に使えるモデルだ。
●サイズ：80㎜ 40g
●カラー：全22色（限定カラーを含む） ●価格：1,650円

ライトロッドにも対応

ビーチウォーカー フリッパー Z24

見た目は『ビーチウォーカー フリッパー32』と同じ。アピール力もそのまま。ボディーに亜鉛素材を採用して24gに軽量化。これによりサーフロッドだけでなく、シーバスロッドやエギングロッドなどでも無理なく使え、ねらえる場所や対象魚がグンと広がった。入門者を含むライトユーザーに向けたモデルだ。
●サイズ：68㎜ 24g ●カラー：全18色
●価格：1,540円

● メジャークラフト

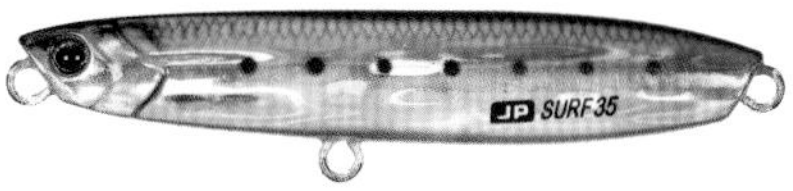

ミノー風味のメタルジグ

ジグパラ サーフ

ヒラメをねらってサーフでカッ飛ばしたいが、メタルジグよりもミノーライクなナチュラルスイムアクションが欲しい……そんなときに活躍する『ジグパラ サーフ』。タダ巻きでのスイムアクションに磨きをかけ、浅場でも丹念に探ることができる。そんな、ミノー風味のメタルジグだ。

●サイズ：28g、35g、40g

●カラー：9色（別途ライブベイトカラー6色）

●価格：オープン

● リセント

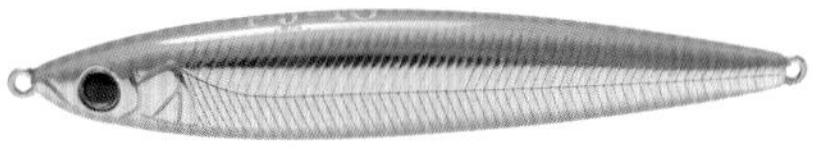

D-3カスタムルアーズとコラボしたジグミノー

FJ-10

道内でも確固たる地位を築いている同社の『KJ-11/8』がD-3カスタムルアーズとのコラボにより『FJ-10』として登場。フラットサイド形状により、ボディーを倒しながらミノーのようにテールを振り、派手にフラッシングを起こす。もちろん、飛距離も抜群だ。

●サイズ：100㎜ 30g　●カラー：全10色

●価格：1,980円

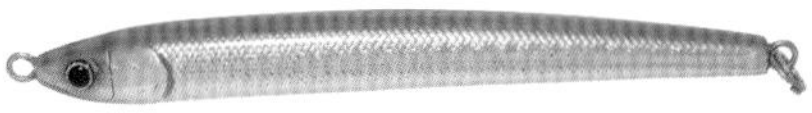

キャスティングゲームで威力を発揮

KJ-11

腹側には鉛のウエイトがセットされ、背側は空洞になっている「起き上がりこぼしジグ」。低重心の安定した水中姿勢と不用意な回転を抑えたアクションを実現。細身の形状は空気抵抗が少なく飛距離が伸びる。サーフ、磯、漁港などショアからの釣りはもちろん、オフショアのキャスティングゲームでも威力を発揮する。

●サイズ：110㎜ 25g　●カラー：全13色

●価格：1,540円

● ルアーズケミスト

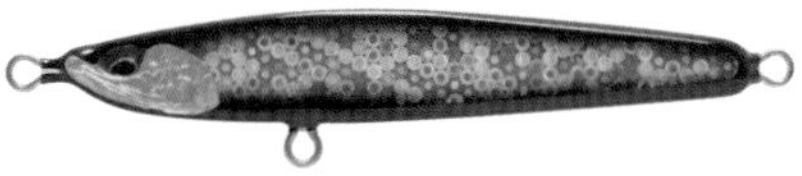

ヒラメゲームを徹底的に追求した専用ジグ

ディアンワイド45フラットモデル

後方重心による抜群の飛距離とキャストフィールのよさはもちろん、ボトム感知に優れた素早い底どり。低速でもしっかりアクションし、強波動を有する大きなウオブンロールアクションがヒラメの側線を刺激する。また、ボディー中央よりわずかに前方寄りに設置されたベリーフックは、ヒラメの食い上げるようなバイトにしっかりと対応。徹底的なテストの末に採用したオーナーばり『カルティバ STX-38ZN』#6が付属し、高いフッキング率とキャッチ率を誇る。

●サイズ：90㎜ 45g（±2g）　●価格：1,800円～

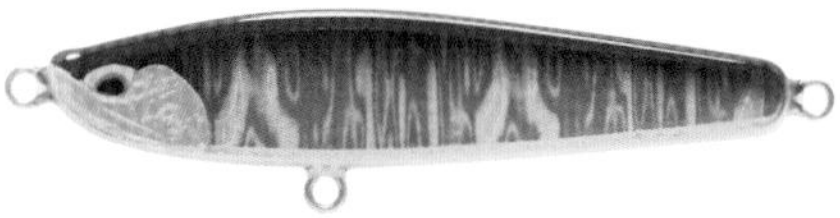

シビアな状況で性能を発揮

ディアンスーパーワイド45 フラットモデル

『ディアンワイド45 フラットモデル』のリリースから数年を経たマイナーチェンジモデル。ボディーに幅を持たせることで水受けをよくし、低回数のリーリングで高低差のあるスローなフォールを実現。また、バランスをわずかに中央に寄せることでリーリングの速度域を広げ、アクションがよりナチュラルになった。『ディアンワイド45 フラットモデル』ほど飛距離は出ないものの、シャローエリアやシビアな状況下で性能を発揮する。

●サイズ：87㎜ 45g（±2g）　●価格：1,400円～

クレセント35／45 フラットモデル

小柄なシルエットながら充分にウエイトがあり、風にも負けない高い遠投性能を誇る。小さなベイトを捕食している際に有効だ。45gは磯や足場の高いポイントに適していて、類まれな飛距離で手つかずのポイントを探ることができる。35gはサーフや磯を問わず使える万能モデル。

●サイズ：75㎜ 35g（±2g）、75㎜ 45g（±2g）

●価格：1,600円～

● ピュア・フィッシング・ジャパン（アブ・ガルシア）

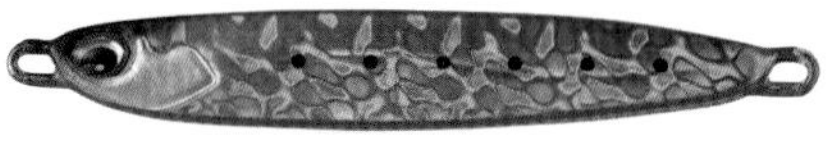

基本性能とスイミング性能を追求

サーフスレイヤー

安定した飛行姿勢、飛距離、キャスト精度、適度な引き抵抗などの基本性能を追求したメタルジグ。浮き上がりにくく水平に近い姿勢で、スローからファーストまでしっかり泳ぐ（ウオブリングアクション）ためよく釣れる。まるでハンドメイドルアーのようなデザインも特徴的。

●サイズ：85㎜ 30g、93㎜ 40g

●カラー：全11色

●価格：30g=1,045円、40g=1,100円

ソフトルアー

● イズム

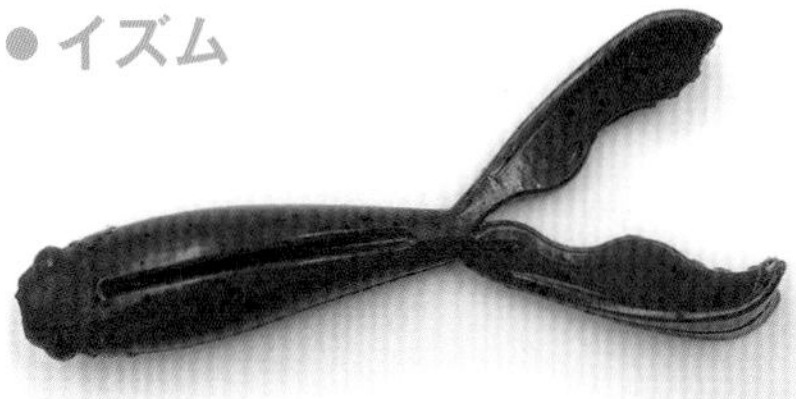

スイングロールで本能を刺激

アングラテールSW

ウェーブ状のスリットを裂いて使うことで生まれる、ほかにはないスイングロールアクションがフィッシュイーターの本能を刺激。さらにフォーミュラー配合マテリアルによりバイトを誘発する。スイミング、フォール、ボトムバンプ、ステイなど、アクションやリグを選ばない万能性と集魚力でヒラメを魅了する。

●サイズ：3インチ、4インチ　●カラー：全5色

●価格：748円

独自のテール形状が効く

フラテリス 5.5インチ

独自のフィッシュテール形状が微振動・微波動を発生。ブルンッと震えるアクションがフィッシュイーターの本能に猛アピール。このアクションはリグを問わず効果を発揮し、ジグヘッドリグなどのストレートリトリーブ時はテールがプルプルと微振動する。

●サイズ：5.5インチ　●カラー：全10色

●価格：968円

震える・彷徨う・身悶える

フラテリス 4.5インチ

『フラテリス5.5インチ』同様、フィッシュテールが微振動・微波動を発生させてターゲットを魅了する。プルプル微波動フォールからのボトムでのブルンッが強烈にバイトを誘発。ジグヘッドなどのスイミングやチャターベイトのトレーラーなど、横方向の釣りにも対応する。

●サイズ：4.5インチ　●カラー：全10色

●価格：858円

● ジャクソン

現地直行で使える

クイックセット

幅広いレンジ攻略に対応すべく重心移動式と固定式、2つのラインアイを持つ『クイックヘッド』と、肉厚なテールで大きく水をかく『クイックシャッド』がセットになり登場。重心移動式アイはボトム離れがよく、アクションは激しいロールアクションに軽いウオブリング。固定式はレンジキープに優れ、水深のあるエリアやボトムをキープさせたいときに有効。プライヤー等を使わずにワンタッチでワーム交換ができるのも◎。

●サイズ：3.5インチ14g、3.5インチ21g、3.5インチ28g

●カラー：全8色

●価格：14g=1,155円、21g=1,210円、28g=1,265円

● ジャッカル

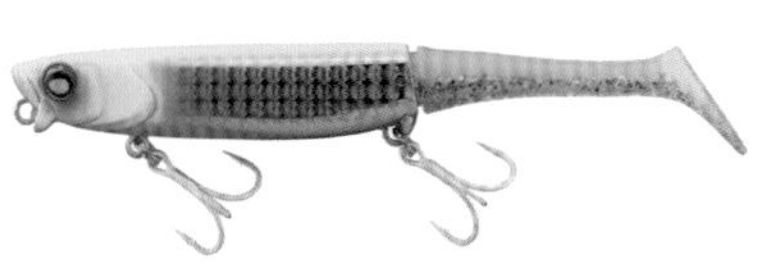

ハードで魅せてソフトで食わせる

サブル HBシャッド

ワームにはないプラグのフラッシングやボリュームによるアピール力、プラグにはないワームの柔らかさによる食わせ能力を融合したハイブリッドルアー。金属製のヘッドでは底を引きずってしまう状況でも、プラグボディーの浮力によりしっかり浮き上がり、スローに誘うことができる。地形や潮流の変化がはっきりしていたり、魚の居場所が分かっている状況で有効。また、ボリューム感のあるボディーが濁りやローライト時でもしっかりアピールする。

●サイズ：120㎜ 28g、120㎜ 35g、120㎜ 42g

●カラー：全8色　●価格：1,870円

●ピュア・フィッシング・ジャパン（バークレイ）

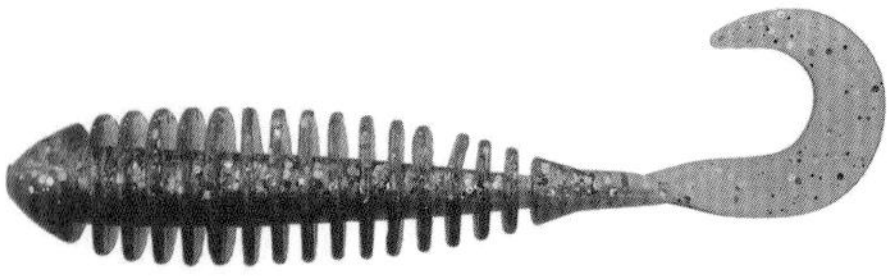

独特の波動でアピール
パワーベイト SW
パルスワーム3.8インチ

ボリュームアップで大型魚を誘惑。パワーベイトのロングセラーアイテムが進化を遂げて再登場。これまでの形状にボリュームを持たせ、リブを増やすことによって独自のパルス（波動）を増幅させる。また、縦型かつ大きめのテールを持つことでよく水を噛み、アピール力が高まっている。
●サイズ：3.8インチ　●カラー：全9色
●価格：880円

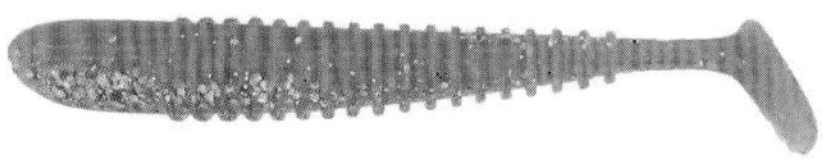

絶妙なアクションバランス
パワーベイト SW
Tテールシャッド3.7インチ

絶妙なテールアクションとロールアクションとのバランスのよさが特徴。『Tテールシャッド2.5インチ』からの単なるサイズアップではなく、各地のベイトサイズやフィッシングプレッシャーを理解し、現場主義で作り上げてきたシャッド。スローはもちろん、ファストリトリーブの際にも姿勢を崩さず小気味よいピッチでアピールを続ける。
●サイズ：3.7インチ　●カラー：全10色
●価格：715円

幅広いリグに対応
パワーベイト マックスセント
パルステール4.2インチ

4.2インチのシャッドテールシェイプ。バークレイ特有のリブを装備し、MaxScent素材が生み出す気泡でアピール力が高まっている。テールは少しボリュームを落とし、常に繊細に動くように設計。テキサスリグをはじめ幅広いリグで使用が可能なうえ、少しボリュームを抑えたシェイプで食わせ能力も抜群。どんなフィールドにも対応できるワームだ。
●サイズ：4.2インチ　●カラー：全10色
●価格：1,078円

約30%釣果アップ
ガルプ！ソルトウォーター
パルスワーム4インチ

ボディーのリブが生み出す独特の波動と繊細なテールアクションでヒラメに効果的なパルスワーム。「ガルプ!」のワーム内に含まれる味と匂いの成分を刷新し、これまでに比べて約30%の釣果アップを達成した。また、フォーミュラを変更した結果、製造工程が変わり「ぷにぷに」、「もちもち」した質感に進化。食い込みとハリ持ちも向上している。
●サイズ：4インチ　●カラー：全8色
●価格：880円

●マルキユー（エコギア）

捕食本能を刺激するボディーサウンド
パワーシャッド

フィッシュイーターの捕食本能を刺激するボディーサウンドが最大の特徴。逆三角形にデザインされたテールと、張りの強い硬めのマテリアルが生み出す圧倒的波動が、ボディーを揺さぶり、力強いウオブリングアクションを発生させる。その波動は広範囲の魚を寄せ、テンポのよいゲーム展開を可能にする。
●サイズ：4インチ、5インチ、6インチ
●カラー：全38色
●価格：4インチ／5インチ=825円、6インチ=880円

ドジョウを模した特効ワーム
エコギア熟成アクア
スーパーどじょう

さまざまな釣りの特効エサとして知られる「ドジョウ」。それを超えるべく、圧倒的な集魚&摂餌性能を発揮するエコギア熟成アクアマテリアルによって生み出されたのが『エコギア熟成アクア スーパーどじょう』だ。タダ巻きでは細身ボディーに刻まれたリブが水をとらえ、まるで本物のようなウネウネとした動きでターゲットを誘い、「熟成」の味と匂いで驚異の食わせを実現する。
●サイズ：S（94㎜）、M（110㎜）
●カラー：全7色　●価格：880円

波動とフラッシングの相乗効果
バルト

大きなテールとフラットサイドボディーを組み合わせ、波動とフラッシングによって強いアピール力を獲得した、ニュータイプのシャッドテールソフトルアー。安定してナチュラルかつハイピッチなローリングアクションを繰り出し、ほかのシャッドテール系ルアーとは異質の波動を生むことでバイトを誘発。その際、フラットサイドボディーが明滅効果を生む。
●サイズ：3.5インチ、4インチ、6インチ
●カラー：全13色
●価格：3.5インチ／4インチ=770円、6インチ=825円

小魚をイメージした形状と動き
ミノー

小魚をイメージしたリアルなフォルムと動きが、ハードルアーに無関心なターゲットを魅了。ファットボディーと細くくびれた肉薄のテールデザインが、小刻みなバイブレーションを生み出す。微妙なロッドワークにもシャープに反応するので、ライトリグにも最適だ。
●サイズ：S（80㎜）、M（100㎜）、5-1/2インチ
●カラー：全15色
●価格：S=715円、M=770円、5-1/2インチ=715円

●ダイワ

水鳥からヒントを得たテール
鮃狂（フラットジャンキー）ロデム

ベイトフィッシュそっくりの見た目、かつ食べごろ感たっぷりのボディー。水鳥の足ヒレ形状からヒントを得た「ダックフィンテール」が水をつかみ、強い波動を発してアピール。ワンタッチワーム交換方式にもかかわらず、ワームがずれにくい3重キーパーを採用（3TGは2重キーパー採用）。ヘッド部にはラインの接続位置によってアクションを変化させられる2WAYアクションアイを搭載している。
●サイズ：ロデム3=14g／18g、ロデム3TG=30g、ロデム4=18g／21g／28g
●カラー：ロデム3=13色、ロデム3TG=14色、ロデム4=13色
●価格：ロデム3=1,188円、ロデム3TG=1,980円、ロデム4=1,188円

●フラッシュユニオン

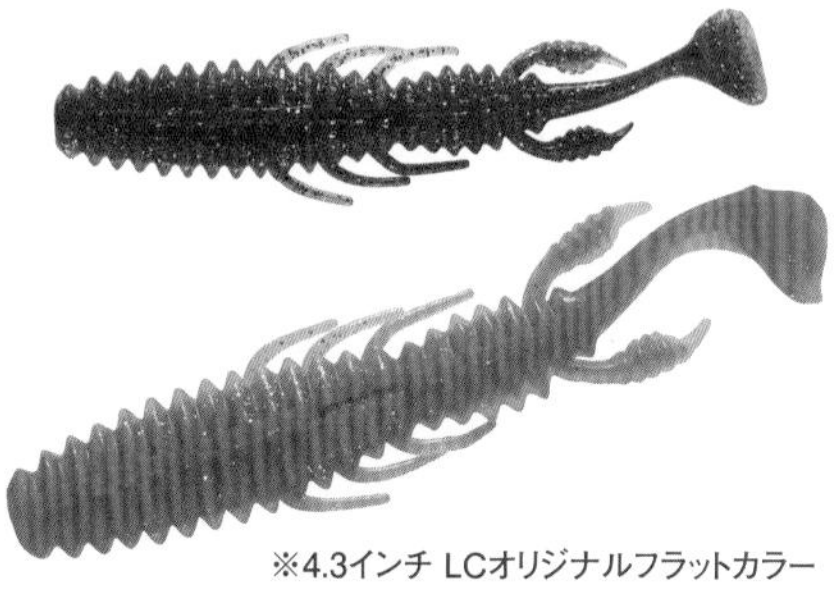

※4.3インチ LCオリジナルフラットカラー

異彩を放つシャッドテール
シーレボ アバカスシャッド

見た瞬間に感じる『アバカスシャッド』だけが持つ特異な形状は、数あるシャッドテールワームのなかでも異彩を放つ存在。アクション時に水がまとわる流れを考え、各パーツ一つひとつが複雑な動きを作りだすよう計算され、設計されている。その水流が一体となったときに、生物が発するような波動や水流が生まれ、フィッシュイーターの捕食本能を掻き立てる。なお、通常のラインナップのほかに、ルアーズケミスト限定販売の『アバカスシャッド 4.3インチ LCオリジナルフラットカラー』がある。こちらも要チェックだ。
●サイズ:2.8インチ、3.3インチ、3.8インチ、4.3インチ（ルアーズケミスト限定）
●カラー：全6色（LCオリジナルフラットカラーは全7色）
●価格:2.8インチ／3.3インチ=924円、3.8インチ=946円、4.8インチ（ルアーズケミスト限定）=1,200円

●メジャークラフト

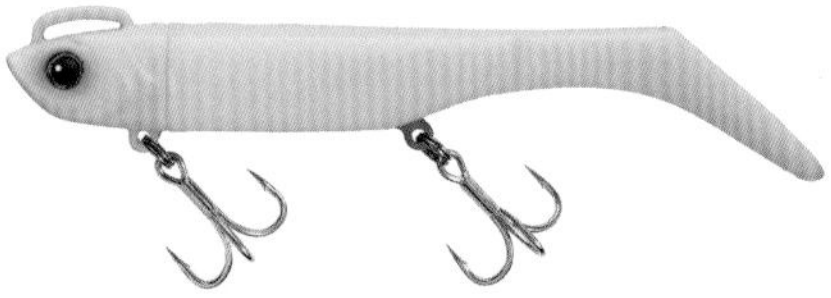

泳ぎと飛距離を追求
浜王セット

広範囲に探る同社のメタルジグ『ジグパラ サーフ』と対照的に、ヒラメが潜むポイントを丹念に探るためのルアーが『浜王』。飛行姿勢と泳ぎを重視した専用ヘッドと、専用ワームとのコンビネーションが◎。ヘッドのグリグリアクション（ローリング）と、テールのプリプリアクション（ウオブリング）の相乗効果で、座布団ヒラメを呼び寄せる。
●サイズ：14g、18g、21g、28g
●カラー：15色（うちライブベイトカラー4色・夜光カラー3色）
●価格：14g=803円（ライブベイトカラー=913円）、18g=847円（ライブベイトカラー=968円）、21g=847円（ライブベイトカラー=968円）、28g=880円（ライブベイトカラー=990円）

ジギング・
ワインド・
キャスティング

鮃は船もオモシロイ!

ここからはルアーでねらう船のヒラメ釣りを紹介。
沖に出れば、シーズン通じて大ものに出会える確率が上がる。
ただ、船ならではのアプローチや釣り方が存在するのも事実。
ショアとの違いも楽しみながら、その魅力を存分に感じてほしい。

さあ、大海原へ!

「いつもはショアばかりで、船で釣りをしたことがない」。そんな人にこそ挑戦してほしいのが船釣りだ。釣果アップが見込めるし、岸からとは違った楽しさを味わうことができる。ただ同時に、気を付けなければならないルールやエチケットがあるのも事実。ビギナーのみならずベテランの読者も、基本をおさらいする意味で目を通していただきたい。

ここでおさらい

船釣りの基礎知識

船から拝む朝日は岸から見るよりも近くに感じ、特別な気分に浸ることができる

釣り船の選び方

船釣りに挑戦する際、最初にやらなければならないのが釣り船（遊漁船）選びだ。道内にヒラメねらいの遊漁船は多くあるが、そのなかから相性のよい一隻を見つけるためには、まず釣り好きの知人や友人に紹介してもらい、同行するのが一番。釣具店で聞くのもよいし、新聞の釣り欄や釣り専門誌に掲載されている船を確認したり、インターネットで探す方法もある。また近年はSNSを活用する釣り船も増えてきた。この場合は、釣果速報を随時更新していることも多く心強い。プロフィール欄や投稿などに電話番号やメールアドレスが記載されていれば、そこに問い合わせる。あるいはダイレクトメール機能を利用するのも手だ。

予約時の注意点

とくにシーズン中の土曜、日曜、祝日は込み合うため、前日に予約を入れてもいっぱいという場面が多い。早めにスケジュールを決めて、余裕を持って予約すること。平日に乗る場合は、予約人数が少なければ出船をしないケースもあるので確認する。

船釣りというと総じて朝が早い印象を抱くかもしれないが、午前便のみならず午後便などを設定している釣り船もある。早起きが苦手という人や、当日の潮回りを確認して後者も選択肢に入れるとよいだろう。

問い合わせ時に確認すべき事項を以下に記す。乗船当日の不安を軽減させるためにも、聞き漏れがないようにしたい。

まずはいつ乗りたいか、どのように釣りたいかを伝える。ルアー釣りとバケ釣りなど、異なる釣り方が混在する場合、オマツリ（同乗者と仕掛けが絡むこと）などのトラブル防止のために制限されることもあるので注意。

次に、出船時間、集合時間、乗船場所、駐車場所を聞く。その際に釣り座の決め方についても確認しておく。先着順の場合は、事前

乗船予約チェックリスト

- ☑ 乗船日
- ☑ 釣りもの
- ☑ 出船時間
- ☑ 集合時間
- ☑ 乗船場所
- ☑ 駐車場
- ☑ 必要スペック（釣り具）
- ☑ レンタルの有無
- ☑ 実績ルアーと使い方

近年はSNSを活用する釣り船が増えてきている。釣果速報が随時更新されていることもあるため見逃せない

遊漁船利用者名簿

年　月　日　　遊漁船業務主任者

乗船開始　：　終了予定　：　案内する漁場の位置　　船名　タマリスク

利用者氏名	連絡先	緊急時の連絡先	性別	年令	住所
			男・女	歳	
			男・女	歳	
			男・女	歳	
			男・女	歳	
			男・女	歳	
			男・女	歳	
			男・女	歳	
			男・女	歳	
			男・女	歳	
			男・女	歳	
			男・女	歳	
			男・女	歳	
			男・女	歳	
			男・女	歳	

乗船名簿

乗船名簿の記入は法律で義務付けられている。名簿を回す際に同乗者に挨拶をするとスムーズ

船のルアー釣りはアンダーハンドキャストが基本。混み合っていなくとも下から投げることを心掛けておきたい

に船に荷物を置いて場所を確保してよいかも聞く。

使用するルアーの重さ、それに伴うロッド、リールやラインの太さなど、道具のスペックも要確認。対象魚にそぐわないと、釣果不振や周囲とのトラブルの原因になり得る。ある程度は船中で統一しておきたいところ。釣り船がレンタルの道具を用意していることもあるので、適した釣り具を持っていないからといって諦めずに相談したい。直近の実績ルアーや使い方(釣り方)も聞いておくとよい。

最終的な出船可否の判断は、前日の夕方までには行なわれることが多いため必ず確認する。シーズン中の釣り船は、毎朝早い時間から出港している。船長に迷惑を掛けないよう、電話をするときはあまり遅くない時間帯(遅くても18時まで)を心掛けたい。

当日に現地集合して決めるという場合もある。それに納得した場合は、出船できなくても仕方がない。天候の急変により、出港しても途中で引き上げたり、予定を早めて帰港するケースもある。このときは、船長の指示に従い、潔くあきらめるほかない。船釣りを楽しむためには、安全が第一優先だ。

乗船時の注意点

船釣り当日は出港時間に遅れないよう、余裕をもって到着すること。遅れると同乗者に迷惑がかかる。現地に向かう道中でトラブルが生じ、どうしても遅れそうな場合は、船長に連絡して判断を仰ぐ。連絡なしにドタキャンしてはならない。

乗船時、出港の準備をしている間は乗船名簿を記入して待機する。その際、船長をはじめ周囲にいる同乗者だけでもよいので挨拶をする。自分が船釣りに慣れていないと伝えておくことも大切だ。常連客であればいろいろと教えてくれることもあるからだ。先輩たちの所作をよく観察し、スムーズに釣りができるように心掛けたい。

釣りの最中は、船長の指示に従うこと。ライフジャケット(救命胴衣)を必ず着用し、船の移動時はむやみに動き回らない。船の前方は波をかぶりやすいため、後方に移動するかキャビンで待機しておいたほうがよいだろう。また、船の揺れで身体をぶつけたりしないよう、頭上などにも充分注意する。船べりに腰かけるのも厳禁だ。

キャスティングの際はアンダーハンドキャスト(下手投げ)が基本。とくに、混み合った乗合船や、ジギングなどではオーバーヘッドキャスト(上手投げ)をしてはならない。いずれにせよ、ルアーを投げるときは周囲に人がいないことを毎回確認する。常に安全に配慮しながら釣りをすることを心掛けたい。再投入する際も、周りがどういう状況にあるか注視する。たとえば、風や潮の影響で船が流されて周りのラインが斜めになり、目の前を横切っているようなケースもある。このようなときに投入を行なうと、絡む確率が高くなるので注意する。

船釣りでは、同乗者と仕掛けが絡む「オマツリ」はつきもの。ときには隣同士のみならず、背面の乗客とオマツリが起こることもある。どちらが悪いといったことは抜きにして、気持ちよく対処するようにしたい。絡んだら同時に巻き上げて、絡み方を確認する。船上に仕掛けを上げないようにして、協力し合ってほどいていく。複雑に絡んでなかなかほどけないからといって、すぐにミチイトを切らないこと。相談し合ったうえで切るのは致し方ないが、いずれにせよ損傷は最小限に留めたい。

根掛かりした場合は、サオを無理にあおらない。どうしても外れないときはミチイトを持って、なるべく仕掛けを切るようにする。ミチイトを握る際は、手袋などで保護すること。直接持って引っ張ると手が切れて大ケガすることもあるからだ。

魚が掛かったら、慌てずにやりとりすることを心掛ける。また、取り込み時はなるべく船長や同乗者にタモ入れをお願いするようにしたい。むやみに抜き上げると、水面でルアーが外れた際に勢いよく飛んできたり、サオが負荷に耐えきれずに折れたりして、思わぬ事故につながることもある。

いうまでもないことだが、ゴミは散らかさずに持ち帰る。絶対に海中に捨ててはならない。タバコのポイ捨ても言語道断。船上に落ちているゴミを見つけたら、自分が出したものでなくとも拾っておく。そんな心の余裕を持ち合わせ、ルール・マナーを守りながら楽しめば、自然と釣果も上向くはずだ。

沖に出れば、ぐっと大ものに近付ける。船釣りならではのルール・マナーを意識しながら、存分に楽しみたい

船からなら"寒びらめ"も!

Photo & Text by
Takanori Nakagawa

日本海①

**ショアの釣りが厳しくなる寒い時季でも、
沖に出られれば充分にチャンスはある。
しかも釣れるのは、すこぶる美味しい「寒びらめ」。
サクラマスタックルを流用した小樽沖のジギングをレポート。**

鮃は船もオモシロイ!

上がるジギング人気

道内で船のヒラメ釣りといえば三角バケを使った釣りのイメージが強いが、近年はジギングのターゲットとしても注目度が上がっている。ジギングでねらう人が増えているのは、小樽から積丹にかけての道央日本海。

高級魚で知られるヒラメの漁獲量はかつて落ち込んだ時期があったが、資源を維持するための放流の効果が表われ、2000年以降は比較的安定している。全国各地で水揚げされるが、近年の漁獲量は北海道がトップ。市町村別で1、2位を争うのが石狩市と小樽市だ。小樽や余市から出港するルアーに明るい遊漁船がジギングを提案し、徐々に釣果が上がっている。

漁業におけるヒラメの主漁期は5~7月と10~12月で、釣りシーズンもおおむね同じ。とくに寒い時季のヒラメは「寒びらめ」という言葉があるように、美味しいことで知られる。北海道で寒びらめはなじみが薄く、実際それほどお目に掛かれるものではない。とはいえ、数は少ないながらも沖に出られればチャンスがある。ヒラメは冬場に水温が下がると基礎代謝が落ちてエサを食べなくなるといわれるが、その前に栄養を蓄えるべく、秋から初冬にかけて荒食いする。もしそのタイミングだったら……。

なお、小樽のジギングでは水深30~50mをねらうことが多く、ジグは80~160gがよく使われる。

バケ釣りでは冷凍オオナゴをエサにして、500~600gの三角バケを振る。当然タックルはヘビーになり、女性には厳しい。それに比べるとジギングは体力的な負担が少ない。

秋、船上から見る朝焼けと、小樽の山々の美しいコントラストに目を奪われる

ヒラメねらいの外道で、たまにヒットすることがあるカナガシラ。硬い骨で頭部が覆われていることからその名が付いた

探見丸スマート対応の遊漁船ならスマホが魚探になる。魚群はもちろん、底の地形も分かり、釣りのイメージを組み立てやすい

ヒラメはフォールで誘え

積丹などではブリ釣りの外道としてヒラメが掛かることがあるが、ねらって釣るとなるとなかなか難しい。ヒラメには時合があるようで、ハマれば船中バタバタと釣れるが、沈黙の時間が続くことも多い。釣れる潮として知られる上げ七分、下げ三分はヒラメ釣りでも見逃せないタイミングだ。

ヒラメジギングで余市河口漁港から出港する『第十さち丸』船長の福島敬文さんによると「ヒラメは基本的に最初に落ちてくるものに対してガバッと食ってきます。なので、フォール重視の誘いが有効。あとは船が流れているので、当然、ヒラメのいる場所を通った

待望のヒット! 魚影が見えてくると焦りがちだが、水面に出すと暴れてフックアウトしやすい。泳がせながらネットインのタイミングをうかがう

矢野さんが釣ったヒラメはこの日、船中最大の61㎝！　ちなみにアベレージサイズは50㎝前後

ときがチャンス。そのときにしっかりジグを見せられるような誘いが大事」と話す。いずれにしても経験値がものをいう釣りだ。

水面近くでフォール姿勢やシャクリを入れたときのジグの動きを確認し、「これくらいの誘いがベター」と言えるスピードをつかみたい。そうすると水中でジグの動きをイメージしやすく、誘いのリズムもよくなる。

またヒラメはバレやすい。フォール中に食ってくるとジグのフロント側にアタックしてくることが多く、フックが口に入らないと掛かりが浅くなりバレると考えられる。フックはリアだけでなくフロント側にも必ず装着したい。

常連さんの釣り方

10月14日、『第十さち丸』に乗船したのは苫小牧市の矢野愛実さん。気温3℃と冷え込んだ午前5時に出港し、約1時間後にポイントの小樽沖に到着。通常、ヒラメ釣りでは自然に船が流れるようにするが、当日は全員ジギングのため、船長はシーアンカーを投入。ゆっくり流れるように船を立てる。そうするとラインが流されず真っすぐになりやすく、ジグをアクションさせやすいので釣果につながりやすいとか。

ロッドは6フィート8インチのスローピッチジャーク専用モデルで、ジグMAX230g。ベイトリールはフォールレバーとデジタルカウンターを搭載したモデル。ラインシステ

無事、タモに収まった。ちなみにタモ入れをしてくれた常連さんは、途中カレイ釣りをしながらも4尾のヒラメをキャッチしていた

ムはPE1号+フロロカーボン20ポンドを3ヒロ。

　ジグは船の移動スピードに同調しやすいウエイトを選ぶとよく、矢野さんは100gのタングステンタイプをチョイス。常連さんによると「一般的なワンピッチジャークよりスローに誘うか、ロングジャークでフォール時間を長くすると反応がいい」そう。ねらうタナは底から5m以内。そのレンジを丹念に探り、状況を見極める。

　開始から30分で右舷のアングラーが2尾キャッチ。ゆっくり誘い上げてフリーフォールを繰り返していた。「同じレンジを3回誘ってアタリがなければ、リールを1巻きして同じように3回誘う。それを5回ほど繰り返して底を取り直す」。そ

60cmを超えるヒラメは迫力充分。筋肉質な魚体で見事な厚さが目を引いた

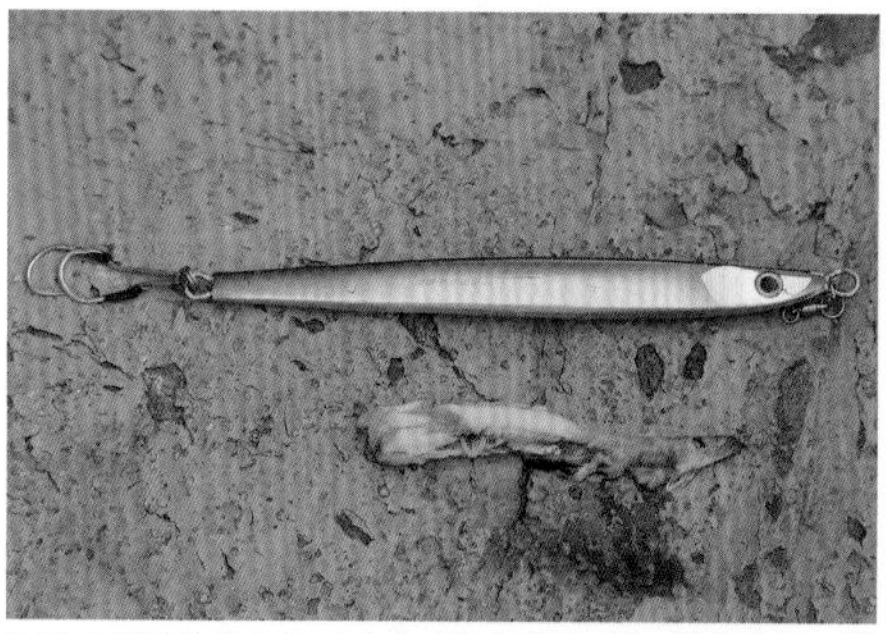

ヒラメが吐き出したオオナゴらしきベイト。半分くらい消化していたが、もともとのサイズはジグと同じくらのように思われた

フッキングしていたのはフロントフック1本のみ。ちょうど硬い箇所にがっちり刺さっていたのがよかった

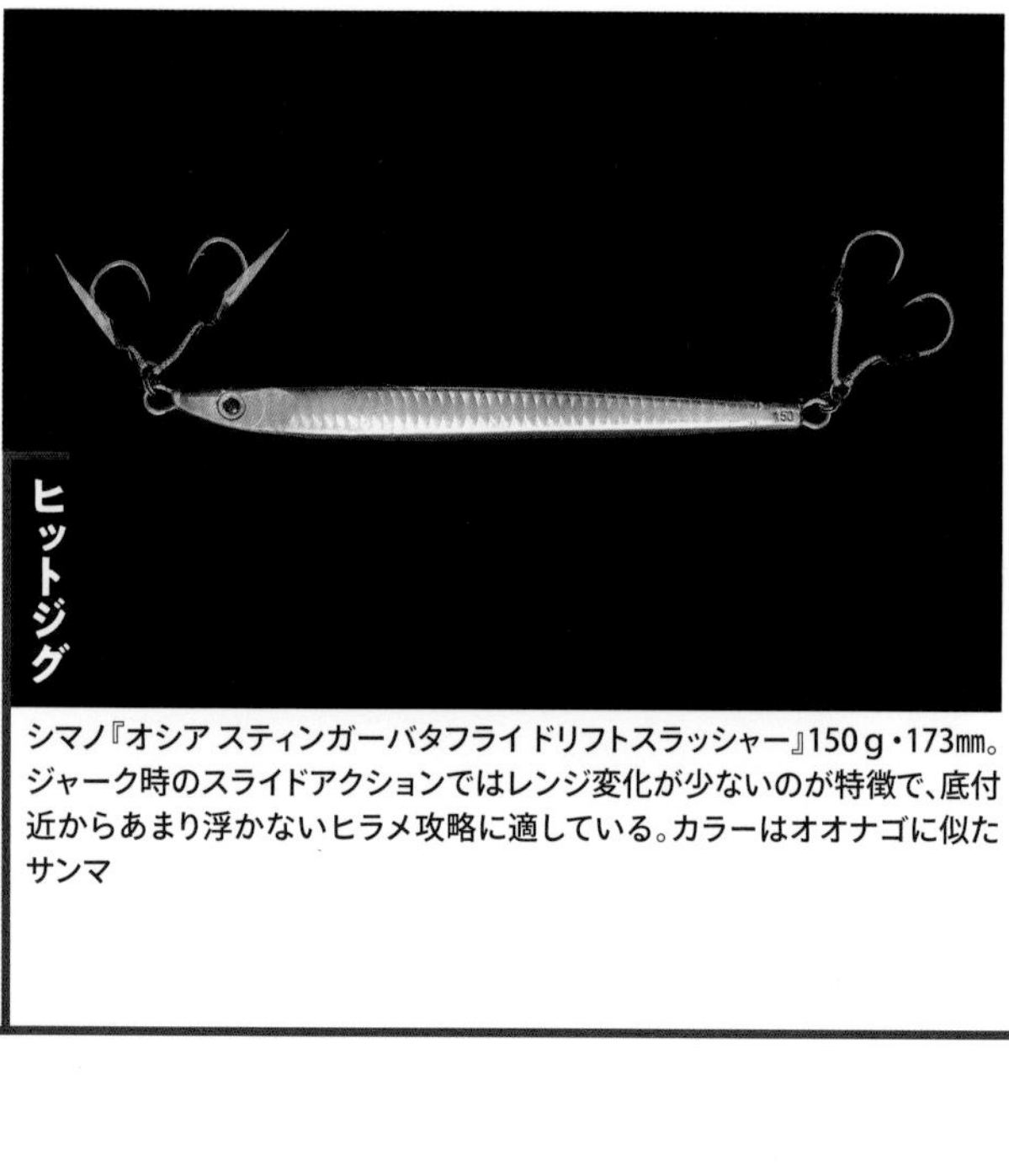

シマノ『オシア スティンガーバタフライ ドリフトスラッシャー』150ｇ・173㎜。ジャーク時のスライドアクションではレンジ変化が少ないのが特徴で、底付近からあまり浮かないヒラメ攻略に適している。カラーはオオナゴに似たサンマ

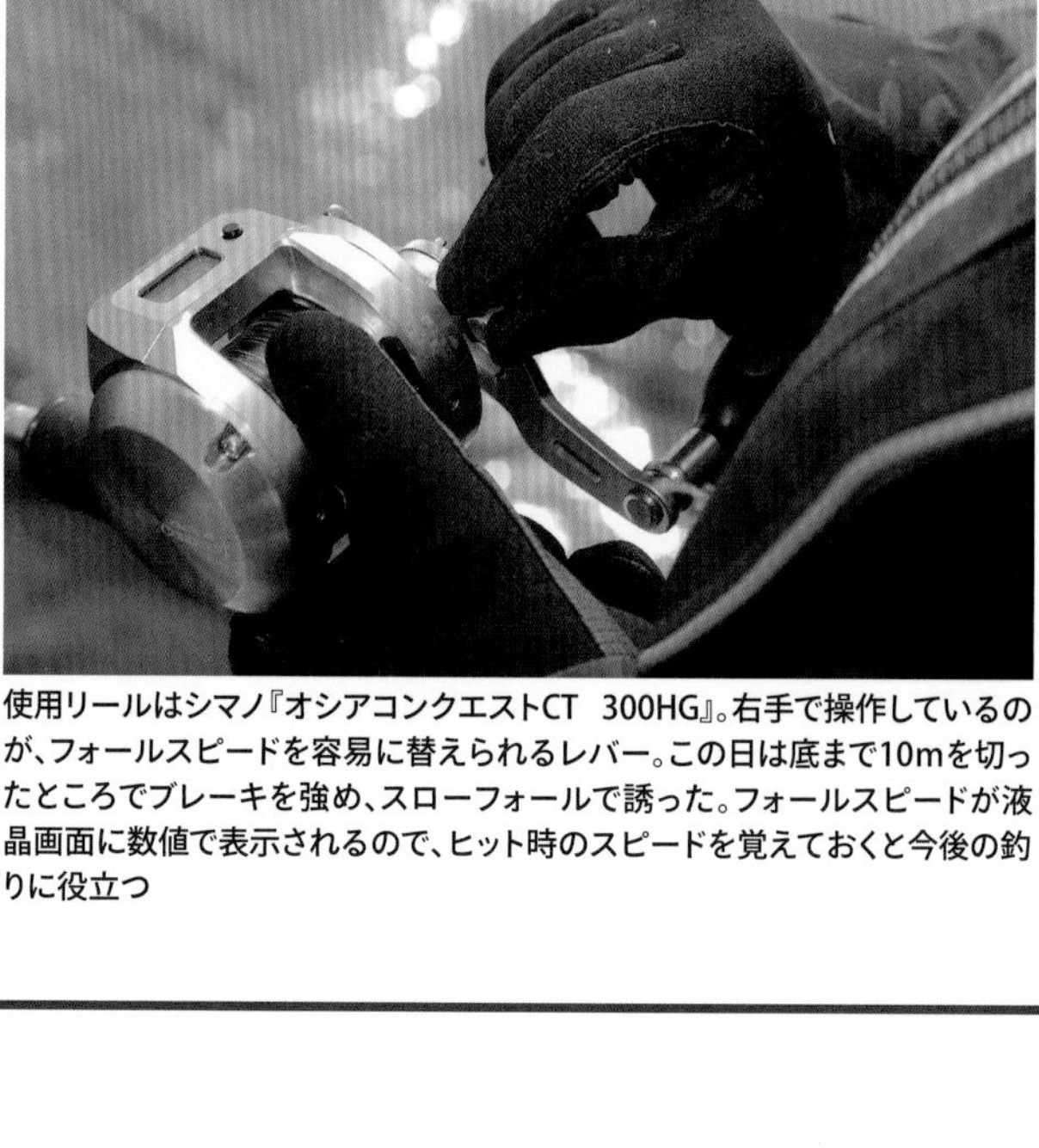

使用リールはシマノ『オシアコンクエストCT　300HG』。右手で操作しているのが、フォールスピードを容易に替えられるレバー。この日は底まで10mを切ったところでブレーキを強め、スローフォールで誘った。フォールスピードが液晶画面に数値で表示されるので、ヒット時のスピードを覚えておくと今後の釣りに役立つ

んな話を聞いて矢野さんも同じようにねらう。

マッチング・ザ・ベイト

ポイントから外れると船を立て直す。船長の「いいですよ〜」の合図でジグを投入するが、真っ先にジグを落とした隣の常連さんにヒット。「ヒラメは底で落ちてくるエサを待っているので、先に落ちてきたジグを食うんですよ」とニンマリ。

その直後、矢野さんにも待望のアタリがあるが、残念ながらバラシ。着底後に5mほどワンピッチジャークで誘い上げ、クラッチを切ってフォール中に食ってきた。フォールスピードを調整できるベイトリールが表示したスピードは6だった。

常連さんは2尾、3尾と数を伸ばし、今日のヒットパターンは「ロングジャークからのフォール」と言う。そして、「しっかりフォールでアピールするジグがいい」とも。釣れたヒラメがオオナゴを吐き出したのを見て、矢野さんは鉛タイプのセミロングジグ150gに替えた。

5分もしないうちにヒット! やはりロングジャークからのフォールで食ってきた。ラインが止まったと思ったら「ググ」という乱暴なアタリで、「すぐヒラメだと分かりました」と矢野さん。しっかりアワセを入れたので、焦らず慎重に寄せる。姿を見せたのはこの日最大となる61㎝の良型だった。

その後は潮が緩くなり、ラスト1時間はシーアンカーを使わないで流す。矢野さんが釣ったときは底のほうで潮の抵抗を強く感じたそうだが、今はスカスカ。「潮が利いているときが釣れます。そうでなければカレイ釣りに切り替えます」と常連さんは言う。

第十さち丸

TEL.090・3773・7941

同船は2022年から新しい船に入れ替えた。水洗トイレ完備。福島敬文さんは花屋経営、僧侶を経て、大好きな釣りを仕事にした船長。釣り人にやさしい操船を心がけ、オマツリなどのトラブルが起きても丁寧に対応してくれる。ヒラメ釣りは1人10,000円

誘いからのヒットシーン

着底後に3回、ゆっくりとしたワンピッチジャークで誘った後、この位置からロングジャークを開始

ロッドのしなりを使い、大きくジグをリフト

最終的なロッド位置はこれくらい。ジグが跳ね上がり、ラインテンションが抜けるので、そこからフォールを開始

このときはラインスラックをつくり、フリーフォールで誘った

もとの位置にロッドが戻り、ラインが張るのを待つ

ラインが張る前にフォールが止まり、アワセを入れると「グググ」というアタリ。強い引きにロッドが絞り込まれた

写真＝早田伸太郎（小樽市）
Photo by Shintaro Hayata

日本海②

ボートロックの人気船で知る
奥深きスイミングの世界

初夏の浅瀬に差してくるヒラメは、ワームで釣るのが面白い。小樽市・祝津の遊漁船『アングラーズ』は、クロソイシーズンが終了するとヒラメオンリーで出船する。主なねらい方はジグヘッドリグのスイミングだ。

鮃は船もオモシロイ！

ソイの終わりがシーズンイン

ボートロックの人気船、小樽市・祝津の『アングラーズ』では、クロソイシーズン終盤の5月下旬からヒラメねらいで出船するようになる。

「創業間もない頃、ジグヘッドのスイミングでアイナメが釣れることが分かりました。ソイが終わってコウナゴが入ってくる時季ですね。当時はアイナメを釣るには底を叩くものだと思っていましたが、スイミングで入れ食い……。それが面白くて続けていたら、ヒラメが掛かったんです」

船長の早田伸太郎さんは、当時をこのように振り返る。それから間もなく「ヒラメもねらって釣れるのでは？」と思うようになり、本格的に試してみると好釣。推測が確信に変わったのだという。

『アングラーズ』はクロソイの乗っ込みシーズンがとくに忙しく、これが終了しない限りはヒラメをメインにできない。「シーズン終盤でお客様がソイに飽きたり、食い気がないときに時間の半分をヒラメねらいに変えることがあります」と早田さん。ようすを見ながらコンスタントに釣れるようになってきたタイミングで、いよいよヒラメ専門に乗客募集をする。その年の水温によってまちまちだが、同船ではだいたい5月下旬～7月上旬までが釣期。

ポイントは大きく2種類。「産卵を意識したエリア」と「捕食を意識したエリア」がある。前者は太陽光が届いて温かい、水深20mより浅い場所。ここには先行してメスが入ってくるのだという。後者は、産卵を意識しつつ浅瀬に向かう途中で、エサとなるコウナゴが溜まるエリア。コウナゴがいない場合は、そのポイントは素通り。「産卵を意識したエリア」に直行する。

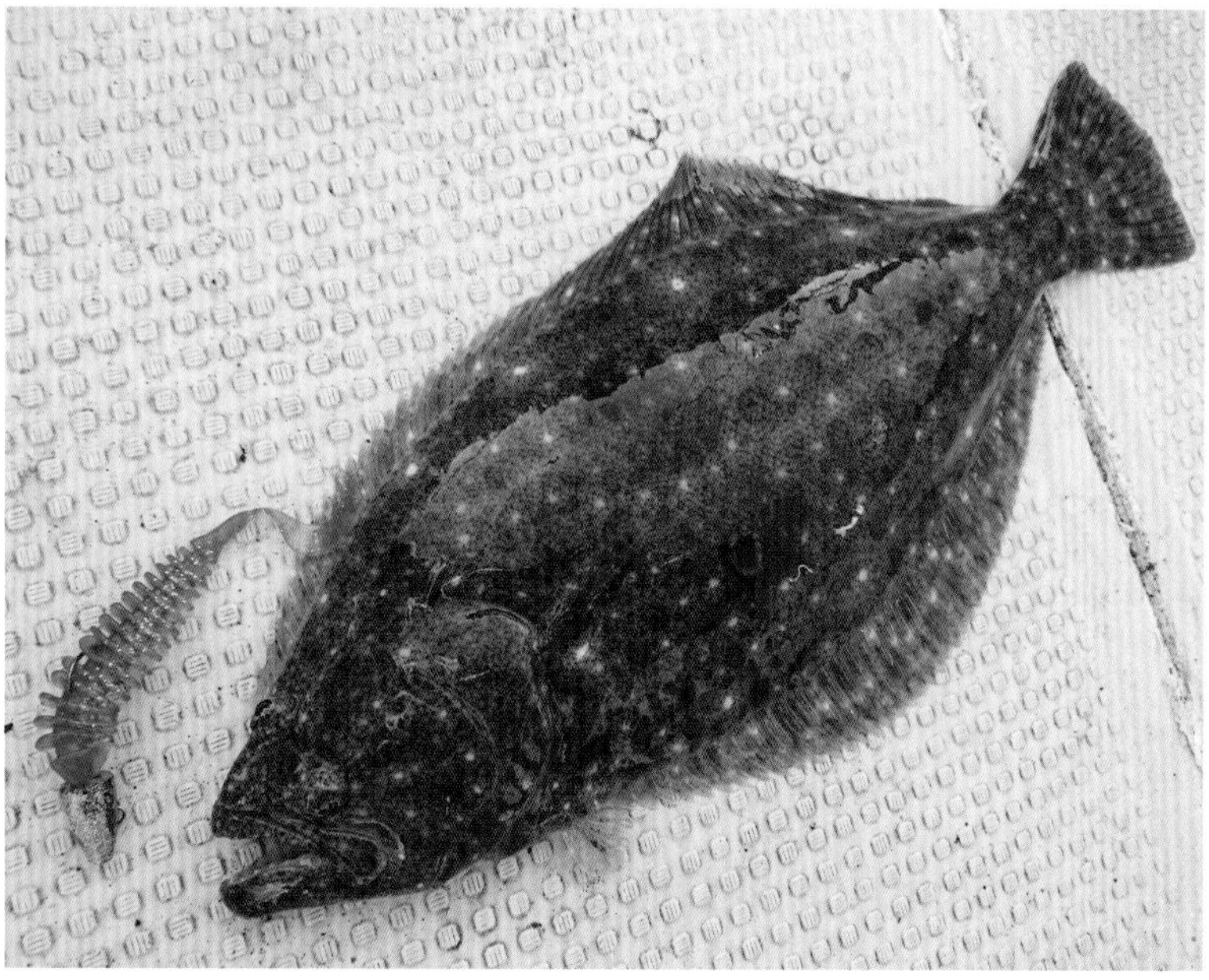

ワームは4インチ前後のカーリーテール系。いわゆる〝汁系〟は集魚効果が強い反面、外道のバイトもよく拾うので避けたほうがよいらしい。カラーの定番はグリーンゴールド

本命を釣るために

同船でよく使われているのは4インチ前後のカーリーテール系ワーム。なかには一発大ものねらいで6インチを使う人もいるようだ。いずれにせよベイトに近い波動を出し、かつアピール力の高いものが最適。

「いわゆる〝汁系〟のワームはおすすめしていません。集魚効果が強い反面、外道のバイトもよく拾うからです。通したい所でガヤが当たってワームがずれれば、ヒラメのヒットチャンスをみすみす逃してしまいます」と早田さんはいう。

釣り方のメインは、ジグヘッドリグのスイミング。これで食わない場合はリアクション（ワインド）の釣りを試す。ウエイトは船が流れるスピードや潮にもよるが、14～21gが中心。ワインドなら14～56g。ワインドはバケ釣りの要領で真下に落とす使い方もでき、そんなときのために2オンスまで必要。

早田さんによると、ほかの根魚との釣り分けは完璧にはできないが、強いていうならボトム付近をねちねち誘わないほうがよいらしい。ヒラメは海底から上を見上げている魚なので、意識すべきは目線の上にル

アーを通すこと。

再現性を高めて

ジグヘッドリグによるスイミングの釣りで肝心なのは、ヒラメが食うスピードとレンジを見つけること。もちろん、これらは日によってさまざま。何回巻いて底を取るのか、自分のルアーがどのくらいボトムから離れているのか。水中のイメージを膨らませながら探っていく。アタリが出たら、そのときのヒットパターンを覚えておき、次のキャストでも再現できれば釣果は伸びる。

また、ヒラメはフォール中（着底前）に食ってくることもよくある。この場合の再現性を高めるには頭のなかで数をかぞえたり、声に出してもよいのでフォール中のカウントを自分なりにとるとよい。

タックルは7フィート前後のスピニングモデル一択。ロックフィッシュ用のベイトタックルは根周りを探るために硬いものが多く、ヒラメのバイトを弾きやすい。リールは2500番サイズで、ラインはPE1・0号前後。ヒラメは歯が鋭いので、リーダーはフロロカーボンの20lbが安心。

ルアーのカラーについては（使う人が多いこともあるかもしれないが）、やはりグリーンゴールドでの実績が非常に高い。沖釣りのエサで使われる本物のオオナゴは、背中がモスグリーンに見える。それを彷彿とさせる緑色に、アピール力の高い金が入って効くのかもしれない。ほかには、日中かつ水質がクリアであればケイムラカラーもよく釣れる。これもまたエサ釣りの例だが、バケ釣りにおいてもケイムラのタコキャップに反応が偏ることがある。

遊漁船 アングラーズ

TEL.080・5598・2639

小樽市の祝津漁港エリアから出港。人気観光施設『おたる水族館』が至近。予約、料金などの問い合わせは船長の早田伸太郎さんまで

『アングラーズ』による釣果写真の一部。初夏、浅瀬に入ってくるヒラメは大型が多い。ヒラメオンリーで出船するのにも頷ける

日本海③

浅場攻略の新基準

ボトムワインドで釣るために

写真・文＝土方康充（札幌市）
Photo & Text by Yasumitsu Hijikata

鮃は船もオモシロイ！

ロッド操作でルアーを左右に跳ね上げて誘うワインドは、あらゆる魚の捕食スイッチを入れる魅惑の釣法。これを海底付近で行なう「ボトムワインド」は、ヒラメにも有効なのだとか。積極的にボトムワインドに取り組む遊漁船『Atuy（アトゥイ）』の土方康充船長に解説いただいた。

連続で横跳びするダートアクションが広範囲にアピールし、ヒラメの捕食スイッチを入れる。短時間で複数尾キャッチも珍しくはない

ボトムワインドとは？

専用のジグヘッドとワームを使い、ロッド操作で左右に跳ね上げて誘う釣り方を「ワインド」と呼ぶ。ワインドを、ボトム(底)で行なうのが文字どおり「ボトムワインド」であり、この釣法自体は十数年前から存在する。

ジグヘッドは三角形だったり先が尖っていたりと、独特な形状のものを用いる。これにピンテールなどの抵抗が少ないテールを持つワームを合わせることで、特有のダートアクションが起こるという仕組みだ。広範囲にアピールでき、反射的に魚の口を使わせる威力がある。

私が操船する古平漁港の遊漁船『Ａｔｕｙ（アトゥイ）』では、以前からスロージギングやジグヘッドワームのスイミングなどでヒラメをねらっていた。しかし、初心者には難しく釣果不振に喘ぐことが多かった。とくにジグヘッドワームのスイミングは、揺れるボートの上ではレンジキープが難しく、ヒラメにアピールできる

「半信半疑で、こんなに簡単に釣れるとは思いませんでした」とは、ボトムワインドに挑戦した札幌市の村上陽さん

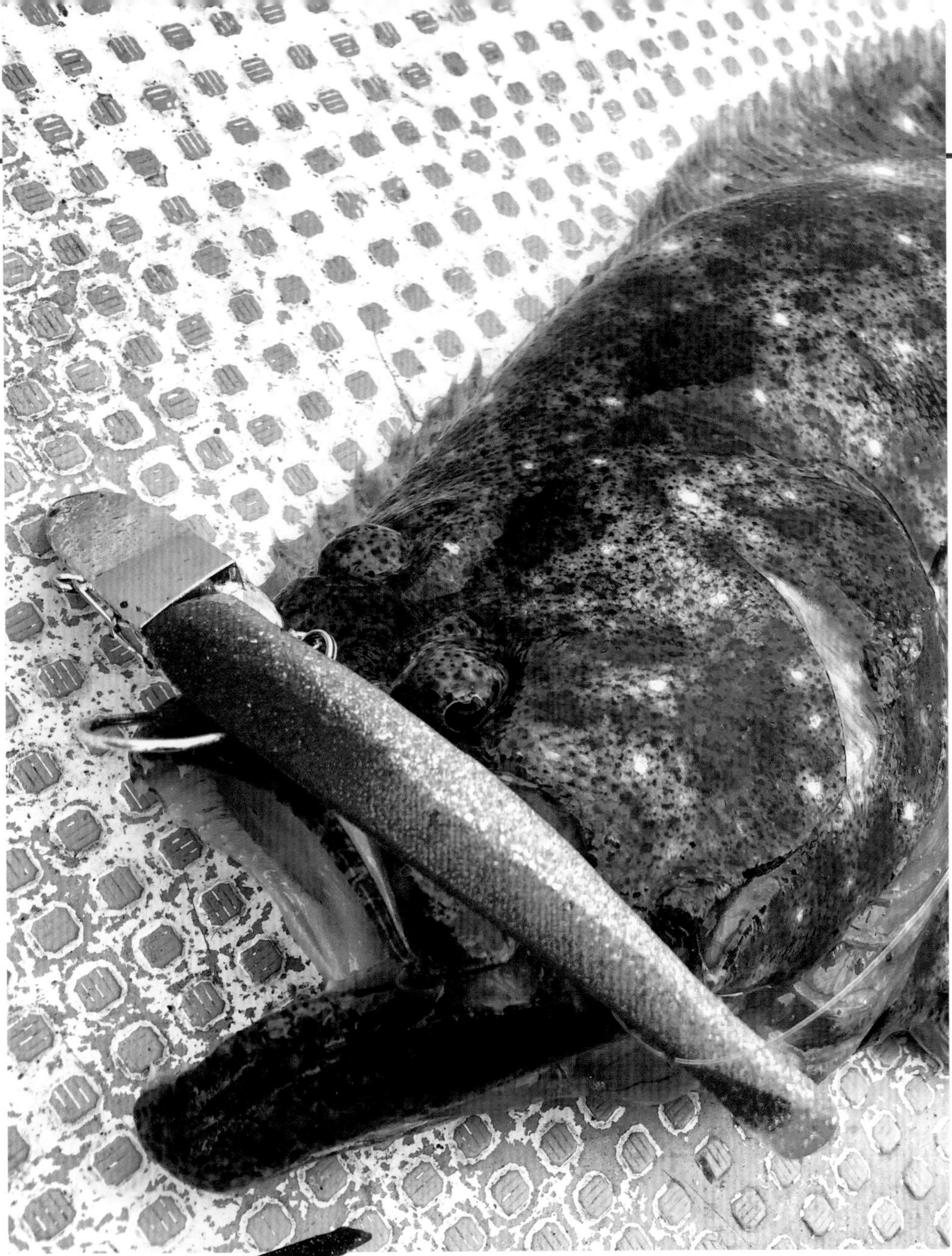

どうにかルアーで、もっと簡単に釣れないものかと模索しているときに土方さんが出会ったのがボトムワインドだった

範囲も狭い。バケ釣りとの差も大きく、だいたい10〜5分の1の釣果という始末。

　そんななか、どうにかルアーでもっと簡単に釣れないかと模索しているときに出会ったのが、ボトムワインドだった。当船がサクラマスキャスティングで推奨している、7フィート前後のロッドの用途を探していたことも理由のひとつ。

売切れ続出!?

　通常のボトムワインドは水深15m以浅で行なうことがほとんどのようで、25m前後をねらう春の積丹エリアでは不安があった。だが、運よくその道の有名な方にアドバイスをいただくことができ、試してみると面白いくらいにヒラメが釣れだした。

　当船のお客様にもチャレンジしてもらうと、「最初はこれで釣れるのか半信半疑でしたが、簡単に爆釣するので、ほかの釣り方はもうしません」とうれしいお言葉。その後、ボトムワインドの釣果を公開すると、札幌市内の釣具店ではワインド用ジグヘッドの売り切れが続出。「どこに売っていますか?」とまで聞かれるようになり、注目度が高くなっていることを実感した。

　本格的に取り組み始めたのは2022年の春からだが、同年の10月に豊浦の『マジカルアワー』さんにお世話になり、噴火湾でも実釣。このときも好釣果が得られ、ほかのエリアでも効果があることが実証されたのであった。

ルアーはオンスタックルデザイン『マナティー』105㎜に、ジグヘッドは同『ZZヘッド』で、どちらもワインド専用

ハリはトレブルフックが一般的だが、『Atuy（アトゥイ）』ではサクラマスジギング用のダブルアシストフックを推奨している。これによりバラシが減ったのだとか

適合タックル

ボトムワインドに使用するロッドは、7フィート前後のルアー用。キャストウエイトMAX45g程度のスピニングモデルが好ましい。「ボートシーバス」や「ロックフィッシュ」の表記があるもの、あるいはライトなオフショア・キャスティングロッドなどでも対応可能だ。

リールは4000番クラス。PE1〜1・5号に、5号（20ポンド）前後のフロロカーボンをショックリーダーとして結束する。そして、ドラグはジャーク時に出ないぎりぎりのラインに設定したい。

ジグヘッドはワインド専用で、おおまかに1〜2オンスを揃えておけば水深25m前後はほぼカバーできる。

ワームも専用モデルの10cm前後がおすすめ。大きすぎるとキャスト時の空気抵抗で飛距離が出ず、逆に小さいとアピール力に欠ける。飛距離が確保できる範囲であれば、なるべく大きいほうがよい。ワーム＋ジグヘッドで総重量60gオーバーと、推奨ロッドのキャパシティーを超えるが、このほうが着底は分かりやすくなる（ロッドが破損しない保証はないので、使用はご自分の判断にゆだねたい）。

カラーに関しては赤金が鉄板。釣果のほとんどがこれに偏った。ほかには銀色のラメが入ったベイトフィッシュのようなナチュラルカラー、紫やピンクが入ったものも実績がある。

フックはサクラマスジギング用

従来、ボトムワインドにはトレブルフックを使用する。最初はこれにならったが、アタリを乗せることができずバラシが連発。

「深い所で使うならジギング用のダブルアシストフックがよい」というアドバイスを聞き、サクラマスジギングのフックを流用するようになってからはバラシが激減した。

ここで重要なのが、アシストラインの硬さだ。コシが強すぎると根掛かりが多くなり、ワームとフックの距離が離れやすいのでフックアップしにくい。逆に柔らかすぎるとダートさせた際フックがワームに刺さったり、ラインに絡んだりして、こちらもフッキング率が下がる。適度に硬い2〜3cmのものを、状況に合わせてチョイスするとよい。素材を含めいろいろと試しながら、自分に合ったアシストラインを見つけるのが理想。

フック本体に関しては、ストレートポイントのものを選ぶ。ヒラメは吸い込みもするが、噛みつき系の魚だからだ。私が多用するのはオーナーばり『カルティバジガーライト早掛』の#3／0〜4／0や、がまかつ『ジギングフックバーティカルリミット』の#3／0。

なお、段差フックはスレ掛かりが多くなる。アシストラインは同長で、資源

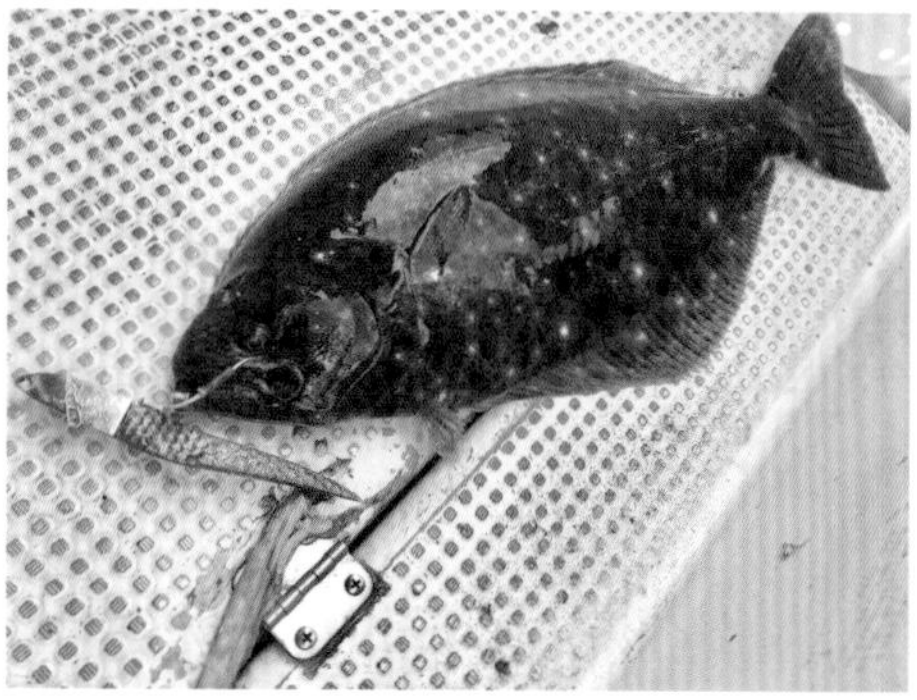

釣れたヒラメがオオナゴを吐き出した。見るからにマッチング・ザ・ベイトだ

水温が高くフグの多い時季は、ワームがこのありさま……

タックル例
ロッド：ソルディーロ『エッジライドSP702ML』
リール：シマノ『エクスセンスBB 4000HGS』
ライン：PE1.2号
リーダー：フロロカーボン20ポンド

保護の観点からもフックはバーブレス、もしくはカエシをつぶしておきたい。

あくまで浅場攻略

ほかのルアー釣りよりもよく釣れ、バケ釣りに匹敵するほどのボトムワインド。ただ、苦手とするシチュエーションがある。それは、水深35mよりも深い場所とフグの多い時季だ。

深くなればなるほどボトムがとりにくく、アクションも伝わりづらくなる（風や潮の影響により30m前後で底どりが難しい場合もある）。着底が分からなければ、この釣りの効果は激減。釣果が落ちてしまう。

また、フグが多い時季はワームが食いちぎられ、すぐにボロボロになるため、そもそも釣りにならない。

積丹エリアに関しては、ヒラメが比較的浅い所にいて、フグが少ない5月中旬から6月がベストシーズンといえる。

肝心の釣り方は？

前述のとおり、ボトムワインドはルアーをしっかりと着底させることが大切。ゆえにジグヘッドは底がとれる重さを選ぶのが前提で、風や潮を見ながらウエイトを変えていく。交換を頻繁に行なうという点で、スナップは必須アイテムだ。

ワームが曲がらないよう（まっすぐ）にジグヘッドをセットし、釣りを始める前に自分の正面に軽くキャストする。表層を泳がせてみて、まっすぐに戻ってくるかどうかを目で確認。輪を描いたり左右に逸れたりするようであれば刺し直す。

セットがうまくいって、はじめて釣りを開始。キャスト後、着底してから4～7回のジャークで底を切り、フォールの時間を長くとるようにする。このとき「ジャーク＝誘い」、「フォール＝食わせ」のイメージで、ジャークに関しては速く大きく動かしてもよい。

フォール中のアタリがほとんどだが、とくに着底間際のバイトが多い。そのアタリをとらえるべく、ラインテンションは張り気味にし、カーブフォールでなるべく長い〝食わせの間〟をヒラメに与える。これで反応がなければ、今度はジャークの回数や強さ、ロッドのストローク幅などを調整する。

アタリがあっても乗らない状況であれば、張ったり緩めたり、ラインテンションのコントロールで沈下速度や距離を調整できると釣果につながるはず。

ボトムワインドは、コツさえつかめば比較的簡単にヒラメを手にすることができる釣り。初心者から上級者まで、幅広く楽しめる一方で奥が深い。この面白さを、ぜひ一度体感してほしい。

遊漁船 Atuy（アトゥイ）
TEL.080・1063・1907
古平漁港から出船。ヒラメはもちろん、オフショアのルアーフィッシング全般に力を入れている。ボトムワインドの料金は1人11,000円。予約、問い合わせは船長の土方康充さんまで

北海道の漁業では、全長35cm以下のヒラメは水揚げしない取り決めになっている。釣り人もこれに協力したい

ブレイク間違いナシ

苫小牧沖の可能性

太平洋

写真・文＝高野清秀（苫小牧市）
Photo & Text by Kiyohide Takano

鮃は船もオモシロイ！

胆振海域ではヒラメねらいで出港する遊漁船が少なかったが、2021年頃からテスト釣行を始めたというのが、苫小牧・勇払マリーナの遊漁船『タマリスク』。船長の高野清秀さんにお話をうかがうと、苫小牧沖のポテンシャルが浮き彫りになってきた。

7月に92！

年々ショア、オフショア問わず愛好者が増えてきているヒラメ釣り。大型の引き味など釣りそのものの面白さに加え、活きのよいものは寿司ネタにもなり大変美味なのも人気の一因だ。道内では日本海沿岸一帯や噴火湾を筆頭に、船のヒラメ釣りが盛んな地域がいくつかあるが、今回は胆振太平洋・苫小牧沖の概要を説明したい。

筆者が遊漁船『タマリスク』を営む苫小牧市の勇払マリーナ沖は、カレイの千石場所として有名。大型のマガレイやソウハチ、イシガレイにマツカワなどが釣れる。さらに、冬から春にかけてのサクラマスジギングや初夏から晩秋のボートロック、根魚ジギングにタイラバなどのゲームフィッシングも人気だ。

『タマリスク』では、これらのターゲットのほかに、2021年頃からヒラメにもフォーカスしてテスト釣行を重ねてきた。ただ、胆振海域では室蘭などを除きヒラメねらいで出港する遊漁船は少なく、当初は五里霧中。そんな手探り状態のなか、2022年には最大92㎝の大型が釣れ、結果を出すことができた。ちなみに苫小牧沖のヒラメは、過去に14㎏という特大サイズがカレイの刺し網で混獲され、新聞記事にもなっている。

古くからこの沖合で操業する漁師たちの話では、ヒラメはそう多くはないが昔からカレイの刺し網に掛かっていたらしく、その資源は近年増加傾向にあるとのこと。カレイとの混獲ではなく、網目を大きくした〝ヒラメ仕様〟の網を刺す漁師も増えているようだ。

ところで、胆振海域ではマガレイやソウハチの産卵期が早まっている。この背景には、軽微な水温上昇の影響があると考えられている。ヒラメの資源増加も、そのあたりに関係があるのかもしれない。水産庁による北海道のヒラメの分布図を見ると、全道一帯にヒラメがいることになっている。ところが、道東は尾岱沼の遊漁船『幸丸』の楠瑛船長に話を聞くと、「子どもの頃からヒラメが刺し網に入ったのを見たことがない」と

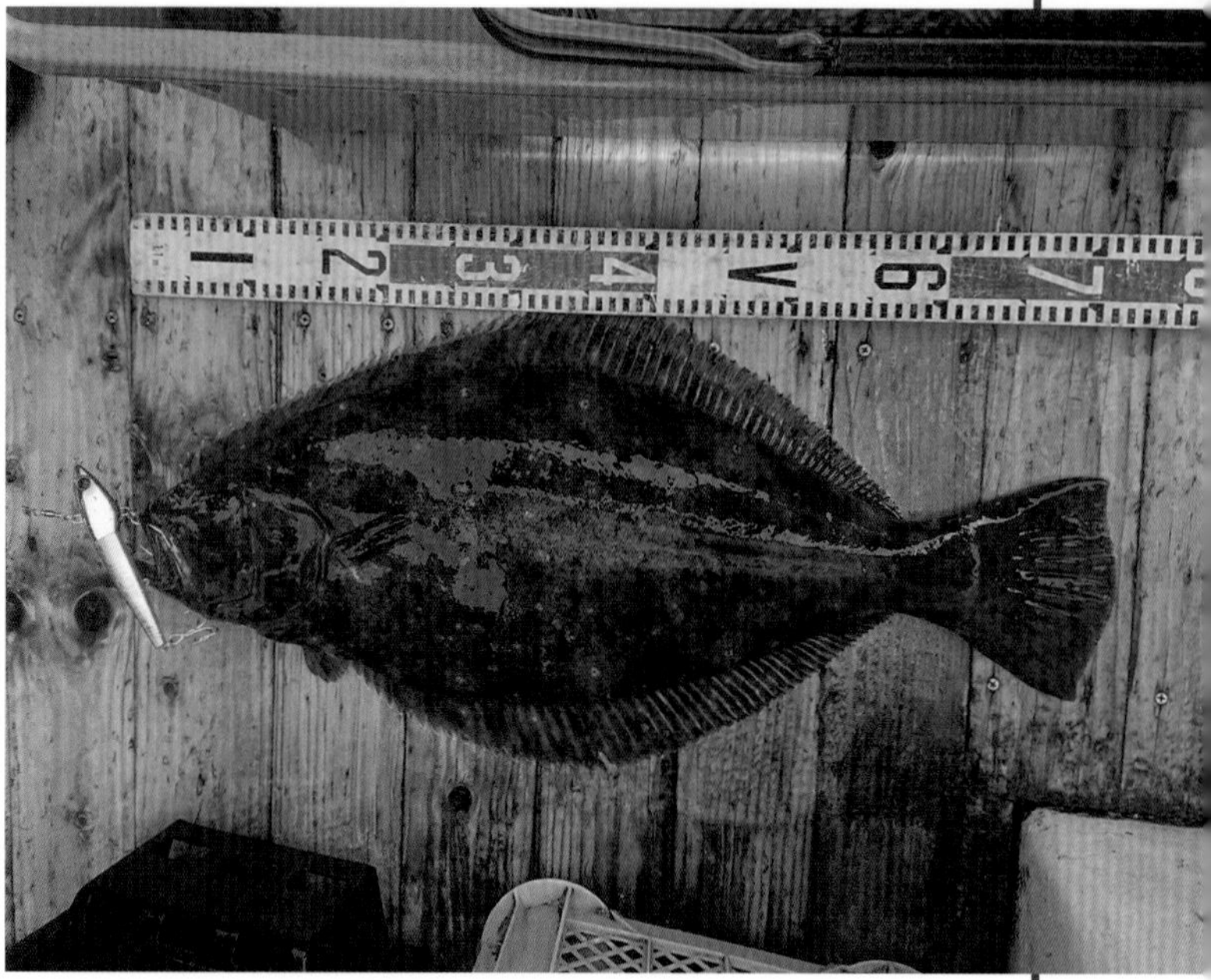

2022年6月、ジギングの際に釣れた70㎝オーバー。黎明期にして、苫小牧のポテンシャルを感じさせた一尾

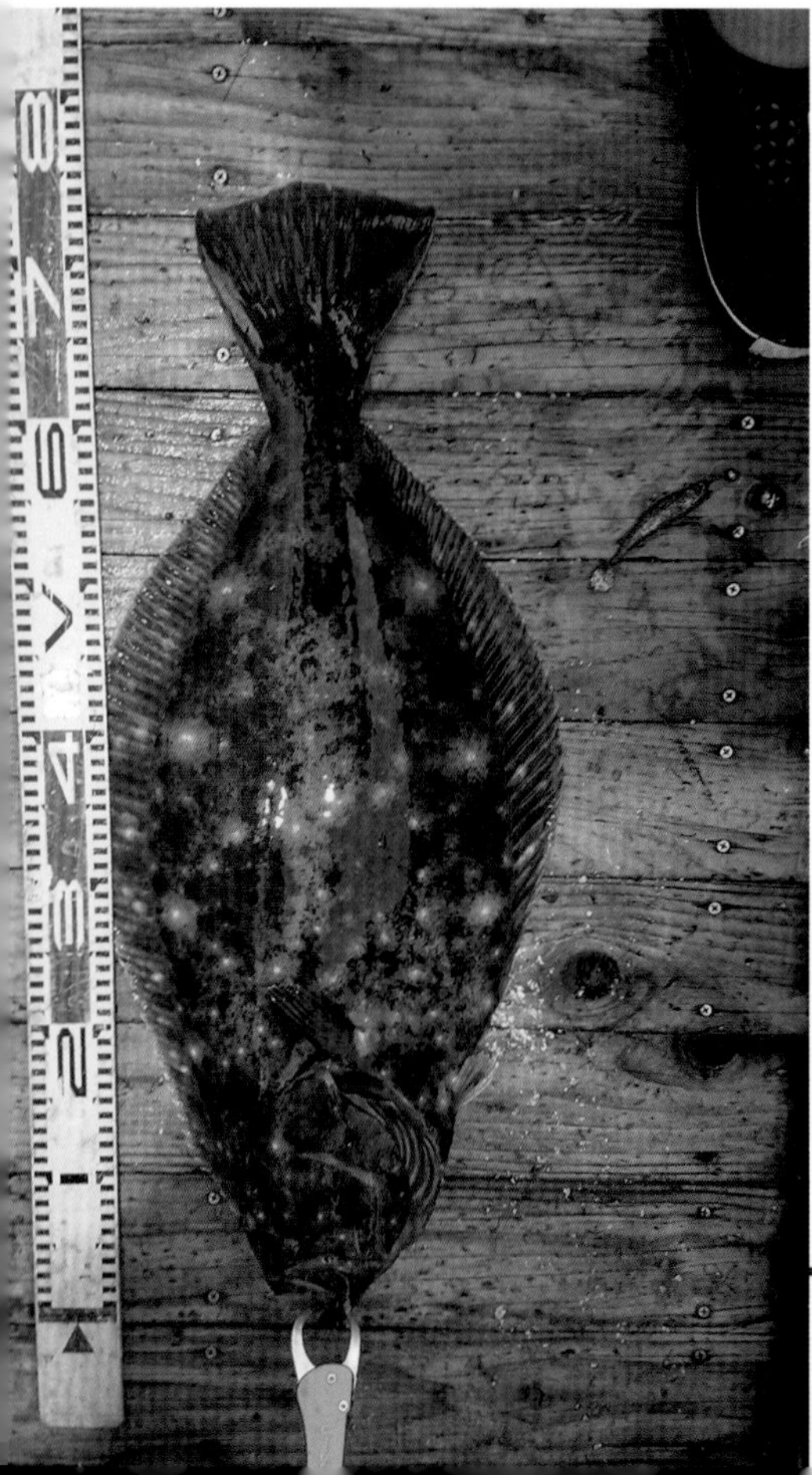

こちらも良型。ヒットルアーはジグヘッドリグ。沖堤防など、浅場のストラクチャー周りを釣るときに有効

2022年7月に釣りあげられた92㎝のモンスター。『タマリスク』のヒラメ最大記録を更新した。座布団にはさまざまな規格のサイズがあり、広く流通しているのは銘仙判（55×59㎝）で、大きいのは夫婦版（67×72㎝）。このサイズは大座布団といってよいだろう

いう。海水温がヒラメにとって重要なファクターなのだろう。

　2022年は水温が10℃を超えてきた6月上旬から、ジギングによる大型ヒラメの釣果が出始めた。7月にはタイラバで先述の座布団ヒラメ92㎝が釣れ、船上を賑わせてくれた。8月以降も釣れたが、ボートロックやババガレイ釣り中にヒラメの採餌層を探っていた人のみにとどまった印象だ。今後はヒラメねらいでの出港機会を増やし、しっかりとねらっていきたいと考えている。

ボトムを切ること

　ヒラメは夜行性といわれているが、2022年に釣れたのは全て日中であった。もちろん、日の出ているうちにしか実釣はしていないため時間帯の優劣までつかめてはいない。夜行性という点はソイにもあてはまるが、潮とベイトを読み違え

アングラーは札幌市の永井朋和さん。船にある一番大きなタモを使い、なんとかランディング。なお、この魚はリリースした。再び誰かのロッドを曲げてくれるかも……

なければ日中でもよく釣れるので、ヒラメも同じだろうと考えている。捕食しやすいベイトが豊富で、潮が利いているポイントなら、ヒラメも集まるに違いない。その意味では沖堤防の周辺は絶好のねらいめで、たとえば室蘭ではボートロックでの実績が高いようだ。

　適水温でベイトがいるなら、捕食者は全て集まっているはずなので、あとはターゲットがいるレンジと釣り方を把握するのみ。そこでまず、ヒラメのレンジについて少し掘り下げたい。

　ボートロックでヒラメが釣れた際、バイトは底からやや上、もしくは中層だったという声が最も多い。これは室蘭港の遊漁船『ラブーン』の鈴木健太郎船長も共通の認識だ。同船では、ボートロックの際にアイナメではなくあえてヒラメをねらうアングラーも多く、ベタ底ではなくやや上を意識しているとの話だった。

　苫小牧の沖堤防は水温の上昇が室蘭よりもやや遅いが、ベイトの種類やカレイの産卵時期、アイナメやソイなどの移動のタイミングはほぼ一緒。ヒラメも相応にいることは間違いない。今まで「ボートロック＝ボトム」の考え方が中心だったので、中層付近で採餌するヒラメにアピールできていなかったと思われる。極端な例でいうと、水族館では表層を悠々と泳ぐ座布団ヒラメを見ることができるが、まさに2022年6月にジギングで釣れた70㎝オーバーは、水深25mの表層5mでヒットした。7月の92㎝はタイラバでの釣果だったが、水深30mの底から巻き上げて10m地点。ルアーフィッシングとは一線を画すが、オオナゴをエサ

ベイトが浮いて活性が高いときは、軽めのルアーを使用したキャスティングも楽しい。なお、船上では乗船人数が少なくても下方向から投げるアンダーハンドキャストが基本だ

苫小牧沖のヒラメゲームはいまだ黎明期。「今後はヒラメねらいでの出港機会を増やし、しっかりとねらっていきたい」と高野さんはいう

にしたバケ釣りでも、ボトムからある程度底切りしたレンジでサオを振る。以上のことから、ボトムから中層でのアプローチが効果的だといえる。

釣り方はさまざま

船からルアーでヒラメをねらう方法はいくつかあり、それらは水深によって変わってくる。ボートロックの要領で浅場のストラクチャー周りを攻めるなら、やはりジグヘッドリグが有効だろう。潮の速さにもよるが、胆振海域は基本的に1オンス以内で問題ない。ほかのリグがダメというわけではないが、ジグヘッドリグのスイミングとフォール姿勢の安定感は抜群だ。ヒラメはフィッシュイーターなので、小魚の泳ぎを模して動かすイメージを持つとよい。また、ワインド釣法などのショアで行なう誘い方は船にも効く。

ベイトが浮いて活性が高いときは、軽めのルアーを使用したキャスティングも楽しい。日本海側で最近盛んな、サクラマスのキャスティングゲームを楽しまれているアングラーは、ぜひとも応用してほしい。

水深が30m前後であれば30～50gのジグヘッドリグが面白い。ヒラメ以外にも大型のアイナメやソイ、運がよければタカノハやババガレイもターゲットになる。もちろんジギングやタイラバも活躍する。この際、リールを巻かずに一定の層で誘い続ける「ヨーヨー釣り」でも釣れないことはないのだろうけれど、深場でない限り全層にわたってアピールしたほうがよい。

いずれにせよヒラメだからといって、ほかの（たとえばソイやサクラマス）釣りと特段違うやり方は必要ない。ソウハチやホッケなどのように常に釣れる魚ではないし、短い時合で食いが立つ印象なので根気よく、とにかく頑張ることこそが釣果アップに秘訣かもしれない。

タックルに関しても、ジギングやタイラバであれば普段使っているものの流用でこと足りる。スロー系なら0～1番、タイラバロッドならMAX60～100gが手軽だろう。リールも好みでかまわない。スピニングなら4000番クラス、ベイトなら150番前後が標準的で、ほかの釣りにも使える。一方、気を付けたいのがボートロックのときである。

ヒラメに的を絞るなら、硬めのロッドを選択してほしい。乗っ込みで浅場に入ってきているヒラメは比較的大型が多く、サオが柔らかいと取り込みに時間がかかってしまう。同船者への配慮も忘れないようにしたい。

確かな手ごたえ

苫小牧沖におけるヒラメのゲームフィッシングは、まだ黎明期であることが否めない。ただ、同時にこの釣りには確かな手ごたえも感じている。

テスト釣行を重ねるにあたり、道内のさまざまな釣りシーンで活躍する矢野夫妻ら実力派アングラーが毎週のように乗船してくれて、さまざまなデータを取得できたこと。また、遊漁船『ラブーン』の鈴木船長とは、室蘭と苫小牧のヒラメ事情に関して意見交換をしてヒントが得られたこと。さらに、札幌市のルアー専門店『ノースキャスト』からはヒラメに有効なジグやタイラバの提供を受け、豊富な経験談も拝聴し、大いに参考になったこと。

これらは今後の苫小牧沖のヒラメ釣り普及への大きな礎となった。この場を借りて御礼申し上げたい。

遊漁船 タマリスク

TEL 090・8639・1012

苫小牧・勇払マリーナから出船。胴の間に広い水洗トイレを完備している。キャビンはミヨシとトモに設置。船長の高野清秀さんが的確、適切、丁寧にアドバイスしてくれる。ヒラメのルアーフィッシングは1人8,000円

噴火湾

のんびり釣って、しっかり楽しむ。
仲間と気楽にレンタルボート

写真・文＝矢野愛実（苫小牧市）
Photo & Text by Ami Yano

鮃は船もオモシロイ！

沖でのヒラメ釣りは遊漁船が一般的だが、レンタルボートという選択肢もある。気の置けない友人たちと、貸切の船上で過ごす時間は格別だ。噴火湾の『黄金マリン』でヒラメのキャスティングゲームを楽しんだ矢野愛実さんがレポート。

友人が操船して10分ほどでポイントに到着。この日は噴火湾らしく天候もよく波も穏やかだった

リベンジに燃える

2022年6月、噴火湾は伊達にある『黄金マリン』さんより、レンタルボートでヒラメをねらいに行ってきました。『North Angler's（ノースアングラーズ）』2019年12月号掲載の「船ルアー愛、実らせます」で良型を釣って以来、ヒラメ釣りに興味が湧いた私は、前月も日本海でヒラメ五目に挑戦してきました。強烈なバイトがあったものの悔しくもキャッチには至らず……。次はいつリベンジしようか悩んでいたところ、友人からレンタルボートで噴火湾のキャスティングヒラメに行かないかと誘われ、二つ返事で参加。今日こそはヒラメ（閃）きたい！と意気込み充分で再挑戦です！

気軽にレンタル

噴火湾といえば長万部町の新たな名物として2022年にブランド化された『湾宝（わんぽう）』が話題になるなどホタテの養殖で有名ですが、伊達地域は四季を通じて温暖なため約70種類の野菜が生産されるなど農作物も豊富。秋には柿が実るほどだそう。その豊かな自然は黄金の海においても同様で、ソイやアイナメといったロックフィッシュはもちろん、カレイやヒラメ、サケなど四季折々の多様な魚種がねらえます。新千歳空港から高速で1時間ほどといったアクセスのよさも魅力的。

『黄金マリン』さんには1～3人乗りの小型手漕ぎボートや免許不要の2馬力エンジン付き小型ボート、8～10人乗りの魚探付き中型モーターボート（要船舶免許）など全4種70隻のボートがあり、釣りだけでなくクルージング主体の利用もOK。それぞれの利用シーンに合わせて船を選ぶ

なかなかタイミングがつかめなかった愛実さんを横目に、同船した仲間たちはバケとワームを使って釣りあげていく……。写真は、ジグヘッドワームでヒラメをキャッチした、夫の元基さん

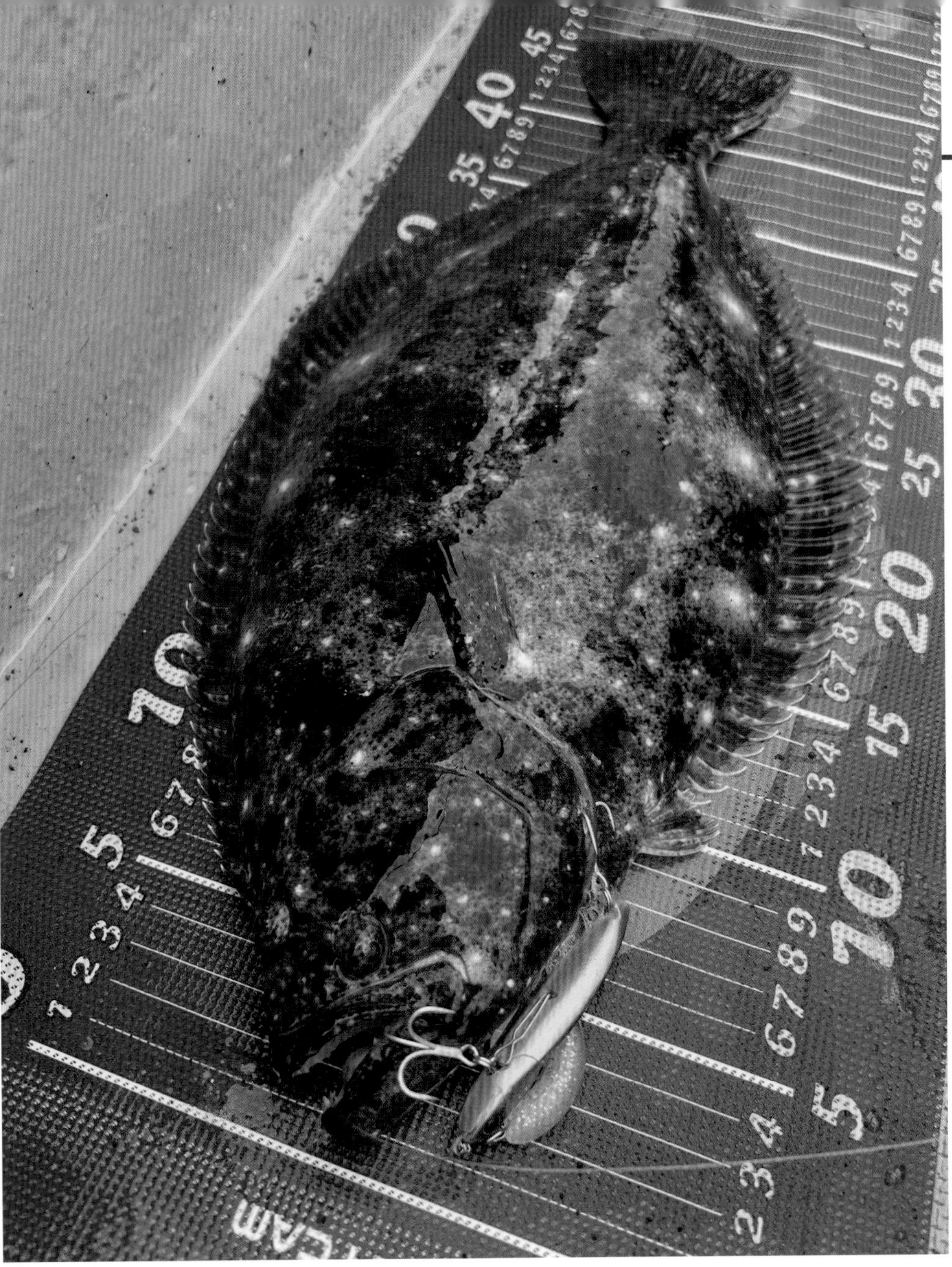

バケ釣りでアタリの感覚をつかんだ後、見事にルアーでヒラメ（閃）いた！

ことができます。

レンタルは原則ネット予約（24時間受付）。専用ページより申込みを行ない、クレジットカードでの事前決済もしくは現地払い。当日は受付が混雑することもあり、支払い手続きが完了するまで出航できず、待ち時間が発生する可能性があるため、事前決済のほうがスムーズとのこと。ロッドやリール、仕掛けといった備品のレンタルはもちろんエサや氷の販売もあるため、クーラーひとつで気軽に楽しむことができます。

同乗者がいる場合は予約時の事前登録が必要で、当日は以下に注意しましょう。

①船舶免許は必ず持参すること（免許必須のボートの場合）

②浜辺から出航するため「濡れてもよい恰好」、「長靴」を準備

③ライフジャケットの持参（無料貸出も行なっているようですが、在庫に限りがあるとのこと）。※詳細はホームページにて。

レンタルボートは維持費がかからないうえ、エンジンの状態や燃料の確認、清掃といったメンテナンスや準備をマリーナが全て行なってくれるため、すぐに乗り込んで出航することができます。「陸っぱり」ではねらえない魚をターゲットにすることができ、普段とは異なる景色を堪能しながら釣りを楽しめるところもレンタルボートならでは！

ヒラメ（閃）いた！

今回友人が予約してくれたのは、キャスティングでのヒラメねらいということもあり、バックスペースのとれる船外機付きの和船。プレジャーボートに比べると料金も安価で、とにかく釣りを楽しみたい私たちにぴったりです。4人での釣行でしたが、スペースを広々と利用できるよう7人乗りを選択。クレーン車でボートを砂浜から海辺へ降ろしてもらい、時刻は午前4時半、出航です。

友人が操船して10分ほどでポイントに到着。この日は噴火湾らしく天候もよく波も穏やか。水深は約10mで潮は比較的緩やかなよう

何度目かのフォール中にラインが止まり、グググっと乱暴なアタリ！　あがってきたのはこの日最大のヒラメだった

す。キャスティングでの釣りとあって、空気抵抗が少なく飛距離の出る『熱砂メタルドライブSR28g』からスタート。水が緑色に濁っていたため、カラーは補色のキョウリンアカキンを選択しました。鱗を模倣した金色のホログラムが薄く濁った水中でも鮮やかに光を反射し、メインカラーの赤色がシルエットを際立たせ、魚へ強くアピールしてくれそうです。

ロッドは『炎月BBS610M』に、リールは『ストラディックSW5000XG』。ラインはPE1号で、リーダーはフロロカーボン16ポンド。底から3～5mを中心に、スローなストップ&フォールで繰り返し誘います。

フォール中に何度かアタリを感じるもヒットには至らず、タイミングがなかなか合いません……。そんな私を横目に、友人たちはバケとワームを使ってヒラメを釣りあげていきます。アタリはあるのですがヒラメをあまり釣ったことがなく、アワセのタイミングが分かりません。そこで、感覚をつかむべく友人のバケタックルを借り、バケ釣りに切り替え。

バケでのヒラメ釣りは初めてでしたが、教わりながら小さなバケに「タコキャップ」と呼ばれるタコベイトの頭がついた専用の仕掛けにオオナゴを付け、背中、しっぽに掛けバリをセット。頭にエサ付け用のハリを刺し、タコキャップを移動させて固定します。タコキャップの上部にはウキ止めイトや止めゴムが付いていて固定されるため、ロッドを強く振ってもエサが落ちません。

誘い方はロングジャークで、フォール時間を長くとるようにします。ポイントはロッドのしなりを使って大きくバケをリフトし、ラインテンションが抜ける前にピタリとロッドを止めること。柔らかいロッドティップが跳ね上がり、ラインスラックが生まれます。そのスラックを活かし、バケを鋭くフォールさせてアピール。すると、フォール中にアタリが！　すぐに合わせたくなりますが、そのまま焦らずストップを継続しオオナゴを食い込むのを待ち、ロッドに重みが乗ってから大きく合わせます。アワセを入れたらテンションをかけながら巻き上げ、

ヒットルアーはシマノ『熱砂　メタルドライブSR28g』のキョウリンアカキン（写真のカラーはハデピンク）。キャスティング時にワームがボディーから離れて空気抵抗を低減してよく飛ぶ。着底後のリトリーブ時は、徐々に元の位置へワームが戻るため、アピール力にもすぐれるルアーだ

時合終盤、活性の高いヒラメに照準を定めてメリハリのあるアクションで誘った

使用タックル
ロッド：炎月BB S610M
リール：ストラディックSW 5000XG
ライン：タナトル8　1号（リーダーはフロロカーボンの16lb）
すべて、シマノ

無事ネットイン！　ヒラメ（閃）いた〜！

再度ルアーで

時刻は9時。ヒットの感覚はつかめたので、時合が終わってしまう前に再びルアータックルで挑戦します（この日は朝イチから9時半頃までが時合だと推測）。

ルアーは同じ『熱砂メタルドライブSR28g』のキョウリンアカキン。時合も終盤に差し掛かってきたので、活性の高いヒラメに照準を定めます。先程はスローなストップ&フォールで誘っていましたが、やる気のあるヒラメをねらいたいので、やや速めのリトリーブで誘います。

底まで落として3〜5m巻き上げてストップ、を繰り返し、ときには着底した後しばらくそのままにしてバイトの隙を与えます。『熱砂メタルドライブ』はキャスティング時にワームがボディーから離れて空気抵抗を低減。おかげでとてもよく飛びます。そして着底後、リトリーブ時は徐々に元の位置へワームが戻るため、アピール力にもすぐれるルアーです。

何度目かのフォール中にラインが止まり、グググっと乱暴なアタリが！　このアタリは間違いなくヒラメです。すかさず思いきり合わせてしっかりフッキングさせます。バケで釣ったヒラメよりも重く、良型の予感。バレないでと願いながら巻き上げると、姿を見せてくれたのはこの日一番のサイズ。47cmのヒラメでした！

再びフォール中に重みのあるアタリが！　アイナメではあったが、良型で引き味を楽しませてくれた

釣りの後はボリュームのあるものが食べたくなる。あんかけ焼きそばでエナジーチャージしてから帰路についたという

勢いそのまま、カラーをキョウリンヒラメゴールドに替えて再びヒラメをねらいます。するとまたフォール中にグンっと重みのあるアタリが！　首を横に振る暴力的な引きであがってきたのは、今度は良型のアイナメ。今回のターゲットはヒラメなので優しくリリースします。

その後もねばりましたが、潮が緩くなりヒラメには出会えず。同じポイントでヒラメだけでなくカレイも釣れるようなので、次回はタイラバやキャスティング仕様のインチクを持参し、潮が利いていない時間帯はカレイに切り替えるのもアリかも。ヒラメは5〜11月までねらえるとのこと。サイズアップを目指してまた挑戦したいと思います！

黄金マリン
〒059-0271 伊達市南黄金町73
TEL.0142・24・1053（予約専用）
●営業期間：4月1日〜11月中旬（年度によって変わる場合あり）
●営業時間
通常月：午前5時〜午後1時帰港
5〜6月：平日は通常、5/28から土日のみ午前4時〜午後1時帰港
11月：午前6時〜午後1時帰港
※予約やレンタルボートの詳細についてはHP（https://koganemarin.com/）を参照のこと

〝カレイング〟のすすめ

Photo & Text by Takanori Nakagawa

ワームで
釣れるのは
大型！

フラットフィッシュはヒラメだけではない。釣れるカレイの種類が豊富で、かつ大型もねらえる北海道は、まさにカレイの楽園といえるだろう。大型に的を絞るならワームでねらうスタイルを推奨するのは玉川正人さん。11月中旬、室蘭沖堤での実釣を交えながら、釣果を上げるコツを解説していただいた。

広範囲を短時間で探れる

洞爺湖町の玉川正人さんによると、不調気味のロックフィッシュとは対照的に、近年はカレイが絶好調だとか。サイズは大きく60㎝も夢じゃないそう。ここ数年、本格的にワームでカレイをねらう〝カレイング〟に挑み、「少しずつコツが分かってきました」と言う。

沖堤のカレイはサイズがよく、ボトムから浮かせるときの重量感や、底に突っ込む強烈な引きがアングラーを虜にする。食味も魅力で、煮付け、焼き、刺し身、揚げなど、何でも美味しい食卓の万能選手だ。

「秋のイシガレイやクロガシラ、初冬のマガレイなど、とくに脂の乗ったカレイを3日ほど冷蔵庫で寝かせていただく刺し身は最高です。醤油に付けた際、ぶわっと広がる脂は食欲をそそります」と玉川さん。

手軽にロックフィッシュのスタイルでねらうカレイ釣りは、広範囲を短時間で探ることができ、かつ小さい魚を

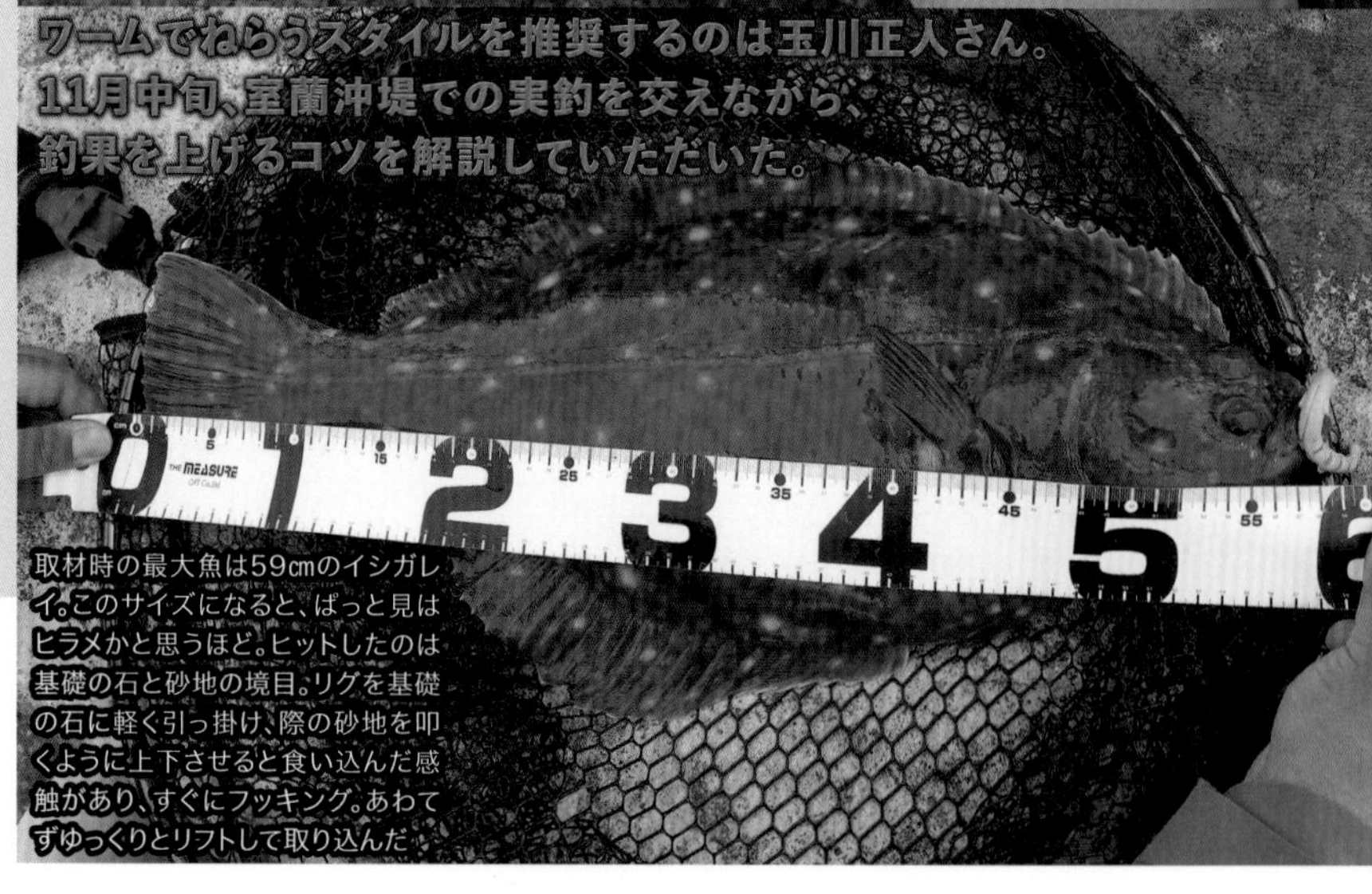
THE MEASURE

取材時の最大魚は59㎝のイシガレイ。このサイズになると、ぱっと見はヒラメかと思うほど。ヒットしたのは基礎の石と砂地の境目。リグを基礎の石に軽く引っ掛け、際の砂地を叩くように上下させると食い込んだ感触があり、すぐにフッキング。あわてずゆっくりとリフトして取り込んだ

内海側に向かって80～90mキャスト。流れの強い端に位置した砂地に対し、ドリフトするように流すと小さいアタリ。ラインが張らないギリギリのテンションで、ワームを揺らすようにシェイク。さらに5秒ほど誘い続け、しっかりと食い込ませた一尾

かわして大型魚に的を絞りやすいのが利点。次から、玉川さんに釣果を上げる秘訣を解説していただいた。

●リグ● ビフテキのヒット率が一番

ここ数年、カレイをさばいて気になったのは、カレイの種類によって胃の内容物に違いがあること。イソメなどの多毛類、エビやカニなどの甲殻類が多いのは予想どおりだったが、大型のカレイほど噛み砕かれた貝が混じる傾向が強い。とくにイシガレイは顕著で、ほとんど貝ばかりの魚も珍しくなかった。

カレイ類にも咽頭歯という、喉にあるそしゃくのための歯を持つ種類がいる。よく観察すると、イシガレイはそれが大きく丈夫なようだ。硬い貝を噛み砕いて食べる習性によるものだろうか？

大型のカレイに関しては、スティックシンカーを使ったフリーリグやヘビーキャロライナリグより、明らかにビフテキリグに好反応を示す。シンカーにアタックするようなアタリも少なくない。丸型のビフテキリグ用『ビーンズシンカー』と、ワームが一体になったシルエットは、魚にとって中身がこぼれて少し崩れた貝が、流れてきたように見えるのではないかと推測する。

また、ズル引きのスピードも重要だと思っている。シーズンや水温も関係するだろうが、同じ場所に複数のカレイがいる場合、大きなものを捕食する種類ほど速めの動きが効くようだ。

具体的には、イシガレイ↓クロガシラガレイ↓マガ

基礎ブロックに差し掛かる少し手前でヒットしたクロガシラガレイ。ついばむような感じではなく、アイナメのような金属的な強いアタリの後、一発で食ってきた。間髪入れずにフッキング

良型になると引きも強いが、水の抵抗がプラスされ、浮かせるのが大変。ブロックの際にラインが擦れないよう、早めに浮かせたいが……

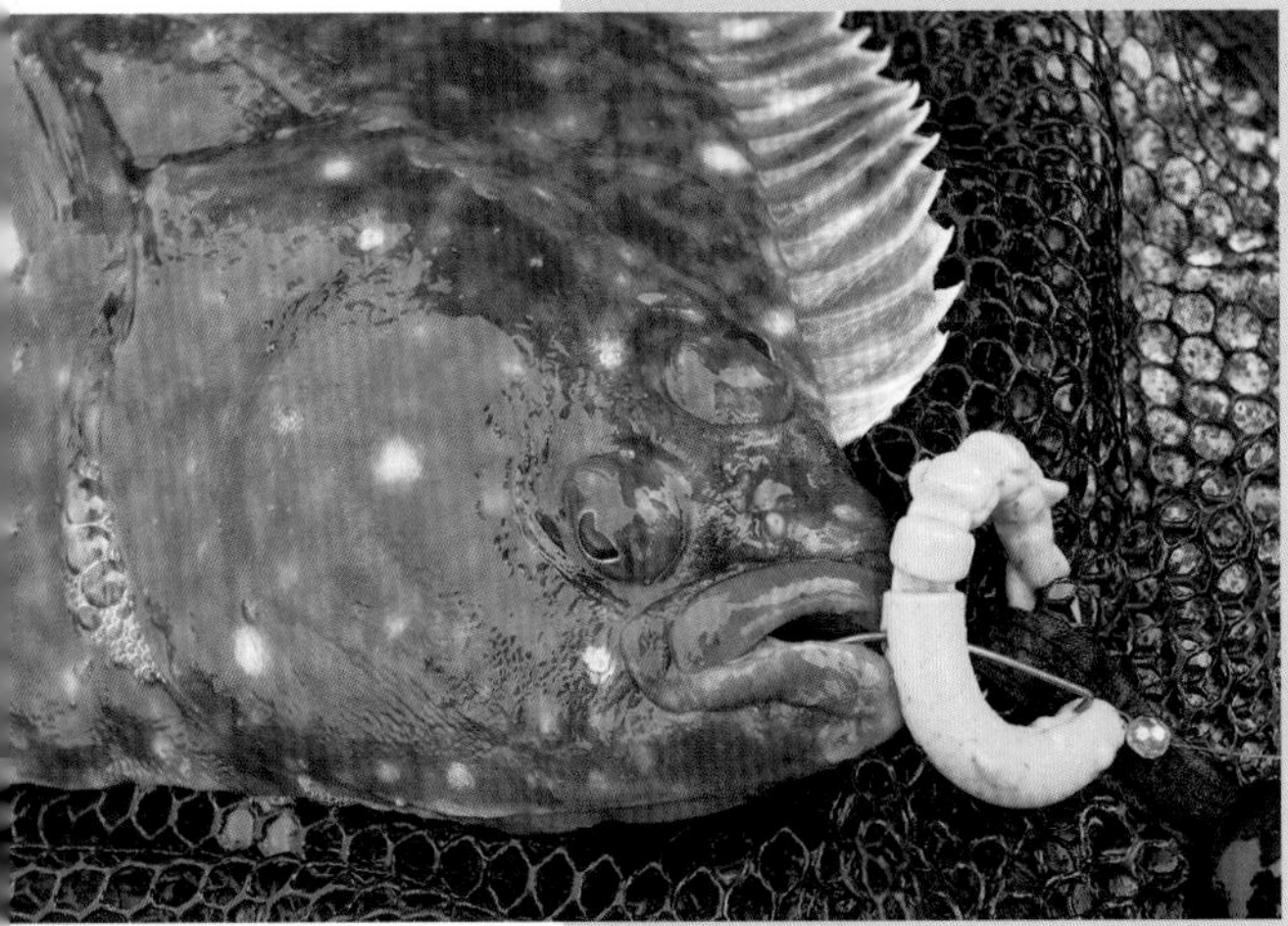

大型のカレイになると、ボリュームのあるワームでアタリが多くなる傾向にある。この日はエコギア『熟成アクア　スーパーどじょうS』まずめチャート（夜光）がマッチした

イシガレイのアベレージは50㎝ほど。このサイズが何尾もロッドを絞り込んだ。大型アイナメで有名な室蘭沖堤だが、カレイ釣りの潜在力も凄い

レイ→ムシガレイ→アサバガレイの順で、先に挙げた種ほど速い動きに興味を示す。イシガレイに関してはステイを入れない連続的なズル引きが有効だ。マガレイからは極端に反応するスピードが遅い傾向がある。

とはいえ、カレイングはまだ新しい釣り。これからあっと驚くメソッドが見つかる可能性がある。注意点としては、投げ釣りなど違う釣り方の人が近くにいる場合、お互い楽しく釣りをするために適度な距離を取り、相手のラ

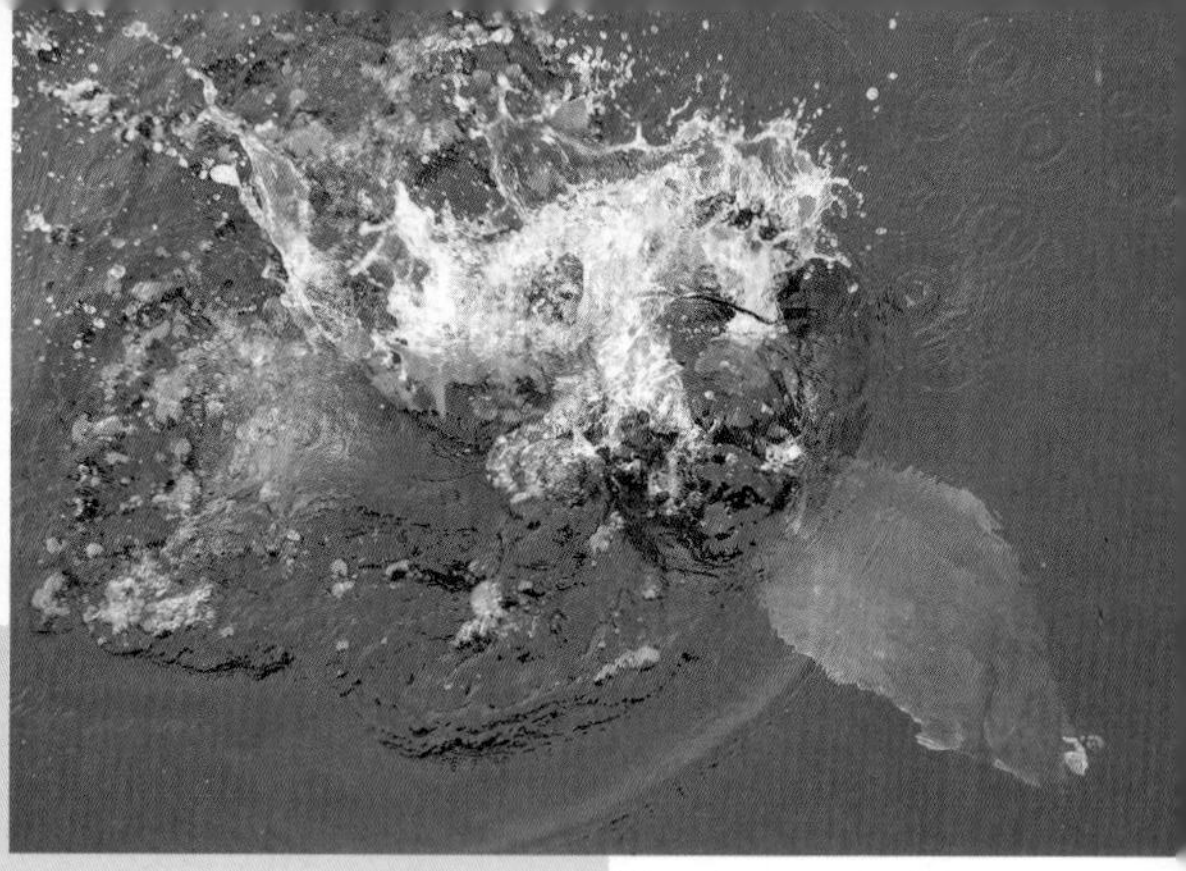

右／ランディング直前に見せる突っ込みは、カレイというよりも中型のヒラメを彷彿とさせる。スリリングなファイトを満喫できるだろう　左／50㎝クラスになると重量があるので、無理に抜きあげず、必ずタモですくいたい。室蘭沖堤の場合、シャフト（柄）の長さは、大潮の干潮時を考えると5mほど欲しい

室蘭沖堤で出会えるカレイたち

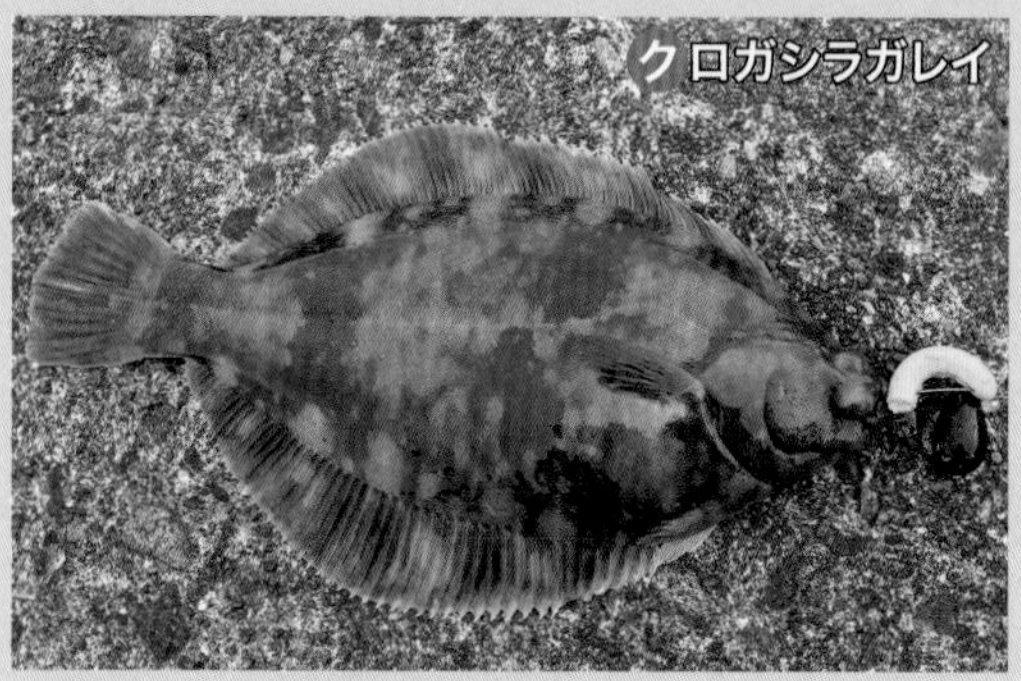

【特徴】背ビレと臀ビレには黒色の条紋がある。6月頃から釣れ始め、10月半ばまで比較的安定して釣れる。場所によっては50㎝クラスがねらえるが、シーズンを通じて平均40㎝前後が多いようだ
【シーズン】6～10月
【付き場】沖根や基礎の際とその上

【特徴】無眼側はイシガレイのように真っ白ではなく、尾ビレ側に淡い黄色の帯があるのが特徴。シーズン当初は35㎝前後だが、冬に向かうにつれサイズがよくなり、11月下旬には40～45㎝がねらえる
【シーズン】11～12月
【付き場】砂地のフラットな面～カケアガリ

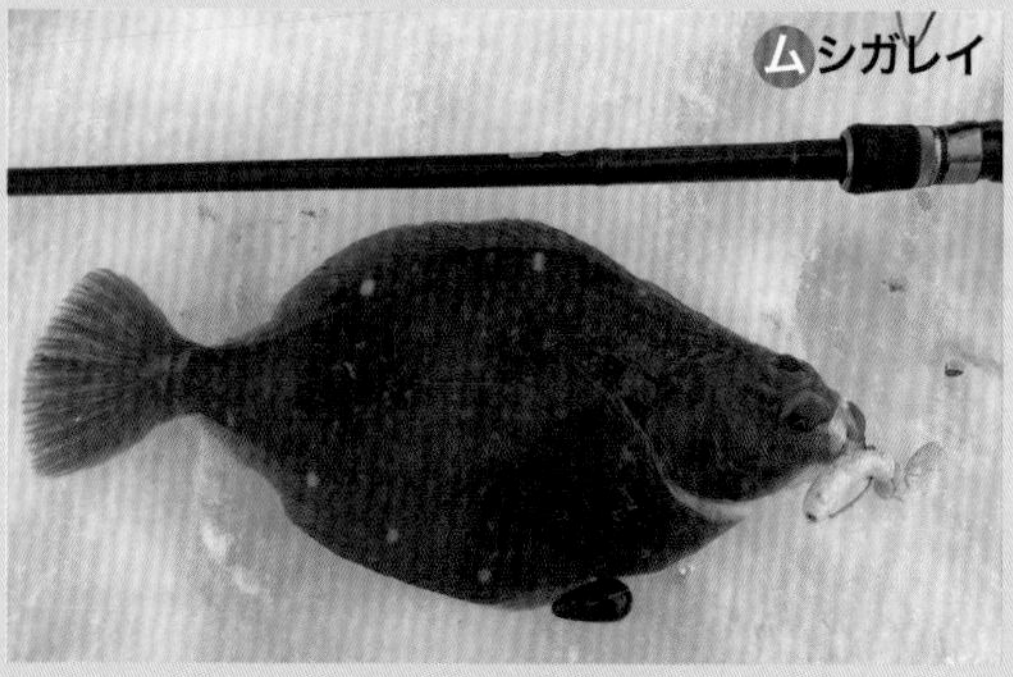

【特徴】地方名はミズクサガレイ。有眼側に虫に食われたような大小の輪状斑と、白色の小円斑が全体に散らばっている。やや薄い魚体も特徴的。寒い時期によく釣れ、水深のある外海側でヒット率が高い
【シーズン】2～3月
【付き場】フラットな砂地

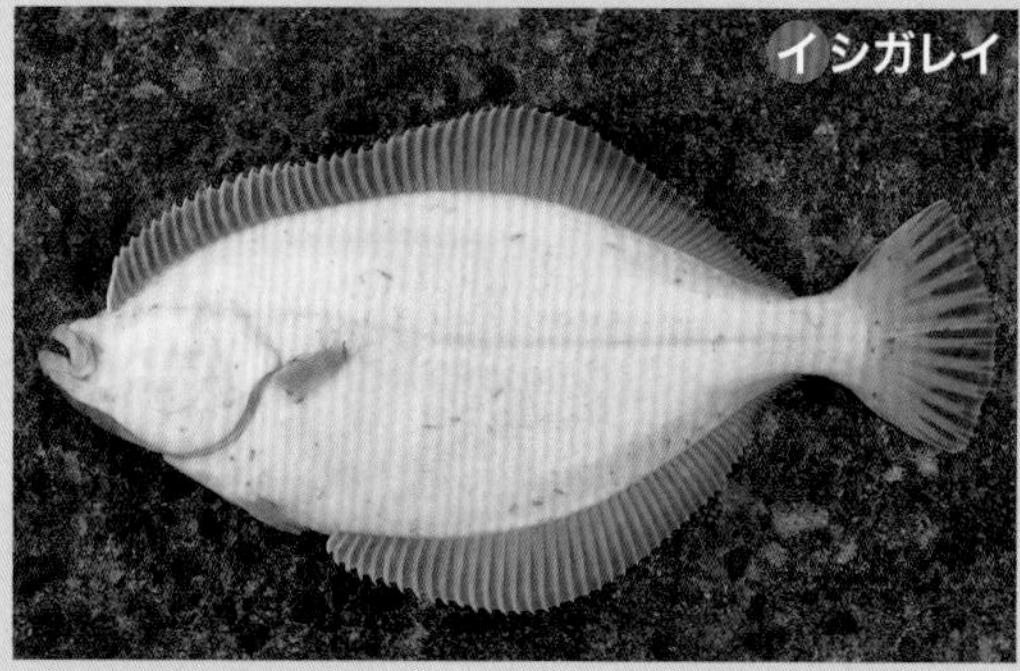

【特徴】無眼側は全体的に白い。体表にはウロコがなく、有眼側の背中側と腹側の中央部、側線の近くに石のような突起物があるのが特徴。室蘭沖堤では40～50㎝の良型がそろい、最もよく釣れる種類
【シーズン】5～6月、10～11月中旬
【付き場】フラットな砂地～手前の基礎の上まで

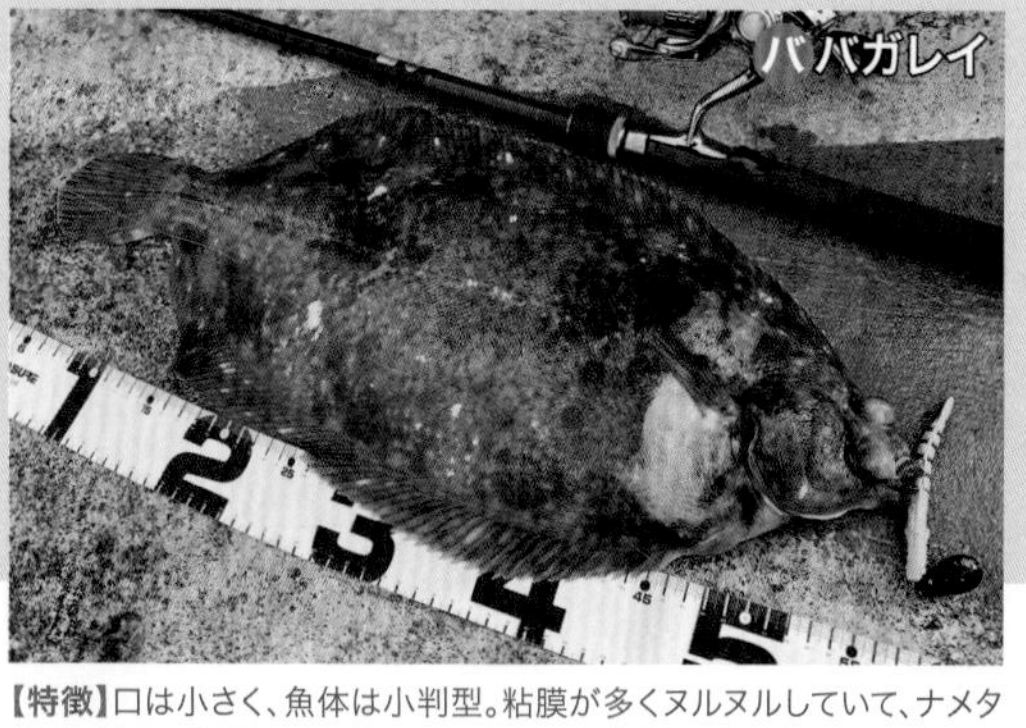

【特徴】口は小さく、魚体は小判型。粘膜が多くヌルヌルしていて、ナメタ（滑多）とも呼ばれる。長期にわたって釣果情報を耳にするが、玉川さんはまだ1尾しかキャッチしていない。難易度の高いカレイ
【シーズン】6～11月
【付き場】沖根や基礎の際とその上

【特徴】体高があり、側線が頭の前付近まで伸びているのが特徴。釣り方はムシガレイと似ていて、ツマグロカジカの猛攻を避けながらの釣りになる。春に釣果が上向いてくる。釣れるのは35㎝くらいが多い
【シーズン】3～4月
【付き場】フラットな砂地

「これもデカい!」。同行した室蘭市の吉野崇憲さんも良型をヒット。すかさず玉川さんがタモを持ってサポートに駆け寄る

イン角度を確認すること。オマツリしない立ち位置、トレースライン、キャスト方向を見定めるとよいだろう。

●タックル●
ワームは汁系や液物を

室蘭沖堤でカレイングを行なう場合、ロッドはルアーMAX35g以上のロックフィッシュ用やシーバス用が適している。とはいえ、底の砂紋を感じながらズル引くことに加え、カレイのアタリは繊細で、ワームをくわえ込むまで待つ必要もある。そのため、感度がよく、できるだけ柔軟なアクションがマッチする。

ラインに関しては、良型カレイの突っ込む力は強く、手前の基礎部でブレイクしない強度が不可欠。飛距離を犠牲にしてもPE0・8号以上が安心だ。リーダーはなるべく底から離さずにリグを引くためと、根ズレの強さを勘案してフロロカーボンを使いたい。

水深があり、潮の流れも速い室蘭沖堤では、35～56gのウエイトを用意したい。『ビーンズシンカー』のような丸型は砂煙が立ちやすくアピール力が高いだけでなく、ラインを張った状態でシンカーとワームがくっ付くため、流れの強い場所でもワームがボトムから離れずに安定した誘いが可能になる。

吉野さんも59㎝のイシガレイをキャッチ。このサイズがねらって釣れる。室蘭沖堤に行くならロックフィッシュとカレイ、両方の準備をしておきたい

重量のある魚を堤防上からリリースするとダメージが心配なので、タモに入れて水面近くで放すことを心掛けたい

吉野さんもロックフィッシュ用タックルを使って楽しんでいる。ビフテキリグで、ワームはエコギア『熟成アクア どじょうS』まずめチャート(夜光)

ワームは「汁系」や「液物」と呼ばれる味や匂いの強いタイプを選びたい。食いついてから少しずつ飲み込んでいくカレイに対し、ワームを飽きさせない味は重視すべき要素だ。シルエットはストレート系をメインに、グラブならパーツの少ない細身がベター。カーリーテールや甲殻類系でもよいが、フッキングを優先するなら細身のシルエットが無難だ。カラーは黄色やピンク、白など明るく目立つ色がよい。

●テクニック●
ステイの時間はごく短く

誘い方は前述したように、海底の砂紋を感じながらズル引くのが基本。砂にシンカーがスタックしたら、やさしくほぐしながらゴロゴロと転がすイメージだ。

砂紋を飛び越えるときの移動距離は抑えるのが大事。リーリングでズル引くと速くなりがちなので、ロッドを横方向に動かしてサビいた後、ラインスラックを巻き取るとよい。また、ひとつの砂紋を越えるたび、ごく短いステイを入れたい。1回のステイ

は体感0・5秒程度。これは移動距離を抑えるための配慮で、アタリがあるゾーンからリグをなるべく離したくない。アタリの後にワームを離した場合、追い食いをねらい、その場にリグをとどまらせたくなるが、2秒以上の長すぎるステイは逆効果になりかねない。

　フッキングについては、ズル引きの延長線上の動きで、ロッドを大きくスイープに合わせるとタイムラグがなく、掛けたいタイミングでフッキングに持ち込めると感じる。カレイのアタリは千差万別とはいえ、コツコツと軽く重みのないアタリから、魚の重さがグッと乗ったタイミングがフッキングの合図ととらえたい。また、アタリの質を感じ取ることも大切。強く金属的なアタリのときは魚の活性が高く、瞬間的に合わせるとフッキングしやすい。

●ポイント●
種類による付き場の違い

　季節を問わず好釣果が望めるのは、堤防の先端や船道など水深があり潮通しのよい場所だ。とくに大型のカレイは流心やその両脇でのヒットが多い。逆に、浅く流れの緩い場所で釣れるカレイは産卵期など特別な条件下でない限り、小さな魚が多い傾向にある。

　その理由として、大型は効率よくエサを取るべく、潮通しのよい場所に陣取り、貝や多毛類、甲殻類を自分から探すのではなく、流れてくるのを待ち伏せしているのだろう。

　付き場は、マガレイは砂地のフラットな面～カケアガリ、イシガレイはフラットな砂地～手前の基礎の上まで、ババガレイやクロガシラガレイは沖根や基礎の際とその上、ムシガレイやアサバガレイはフラットな砂地にまばらにいることが多いと思う。

　今回は室蘭沖堤のメソッドを紹介したが、道内はカレイのフィールドがたくさんあり、どこでもカレイングが成立するはず。その場所に合ったメソッドを追求するのも面白い。

迎えの船を待っている15分ほどの間、1キャスト＆1ヒット状態で4連続キャッチ！時合だったのかもしれないが、それだけ魚影が濃いのだろう

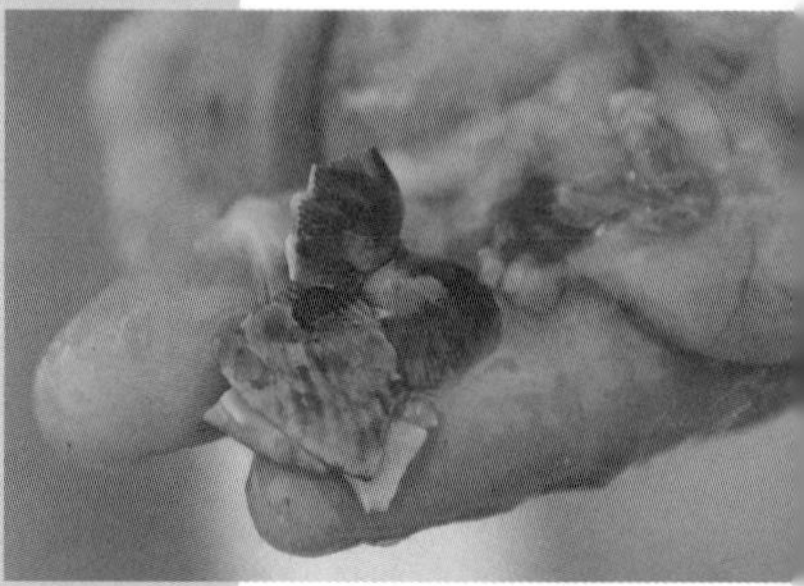

イシガレイの胃から大量の貝殻が出てくるのは珍しいことではない。ビフテキリグに好反応を示すのは、丸型のビーンズシンカーを魚が貝ととらえているのかも……

玉川さんの使用タックル

ロッドはバレーヒル『サイファリストHRX プロスペック　CPRS-911H』、リールはシマノ『ステラC3000MHG』、ラインはPE0.8号、リーダーはフロロカーボン14lbを約1ヒロFGノットで結束

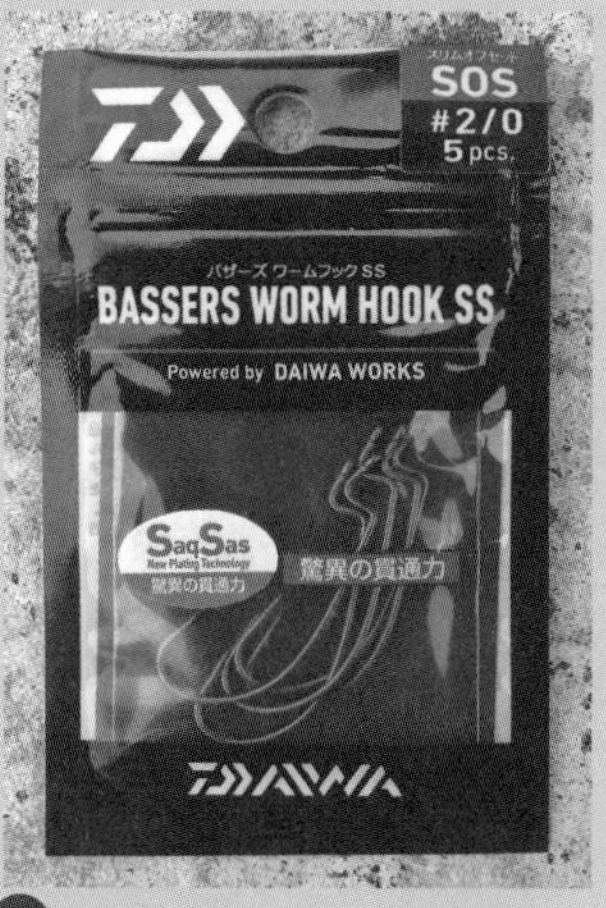

おすすめフック

フックはゲイプ幅の狭いタイプで実績が高い。ダイワ『バザーズワームフックSS スリムオフセット』#1/0または#2/0を推奨

丸型シンカー

シンカーは細身のスティック型ではなく、ジャングルジム『ビーンズシンカー』のように丸くボリュームのあるタイプが効果的

『つりぶねや』

（室蘭市祝津町1丁目127-12/予約℡.090・1644・3588）

渡船の予約や問い合わせは上記まで。料金は1人3,000円。『つりぶねや』を運営するスターマリン（株）では、アプリによるお得なデジタルチケットの販売を開始。スターマリン公式アプリをチェックしたい

堤防では誰かに踏まれないよう、ロッドを立てて置くのが安全。オプションのロッドスタンドを装備したタックルボックスが重宝する。写真は明邦化学『バケットマウスBM-7000』

匂い付きワーム

「汁系」と呼ばれる匂い付きタイプは、旨み成分が染みており、ヒットチャンスが増すと考えられる。玉川さんは液漏れしないよう、明邦化学『リキッドパックVS-L430』を愛用

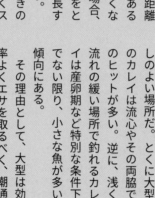

NorthAngler's 定期購読で、デジタル版のバックナンバーが読み放題!
(No.101〜)

『ノースアングラーズ』の定期購読が、
これまでの1年単位(10冊)に加え、
月単位でも申し込めるようになりました。
半年だけ、3ヵ月だけ……といった短期間の購読にも対応し、
より利用しやすくなりました。
さらに、定期購読を申し込んで頂いた方にうれしい特典が!
デジタル版として配信している『ノースアングラーズ』のバックナンバーが、
No.101(2013年1・2月合併号)から無料で閲覧できます。
(※デジタル版はパソコン、iPhone、iPad、アンドロイド対応。定期購読終了後は閲覧できなくなります)

道内の旬な情報を毎号お届け
1冊から、定期購読が始められます!

送料一律100円

▼▼▼▼▼▼▼▼ お申し込みはコチラから ▼▼▼▼▼▼▼▼

0120・223・223(24時間365日受付中)

http://fujisan.co.jp/pc/north

送料は全国一律100円!
地域や交通事情によって発売日より遅れて届く場合がございます。
予めご了承ください。

問合先 富士山マガジンサービス カスタマーサポートセンター
cs@fujisan.co.jp TEL0570-200-223

※定期購読はFujisan.co.jpとのご契約になります。
※お申し込みはFujisan.co.jp記載の利用規約に準じます。

NorthAngler's

モンスターに強い！

―ディープストリーム―

DEEP STREAM

札幌市のルアーメーカー・サミーズが手掛ける『ディープストリーム』は、モンスターに強い。これを印象付けるきっかけになった、2名の釣果を紹介したい。

千歳市の猿子武志さんが釣りあげた93cm8.5kg。ヒット時の想像よりもだいぶ大きく、近くにいた初対面の人にランディングを手伝ってもらったという

猿子武志さんの93cm8・5kg

「サミーズのルアーで、釣具屋さんがすごいのを釣ったみたいだぞ！」

そんな情報が当のサミーズに寄せられたのは、2015年6月のこと。アングラーは千歳市『釣具のアングル』の店主、猿子武志さん。

猿子さんが93cm8・5kgのヒラメをキャッチしたのは、寿都町の磯。夕方17時頃からの小一時間で、すでに50～60cmを3尾釣っていたという。薄暗くなりはじめた18時すぎ、4枚目をめざして100m先へ遠投。着底させて50cm～1mの幅でリフトさせてからのタダ巻き。浮いたと感じたら、また着底させるを繰り返して30mほど巻いてきた所でヒット！

「手ごたえは先ほどの3尾よりも明らかに大きい。でも70cmくらいだと思っていました」と猿子さん。タモ網は使用せず磯と磯の間から抜き上げようとするときに、実際の目で大きさを確認。その日初対面の、近くにいた方にタモ入れを手伝ってもらい、手にしたのは分厚いメモリアルフィッシュ。ヒットルアーは『ディープストリーム』40gのピンクパールだった。

猿子さんがヒラメ釣りで一番大切にしていることは、ルアーがどのレンジを泳いでいるのかイメージを持つこと。「『ディープストリーム』は使い始める前からレンジキープがしやすそうだと思っていました」と、猿子さんは話す。まさに〝釣れるべくして釣れた〟1尾といえよう。

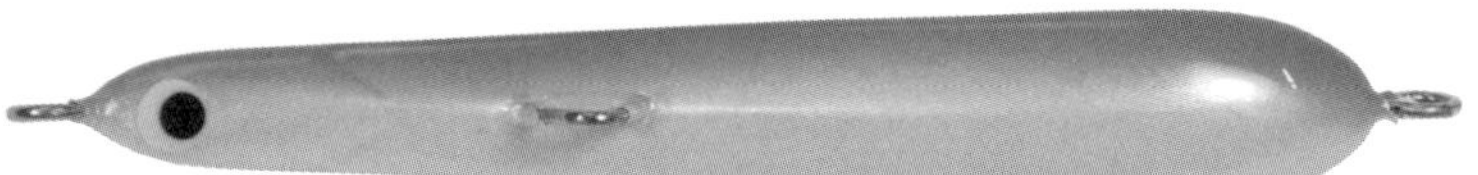

ヒットルアー ディープストリーム 40g ピンクパール

西川晃弘さんの100cm9・85kg

松前町の西川晃弘さんも、『ディープストリーム』でモンスターを射止めたひとり。西川さんは同町で『西川商店』を営んでおり、店舗は海が目の前。「ポイントがごく近いので、釣行回数は人よりかなり多いと思います」とのこと。

そんな西川さんの最大魚は、2018年の7月に釣りあげた100cm9・85kg。誰もがうらやむ〝メーターヒラメ〟だ。

夕方、仕事終わりの釣行で、魚っ気は感じられたものの海はクリア。周りを見ると、かろうじてキーパーサイズがあがっているものの、厳しそうな状況だったという。

いつもは赤金やグリーンゴールドを愛用する西川さんも、この日ばかりは使ったことがなかったイワシカラーをチョイス。半信半疑でサオを振り続けること約2時間。「今日はダメかも……」と撤収前に、最後の一投。

根掛かりしないスレスレを、5回巻いてストップ。ボトムタッチさせて、すぐにまた5回巻く。これを繰り返す。ルアーが底からフワッと浮き上がった瞬間、強烈なバイトが手もとに伝わった。着水地点と岸の、ちょうど中間辺りでのヒットだった。

西川さんは過去にも数多くの良型を釣っているが、この大一番をモノにできるよう奮闘。まるで綱引きのようなやり取りで、ようやくランディングしたという。

『ディープストリーム』の魅力についてうかがうと、猿子さんと同じように「レンジキープのしやすさ」を挙げた西川さん。基本的な使い方はストップ＆ゴーで、着底の際はテンションフォールを心掛けているという。ラインを張るのは、着底時間を短くし、素早く跳ね上げを行なうためだ。

西川さんのメモリアルフィッシュは100cm9.85kg。あまりの重さに、休み休み運んで持ち帰ったのだとか

松前町の西川晃弘さんは、同町で商店『西川商店』を経営。店頭ではサミーズ製品も販売している

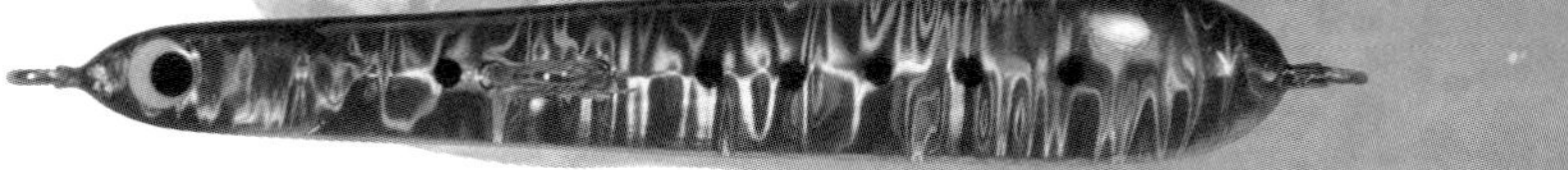

ヒットルアー ディープストリーム 40g イワシ

船釣りだけでなく、ショアのターゲットとしても人気が高い

栽培魚種としての現状、生態や釣りとの関係を深掘り

ヒラメをもっと知ろう

ヒラメは引きの強さとゲーム性、ポイントの拡大等により、今や海釣りのスター格に成長。多くの釣り人のハートを熱くさせている。昔に比べて格段に釣果が上がっているのも人気の理由だが、それは長年のふ化放流事業と、全長35㎝未満の漁獲制限などにより資源を管理してきたおかげだ。栽培魚種としてのヒラメについて、そして生態や釣りとの関係にスポットを当ててみた。

文＝山道正克
Text by Masakatsu Yamamichi

ヒラメ・メモ

分類：カレイ目ヒラメ科ヒラメ属

地方名：アオッパ、テックイなど

分布：国内では沖縄県を除くほぼ全域の沿岸に分布するが、オホーツク海や東部太平洋ではほとんど見られない

生息環境：砂泥底に生息。成長に好適な水温は15～25℃

成長：オスとメスで成長に差があり、2～3歳からメスの成長がオスを上回るようになる。オスは50㎝、メスは80㎝程度まで成長する。まれに1m以上に成長することもあり、知内町では1997年11月に全長108.7㎝体重17.9kgのメスが定置網で漁獲された

雌雄の特徴：外観から雌雄を判別するのは非常に困難。未成熟なヒラメの雌雄を判別するため、医療用超音波断層撮影装置を使った方法が開発されている

近縁・雑種交配：国内のヒラメ属はヒラメ1種のみであり、雑種も知られていない

放流魚と天然魚の違い：放流魚には無眼側にシミ状の黒色素沈着があるが、飼育方法などの改良で容易に判別できないものが増えている

食性：未成魚や成魚は魚類やイカ類などを主に食べる

移動回遊：夏は北へ、冬は南へ移動することが知られている。夏は産卵のために水深20～50mに集まる。標識放流試験でほとんどの個体が放流地点から30km以内で漁獲されていることから移動は少ないと考えられているが、まれに長距離を移動する個体もある。遠別沖で標識放流されたヒラメのうち、石狩湾や寿都湾に移動して再捕されたものもいる

食味：白身魚の代表格で淡白で美味

日本海側に稚魚放流

栽培漁業対象魚種としての北海道のヒラメは、1982（昭和57）年、道立栽培漁業総合センター（現道総研 栽培水産試験場）において、先行していた秋田、岩手県等の技術を導入することにより、種苗（稚魚）の生産試験が開始された。ふ化・仔稚魚の水温管理技術、着底期における配合飼料、自然産卵による受精卵確保技術等が開発されたことにより種苗量産体制が整った。

稚魚の生産は、公益社団法人北海道栽培漁業振興公社の羽幌事

業所と瀬棚事業所が担い、1996（平成8）年度から、日本海の宗谷管内から渡島管内にかけて、毎年220万尾を目標に放流してきた。経費を削減するため、2016（平成28）年度から、稚魚の放流サイズを80㎜から50㎜に小型化した。また、放流数についても段階的に減らすことになった。2021（令和3）年度には、稚魚の生産を羽幌事業所に集約。放流数も116万5000尾（計画数132万尾）となっている。

図1：年齢と成長

※**加齢の基準日**:8月1日、数値は8月時点、1996～2001年の漁獲物測定資料及び試験調査船おやしお丸の標本による

満年齢		1歳	2歳	3歳	4歳	5歳	6歳	7歳	8歳	9歳
全長（cm）	オス	21	33	40	44	47	48			
	メス	22	36	46	53	58	62	65	67	68
全長（cm）	オス	71	316	586	794	933	1,019			
	メス	165	779	1,688	2,667	3,572	4,337	4,952	5,430	5,792

成熟年齢と成熟体長は、オスは2歳から成熟する個体が見られ、全長29㎝以上で50%の個体が成熟する。メスは2歳から成熟する個体が見られ、全長41㎝で50%以上の個体が成熟する

魚価は3分の1に下落

　ヒラメは放流が始まる以前にも、ある程度、天然ものの漁獲があった。漁業におけるヒラメの主漁期は春漁が5～7月、秋漁は10～12月だ。「北海道水産現勢主要魚種別累年データ」には、1958（昭和33）年からのデータが載っており、1962年から1972年にかけては、ほとんど毎年のように2000～3000トン台の漁獲があった。もっとも、この頃の数字には「オヒョウ」が含まれていたらしく、純粋にヒラメだけの漁獲量ではないようだ。それにしても、ヒラメだけで毎年1000トンほどの漁獲はあったという。

　しかし徐々に減少傾向となり、500トンを切るような年も出始めた。高級魚でもあるだけに、資源を維持するため放流が始まったというわけだ。その結果、資源量としては1800トンから3000トンの範囲で安定して推移し、おおむね持続的な利用形態となっている。

　放流の効果が表われ、漁獲量が1000トン台に回復した頃から、皮肉にも魚価の下落が始まった。ヒラメのキロ単価は、かつて2000円を超えるような時期もあったが、今はピーク時の3分1程度である。漁獲金額全体でも、1990年代は20億円を超えていたが、近年は5～8億円台で推移している。

　漁業者にとって魚価の低迷は深刻な問題だ。「資源を増やすために、お金をかけて放流したものを、遊漁者が無料で釣っていくのはおかしい」と、道内の関係会議でも時折話題になるという。漁価の低迷という不満の矛先が、遊漁者に向かっているのかもしれない。

檜山管内は禁漁期間撤廃

　ヒラメの地方名である「てっくい」は、檜山管内が発祥とされる。かつては「北海道のヒラメの値段は檜山で決まる」と言われるほど、ヒラメ漁の中心地として知られていた。檜山管内では、産卵期間の7月16日から8月15日までヒラメ漁が禁止され、この期間は遊漁船も釣りを自粛していたが、2019年から規則が改定されて禁漁期間が撤廃された。この措置も、収入増のため操業期間の延長を漁協が要望したことが背景にある。

　檜山の漁業はスケトウダラなどの主要魚種の低迷や、漁業者の減少、高齢化などの影響もあって、現状は極めて厳しい。2021（令

噴火湾のサーフや磯場は、実績の高いポイントとして知られる

船釣りは日本海だけでなく、太平洋でも盛り上がっている

和3）年の漁業生産高は、数量、金額とも全道の管内中、最下位である。

放流の最終的な目標は、自然産卵により、経費をかけなくても資源が維持できるようになることなので、禁漁期間がないのは、資源の減少を招くことにならないか、少し心配になる。

日本海側のある遊漁船兼業の漁協組合員は、「以前、一本釣りしたヒラメを22kgほど組合に出荷したら、組合の手数料、氷代、箱代、放流の協力金を引かれて、1万1000円にしかならなかった。あほらしくなって、それからはヒラメの出荷はやめてしまった」と話す。

遊漁ならヒラメの遊漁料は9000円が相場だ。8人乗せたら7万2000円の売り上げになる。午前と午後に出港すればさらにアップする。ヒラメは人気があるため、平日の出港も多い。現状では、遊漁が漁業者の収入増に貢献している側面も見逃せないのではなかろうか。

9割以上が天然もの

道総研の「2020年度ヒラメ資源評価書」によると、ヒラメ人工放流種苗の漁獲物への混入率は北部海域（稚内市〜積丹町）で3・5%、南部海域（神恵内村〜函館椴法華地区）で2・8%と推定している。

人工種苗の混入率の近年の傾向について、道総研でヒラメの資源評価を担当している研究者は「変動が大きいので傾向については明瞭ではありません」という。2013年前後にはもっと低い時期があり、2017年頃には7%台まで回復したが、それ以降は漸減しているようだ。混入率が示すように平均的には9割以上が天然魚ということになる。

天然魚と放流魚の違いは、以前は放流魚の無眼側には、黒くて大きな模様があるものがよく見受けられ、釣り人は「パンダヒラメ」と呼んだりして、分かりやすかった。しかし近年は飼育方法の改良で、黒色の模様があってもごくわずかという場合があり、容易に判別できないものが増えている。

そのため混入率の推定にあたっては、市場で行なわれているパンダ模様での判定に、人工種苗の黒化率による補正を行なっている

ヒラメは、標識放流の結果からも、多くの個体はあまり広範囲を移動しないことが分かっている。また現在、放流が行なわれているのは日本海側だけなので、噴火湾など太平洋側で獲れるヒラメは、ほとんどが天然魚ということになる。

稚魚放流は当面継続

前述したとおり、放流数は減りつつある。今後はどうなるのか。現在の混入率は、種苗生産を止めてもいいレベルなのだろうか。これについて研究者は「天然魚の発生が少ない年は混入率が高くなる傾向がありますので、資源に影響を与える程度の放流効果はあるといえます。最近、放流事業の見直しが行なわれましたが、現地としては継続してほしいとの意向でしたので、道と栽培公社では放流サイズの小型化と放流数の削減等でコストを切り詰めたうえ、当面は継続と判断しました」と説明している。

資源量は稚魚の生き残りが多いか少ないかに左右される。近年の生き残り加入尾数（1歳資源尾数）は、中程度の規模で安定して続いており、それらが若いときに減少しないで親まで取り残されている状態という。漁獲規制により、1、2歳の漁獲割合が中長期的に低下していることが、産卵親魚量を一定程度に維持し、稚魚の加入尾

数の安定化につながっていると考えられている。

釣り人も、資源管理協定により漁業者が行なっている35㎝未満の漁獲制限を率先して守り、せめて一度は自然繁殖に参加させるというヒラメへの思いやりを徹底すべきだろう。

ルアー釣り記事初回は06年

北海道のヒラメの船釣りは、1990年には北海道の船釣りの専門書でバケ釣りが紹介されており、それ以前から行なわれていたことが分かる。ただ、当時はヒラメの値段が最も高い時代で、今以上の高級魚だったことから、釣らせてくれる遊漁船は少なく、場所も積丹や島牧方面に限られていた。

今では道内有数のヒラメ釣り場となった小樽沖では、5月から12月まで休漁期間なく行なわれている。出港回数のうちほぼ8割、年間では100日以上がヒラメ釣りという遊漁船のベテラン船長は、「小樽沖のヒラメ釣りは2004年頃には行なわれていたと思う」と話す。2010年頃は、ヒラメ釣りを行なっている船は3隻しかなかったが、今は10隻ほどに増えたという。

図2：北海道のヒラメ漁獲量の推移 ※北海道水産現勢主要魚種累年データより抜粋

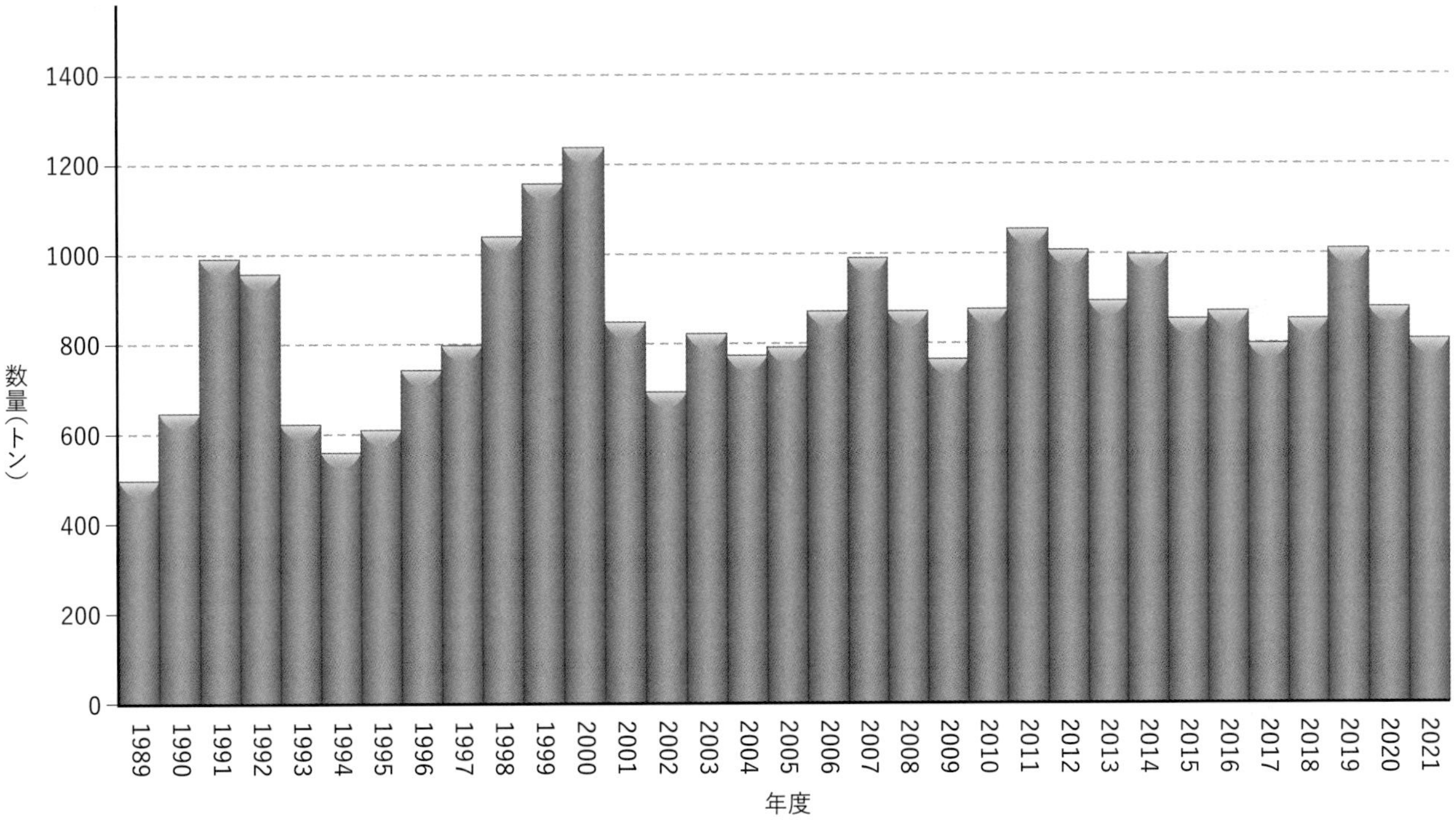

図3：北海道海域におけるヒラメの放流尾数の推移 ※「2020年度ヒラメ資源評価書」より

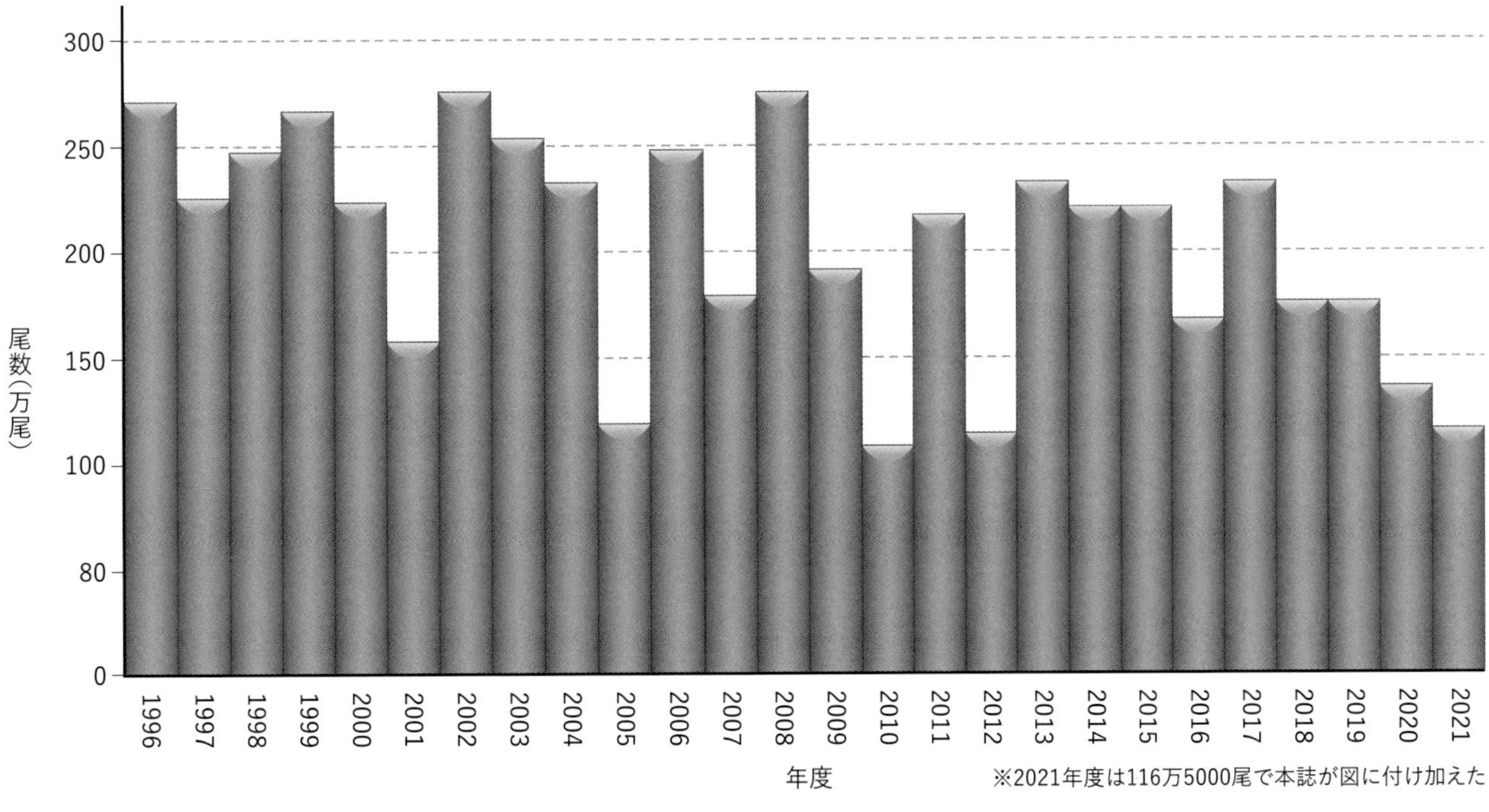

※2021年度は116万5000尾で本誌が図に付け加えた

魚食性の高さを示すように、ヒラメの歯は鋭い

「当時は、仲間の船と2隻でポイントを探しながらの釣りだった」と船長は振り返る。「その頃は、お客さんが8人で、12、13尾釣れればオーケーだったが、今は平均20～30尾」。釣果が上がっていることも客足の伸びにつながっているようだ。ポイントが開拓されたことに加え、放流などにより資源が維持されていることが釣果を支えていると思われる。

ショアのヒラメ釣りについては2000年頃、せたな町を訪れたとき、地元の釣り人から「投げザオを使って、オオナゴなどのエサによる引き釣りで釣っている」という話を聞いたことがある。岸からヒラメが釣れるのを初めて知り、驚いたものだ。

『North Angler's』は2006年に初めてヒラメのルアーフィッシングを紹介している。こちらについてもポイントが開拓され、ソルトルアーフィッシングのジャンルにおいて重要な位置を占めるようになった。

今日のように船釣り、ショアのルアー釣りが盛んになったのは、資源が維持され、魚価の下落によりヒラメ釣り対して世間が寛容になったことも関係しているといえそうだ。

漁獲量全道1位は小樽市

オフショアもショアも、当然ながらヒラメがよく漁獲されている地区が釣りのポイントとも重なってくる。「2021（令和3）年北海道水産現勢」によると、全道の漁獲量は812トン。以下に管内別漁獲順位をまとめておく。

①後志339トン
②渡島144トン
③檜山105トン
④留萌87トン
⑤石狩68トン
⑥胆振44トン
⑦宗谷17トン
⑧日高8トン

このほか十勝、釧路、オホーツクは1トン未満、根室は漁獲がなかった。市町村別でもランク付けし、表にしてみた。1位は小樽市の93トンで、2位以下は石狩市68トン、島牧村63トン、上ノ国町55トン、岩内町54トンの順で、これがベストファイブである。道内のヒラメは通年漁獲されているが、月別では6月の157トンが最も多く、次いで7月の139トン。10

図4：市町村別ヒラメ漁獲量ランキング（10トン以上）

順位	市町村名	漁獲量（トン）
1	小樽市	93
2	石狩市	68
3	島牧村	63
4	上ノ国町	55
5	岩内町	54
6	函館市	41
7	せたな町	29
8	神恵内村	28
9	積丹町	27
10	古平町	23
11	泊村	22
11	八雲町	22
13	長万部町	20
14	北斗市	19
14	増毛町	19
16	江差町	18
17	天塩町	17
18	余市町	16
19	小平町	15
20	羽幌町	13
20	寿都町	13
22	森町	12
23	豊浦町	11
24	初山別村	10
24	苫小牧市	10

※「2021（令和3）年北海道水産現勢」より抽出

2021年の全道の漁獲量は812トン。管内別では、後志（339トン）、渡島（144トン）、檜山（105トン）、留萌（87トン）、石狩（68トン）がトップファイブ

0トンを超えるのは6、7月のみで、合わせて全体の36%を占めている。6、7月に多いのは、後述する産卵期が関係しているようだ。

ヒラメがよく釣れる港としては、岩内港などが知られているが、近年は石狩湾新港もねらって釣れる場所として注目を集めている。ヒラメの産卵場所は、水深50m以浅の砂泥、砂礫場という条件から、石狩湾新港も条件を満たしている場所があるのだろう。実際、ルアー釣りや釣ったサバなどの生きエサ釣りでも良型があがっている。

石狩湾のヒラメの産卵期は6～8月で、この時期に岸寄りする。前出の船長によると、産卵期には水深8mで釣れることもある。その後は徐々に深くなり、12月には水深65mでも釣れるが、それ以上ではオマツリが多くなるため釣りは行なわないという。ヒラメ漁も100m以内で行なわれている。ヒラメはそれ以上の深い場所へ移動することもあるようだ。深場に移動したヒラメは、また同じ浅場に戻ってくることが多いという。

平均して20回も産卵!?

産卵期にヒラメを釣りあげた人には、「産卵のために岸寄りしたと思えないほど、卵が未熟だった。したがって、むしろエサを獲るために岸寄りしているのではないか」と言う人がいる。これについては、ヒラメの産卵スタイルがサケやニシンなどと異なるため、そう思ってしまうのかもしれない。

ヒラメは、産卵期間中に平均して20回ほど産卵する。サケやニシンは卵巣が完熟卵で最大限に大きくなったときに一度に卵を産むが、ヒラメの場合は卵巣が完熟した卵でいっぱいになることはない。完熟した卵は順次、輸卵管という部分に集められるが、卵巣の外周部は未熟なままだ。

冬には体重の1%しかなかった卵巣は、産卵期には6～7倍に肥大する。成熟はしているものの外観は完熟卵で満たされていないため、「卵が未熟だった」と思われるようだ。小刻みに成熟しては、産卵するスタイルなのである。一度の産卵数は100万粒ほどで、トータルでは1000万粒から3630万粒産卵するという報告がある。

ヒラメには産卵適水温（15～18℃）があり、そのため南から産卵が始まる。九州では1～3月、関東周辺は3～6月、北海道では6～8月に産卵する。そのため、産卵で接岸したヒラメをねらう釣り

古くからショアヒラメが盛んな、道の駅てっくいランド大成前のサーフ（せたな町）。「てっくい」はヒラメのこと

日没後に島牧のサーフで釣れたヒラメ。ショアヒラメ草創期は夕方からの夜釣りで釣果が上がっていた

の時期は、地域によって異なる。同じ北海道でも、南と北では異なるだろう。

ヒラメの産卵行動は、主に夜に行なわれる。オスが水面に向けて上昇し、放精して反転し、続けてメスが放精された場所に産卵する。ヒラメの卵は分離卵といって卵には粘着性はなく、産卵後の卵は水中を浮遊したままふ化する。ふ化したヒラメは、最初は普通の魚の姿をしているが、浮遊生活を送った後に、ヒラメの姿に変体して底生生活に入る。

産卵期もエサを取る

「産卵期には普通、魚はエサを取らないのでは」という疑問もあるだろう。ヒラメは産卵期でも、量は多少減るもののエサを取る。

サケの場合は、肛門が後ろのほうにあり、胃や腸などの消化器官は背骨の真下あって、その下に生殖巣がある。つまり消化器官が背骨と生殖巣に挟まれているため、生殖巣が発達して肥大すると消化器官を圧迫し「食事がのどを通らない」状態になり、エサを食べなくなる。

しかしヒラメの場合は、肛門が体の前方にあり、肛門の前方に腸が、後方に生殖巣があるため、消化器官をあまり圧迫しない。そのため、産卵期でもエサが食べられるようだ。産卵期でも釣れるのは、そのためだ。

　産卵期以外に岸近くいるヒラメは、エサを食べるためと考えられる。ヒラメは冬場に水温が下がると、基礎代謝が下がって活動が低下しエサを食べなくなる。その前に栄養を蓄えるため、秋から初冬にかけて荒食いする。そのため秋によく釣れ、冬には釣れなくなる。また夏場も産卵後は沖合へ移動するため、岸からは釣りにくくなる。ヒラメ釣りにおける産卵期シーズン、秋シーズンはこうした生態によるものだ。

　ヒラメの食味については、「寒びらめ」という言葉もあるように、冬のヒラメが美味しいといわれる。産卵期は比較的身が痩せている時期になる。

　しかし、その産卵スタイルや産卵期もエサを取るためか「夏のヒラメは猫またぎ」といわれるような、極端な食味の低下はないように思う。むしろ、釣った魚をすぐに生き締めするなど、処理の仕方のほうが味に大きく影響する。きちんと血抜きをしないヒラメは全身に血が回り、とくに刺し身用としてはお手上げだ。

　釣り人の間では、「ヒラメは暗いときによく釣れるので、夜行性である」という説もよく聞く。研究者によると、昼間も活動しエサを食べるそうだ。というわけで昼間も釣れるのである。しかし、前出の産卵行動でも分かるように、主な活動は夜間といわれている。「ヒラメは夜行性」とするのも間違いではないようだ。

仕掛けはなぜ赤系がよい

　釣りの仕掛けでヒラメが好む色は、赤系やオレンジ系などといわれるが、これについても分かっていることがないか聞いてみた。

　とくに研究所見としては聞いたことがないとのことだが、「水中では赤色などの暖色系の光ほど水に吸収されて減衰するため、200mくらいの水深までいくと赤が黒に見えます」とのこと。キンメダイのような深海魚に赤色の魚が多く見られるのは、周囲の闇に溶け込んで保護色になるためとされる。

「一方、ヒラメ釣りをする程度の水深だと、そこまで暖色は減衰しないので、砂礫場の寒色系の色（黒、灰色、茶色、青など）に対して暖色系の仕掛けは、背景色から浮き立って目立つため、仕掛けの色として好まれているものと思います」

　ということは、夜間はルアーやワームなどの色については、あまり意味がなく夜光系が効果的ということだろうか。

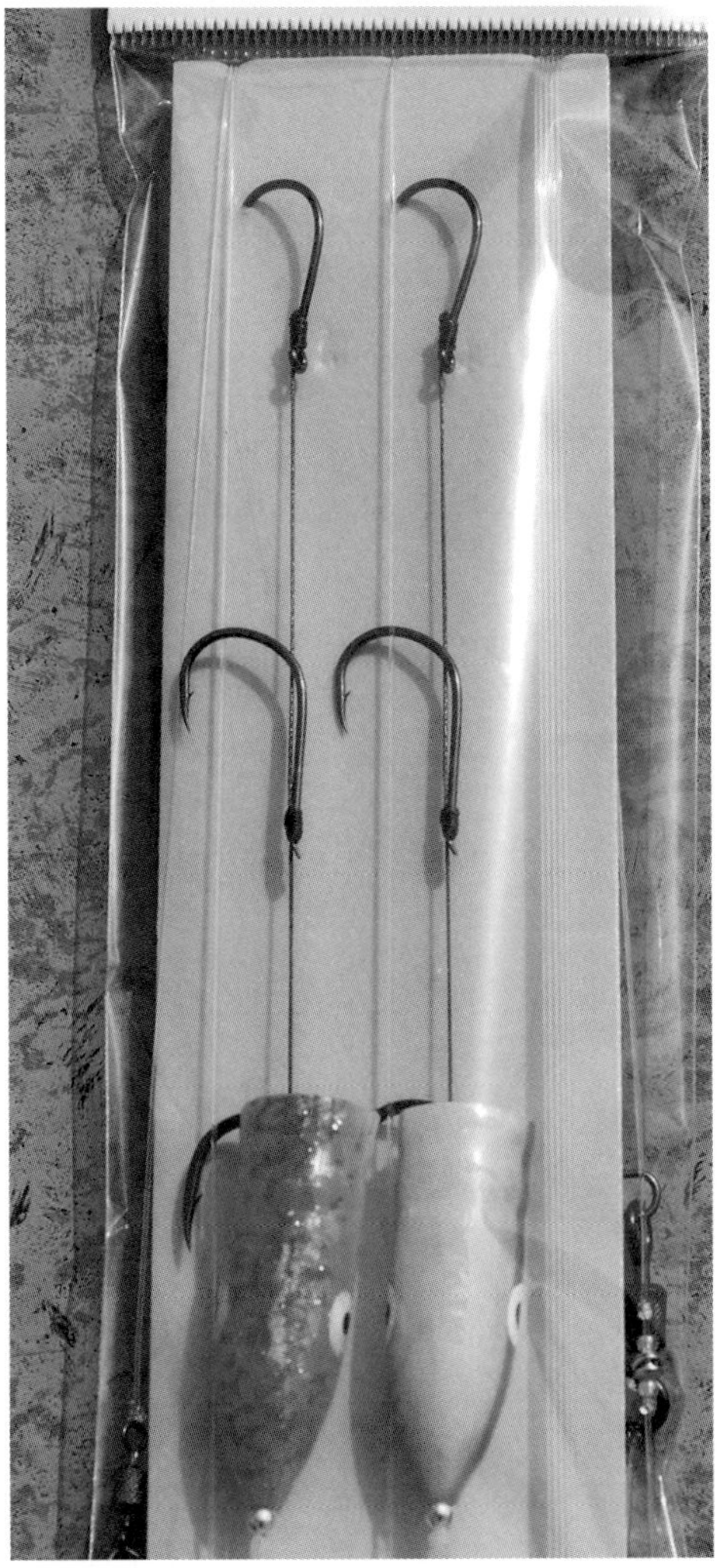

ヒラメのバケ釣り仕掛け。エサのオオナゴを被せるタコキャップには、古くからオレンジなどが好まれる

2019年8月25日、石狩湾新港で釣れた52cm。この日は同じ釣り人がルアーで60cm、サバの生きエサ釣りで52cmをあげた

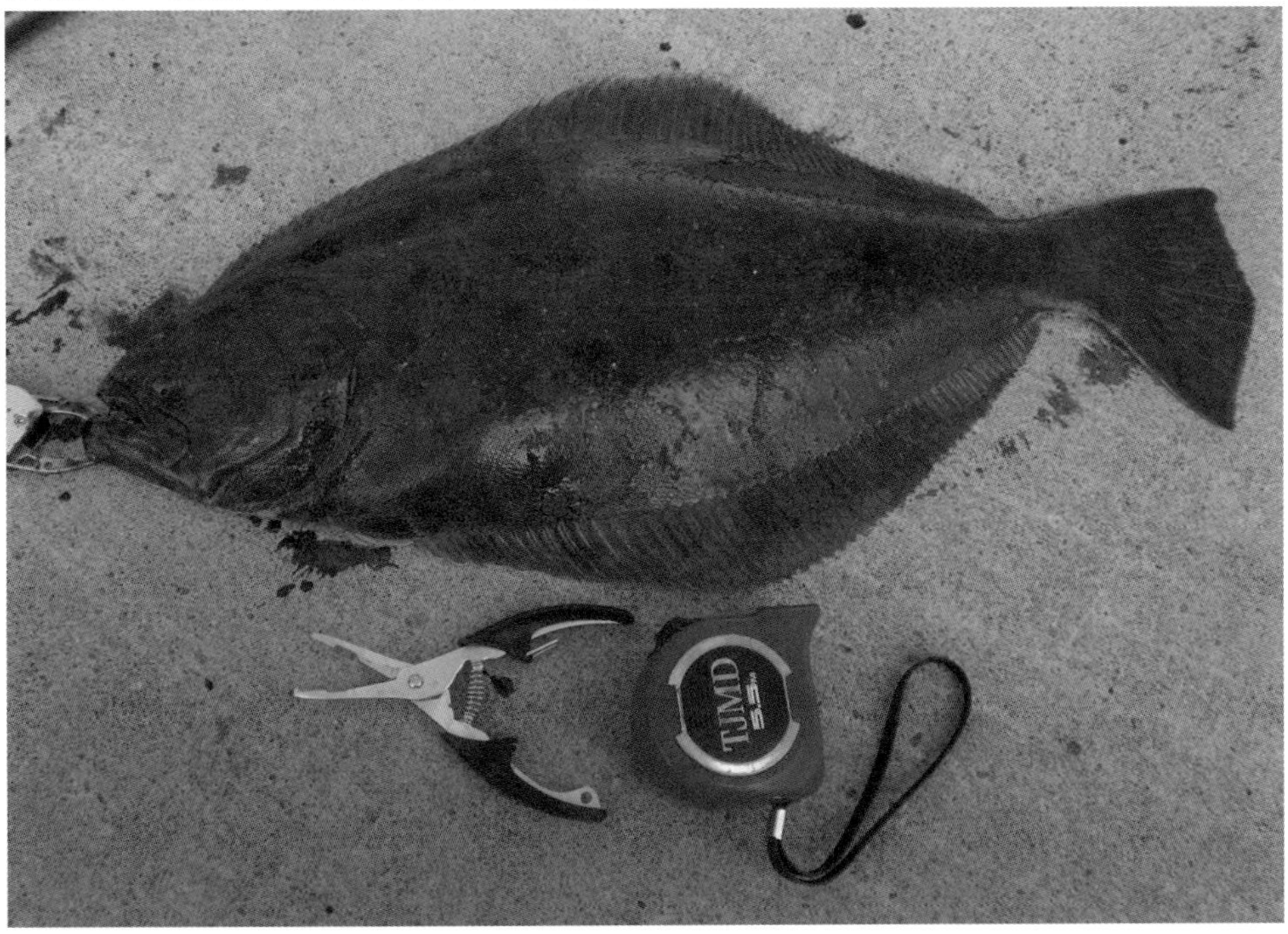

取材協力：北海道水産局水産林務部水産振興課 栽培研究グループ、
地方独立行政法人 北海道立総合研究機構 水産研究本部 中央水産試験場、公益社団法人 北海道栽培漁業振興公社

大切な釣り場を守るために
ルール・マナーと安全を再考

ショアの釣り人気の上昇にともない、立入禁止の釣り場が増えてきている。その背景には個人のマナーや釣り中の事故などがある。今一度、自らの行動を省みて、楽しい釣りが続けられるように努めたい。

立入禁止が増えている

札幌近郊を中心に、残念ながら立ち入りが制限されたポイントが年々増えている。直近では2023年3月、余市港の管理者である余市町が、余市港の一部を立入禁止に指定する看板を設置したことが話題になった。この背景には釣り人のマナー違反がある。同年の冬、数多くの釣り人が訪れたことで、漁業者や市場関係者の作業に支障が出たことが原因。船の荷揚げ場所やトラックの通路になっている市場前の岸壁と、南防波堤の全域が立入禁止に設定された。余市町は「支障が続けば禁止区域が増える可能性もある」としている。

〝マナー違反〟の主な例は、禁止区域への進入や迷惑駐車、そしてゴミのポイ捨て。ゲートや看板などで示されている立入禁止の場所に入るのは言語道断だ。また、私有地の進入にも注意したい。駐車の際は漁業者や近隣住民の邪魔にならないように。コンブ漁が盛んな地域では、コンブ干し場での迷惑駐車がよく聞かれる。

自分が出したゴミを持ち帰るのは当たり前。少しでも落ちているゴミを拾って帰るくらいの心のゆとりがほしい。そして汚い話だが、

管理地につき
関係者以外
立入禁止
余市町・余市郡漁業協同組合

余市町は2023年3月8日、余市港の一部を関係者以外、立入禁止に設定した（2023年4月下旬時点も継続中）。一部の釣り人によるマナー違反が原因

駐車
ご遠慮願います
島牧村

管理地につき
関係者以外
立入禁止
余市町・余市郡漁業協同組合

右／余市町は「支障が続けば禁止区域が増える可能性もある」としている　左／釣り人の駐車マナーが問題視される昨今、このような看板を見る機会が増えた

糞尿も大きな問題になっている。小便だけでなく大便を地域の人たちが使っている敷地内や、漁師さんの仕事場でしてしまうのは迷惑極まりないことだ。

森が近くにあるヒグマの多い場所の海岸で、魚の解体をするのもNG行為。ヒグマの誘因につながるからだ。魚の解体は道の駅など公共の施設でも行なわないこと。釣り場では美味しくいただくための血抜きだけにとどめたい。

朝マヅメはヒラメ釣りのゴールデンタイムのひとつ。アングラーにとっては心躍る時間帯とはいえ、その地域に住む人にとっては貴重な休息タイム。とくに民家が近い場所では、話し声やドアの開閉に配慮したい。

いい釣りをしてもしなくても、釣り場近くの店で土産を買ったり入浴したり、あるいは宿泊したり、地元に喜ばれるアングラーになろう。

河口規制に注意

ショアからのヒラメ釣りは、エリアによってはサクラマスやサケ、カラフトマスと時季が被ることがある。これら「さけ・ます」は河川内での釣りが禁止されており、ポイントによっては河口付近での

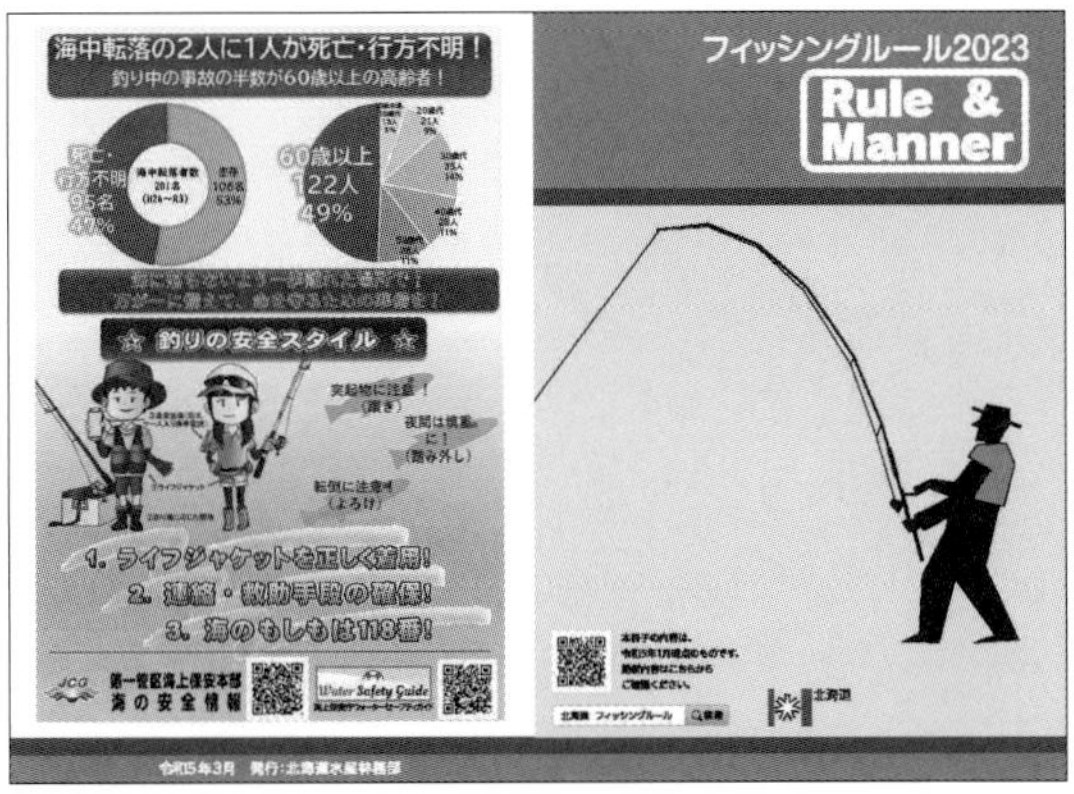

北海道水産林務部発行の『フィッシングルール』

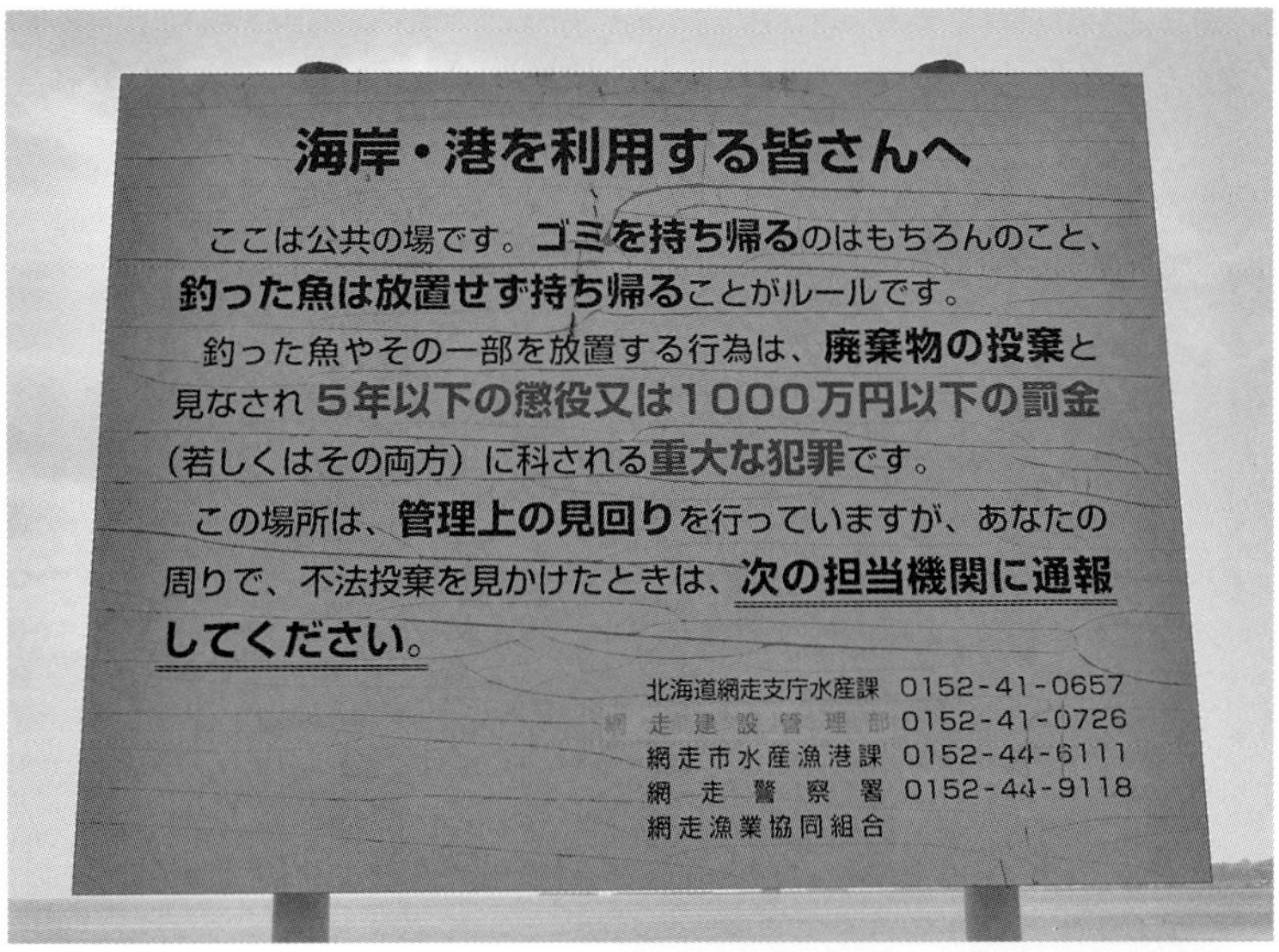

上／ゴミや釣った魚を放置するのは犯罪だ
右／河口規制のある場所では、海岸左右の規制区域が標柱で示されている

釣りの際は安全確保を第一に。写真は海上保安庁のポスター。ライフジャケットは必着だ

釣りが禁止されている「河口規制」があるのは周知のとおりだろう。

ヒラメはこれに該当するわけではないものの、「さけ・ます」の釣れる可能性がある場合は気を付けるべき。河口規制で定められた禁止期間・区域は要確認。事前に北海道水産林務部発行の『フィッシングルール』や、現地に立つ標柱などで規制区域をチェックしたい。

また、北海道では漁業者の資源管理規定により全長35㎝未満のヒラメは水揚げが制限されている。釣り人もこれに協力し、ソゲと呼ばれる40㎝以下の魚はなるべくリリースを心掛けよう。

海のもしもは「118番」

第一管区海上保安本部は、マリンレジャーや船舶海難事故の状況についてまとめた。道内の「過去5年間のマリンレジャーに伴う海浜事故」によると、2022年の事故人数は28人で、このうち死亡・行方不明者は7人と前年より10人減った。活動内容別では「釣り中」が総数13人で最も多く、このうち死亡・行方不明者は4人と前年より6人減っている。ただ、釣り中の事故は毎年最多。全道ではこのほかにも、一歩間違えばといった事例が頻発していると思われる。そして、これにより立ち入りが制限されることも少なくない。

事故の発生場所は防波堤や磯、岸壁などが多い。とくに磯や消波ブロックは足場が悪く、海水が掛かる部分には海藻などが付着し滑りやすい。また、荒天時には高波にさらわれるなど危険と隣り合わせだ。なかには「せっかく休みの日に遠くまで来たのだから」と、多少無理をしてしまう人もいると思うが、慣れない場所に行くときほど注意が必要。

自分の身はもちろん、釣り場を守るための第一歩は、やはりライフジャケットの着用だ。そして、単独行動は控えること。万一事故に巻き込まれた場合でも、同行者がいるだけで生存率は高まる。もしものときに備えて、携帯電話は防水パックに入れるなどして連絡手段を確保するとともに、海の事故は「118番」の合言葉を覚えておきたい。

North Angler's COLLECTION

フラットフィッシュの王様をルアーで攻略

北海道ヒラメ釣り

Epilogue

●近いようで遠い存在……。ヒラメに対して、そんなイメージを抱いていた私。本書を編集するにあたり、エキスパートの方々からイロイロとお話をうかがっているうちに、なんだか身近な魚になった気がします。夢のなかでもご尊顔を拝するほどですから、間違いありません。この本が発売される頃は、まさにヒラメの最盛期。“机上の空論”では、決して終わらせません! **(池田)**

●この本に出てくる大型ヒラメの写真を見ていると、北海道の海の豊かさを改めて感じます。記事中、多くの名手が「何でも食べる」と言う肉食魚が生きられるのは、エサになる小魚や甲殻類が豊富な証。そんな海で、これからも釣りができるように、私たちもマナーを守ってロッドを振りたいものです。**(真野)**

2023年6月10日　初版発行

編　者　つり人社北海道支社
発行者　山根和明
印刷所　図書印刷株式会社
発行所　株式会社つり人社

[本社]
〒101-8408
東京都千代田区神田神保町1-30-13
TEL.03-3294-0781/FAX.03-3294-0783

[北海道支社]
〒003-0022
北海道札幌市白石区南郷通13丁目南5-16南郷サンハイツ401
TEL.011-866-7331/FAX.011-866-7335

乱丁・落丁などがありましたら、お取り替えいたします。
ISBN978-4-86447-717-8 C2075

つり人社ホームページ

https://tsuribito.co.jp/

本書は新規に制作した記事に加え、『North Angler's』に掲載した記事を再編集したものを含みます。掲載したデータは2023年5月中旬時点のものです。各情報は変更される場合があります。釣行の際は漁協や市町村等にご確認ください。